国家社会科学基金项目（16BTY032）

我国学校体育场馆资源共享困境博弈研究

许月云　著

人民体育出版社

图书在版编目（CIP）数据

我国学校体育场馆资源共享困境博弈研究 / 许月云著. -- 北京：人民体育出版社, 2024
ISBN 978-7-5009-6385-1

Ⅰ. ①我… Ⅱ. ①许… Ⅲ. ①学校－体育场－资源管理－研究－中国②学校－体育馆－资源管理－研究－中国 Ⅳ. ①G818.2

中国国家版本馆CIP数据核字(2023)第228002号

*

人民体育出版社出版发行
北京中科印刷有限公司印刷
新　华　书　店　经　销

*

710×1000　16开本　17.25印张　325千字
2024年5月第1版　　2024年5月第1次印刷

*

ISBN 978-7-5009-6385-1
定价：75.00元

社址：北京市东城区体育馆路8号（天坛公园东门）
电话：67151482（发行部）　　邮编：100061
传真：67151483　　邮购：67118491
网址：www.psphpress.com
（购买本社图书，如遇有缺损页可与邮购部联系）

序

体育场馆资源是一个国家发展体育事业和产业的基本物质基础，同时也标志着一个国家体育运动的发展水平和体育社会化的发展程度。改革开放以来，我国在体育场馆建设方面取得了长足的发展。2022年全国体育场地统计调查显示，截至2021年底，全国共有体育场地397.14万个，体育场地面积为34.11亿平方米，人均体育场地面积为2.41平方米，分别比2013年增长了134.36%、71.23%、65.07%；但与美国、日本等发达国家人均体育场地面积的16平方米、19平方米相比还有很大差距。党的十九大报告中指出，我国社会主要矛盾已经转化为人民日益增长的美好生活需要和不平衡不充分的发展之间的矛盾。为此，坚持问题导向，加大体育场馆投入力度，盘活体育场馆资源，全面提升体育发展总体水平，努力满足人民群众日益增长的体育需要，成为新时代以人民为中心、办人民满意的体育的重要落脚点。

城市学校体育场馆以其分布的便民性、类型的普惠性、使用的免费性、活动空间的稳定性成为城市社区公共体育设施的重要补充，成为城市居民常态化健身活动的主要场所。但长期以来，由于各方利益主体的利益诉求各持己见等主、客观原因，学校体育场馆资源共享成为政府、学校、社会难以调解的社会矛盾，成为各级人大、政协提案的重要内容之一和社会各界关注的焦点问题。为此，本书将学校体育场馆资源共享困境的利益博弈与消解路径这一社会命题，置于人民追求健康、享受美好生活的大系统中，置于“大体育观”“大健康观”的大系统中，置于构建和谐社会的大系统中，置于共建、共治、共享的现代社会治理体系的大系统中，运用利益相关者理论、博弈理论、协同治理理论、共享理论等，剖析学校体育场馆资源共享的困境所在、利益诉求、利益博弈、消解路径，为拓展学校体育场馆资源共享研究的理论内涵和学术视野，推进学校体育场馆资源共享的实践探索提供新的思路。

是为序！

课题组

2023年3月

目 录

绪论

体育强国和健康中国新征程的开启，对新时代体育事业改革发展提出了更高的要求，体育领域一些新问题、新矛盾逐渐凸显，如体育发展不平衡、不充分的问题比较突出，人民群众多元化、多层次的体育需求尚未得到较好满足。深化体育改革，更新体育理念，不断满足人民群众对美好生活的向往，是新时代新征程上亟待解决的问题。有鉴于此，本章将在阐释选题缘起的基础上，阐明本研究理论和实践价值，并对研究方法、研究内容、研究思路进行概述。

第一节　研究缘起

一、体育健身成为一种生活方式

（一）健身意识逐渐增强，健身需求不断高涨

改革开放以来，我国经济社会发展取得巨大成就，为促进社会公平正义提供了坚实的物质基础和有利条件[1]。在2010年成为世界第二大经济体的中国，无论从经济体量，还是社会发展水平来看，都已经进入需求多元、消费升级的新时代。2022年，我国国内生产总值1210207亿元，人均国内生产总值85698元，国民总收入1197215亿元，居民人均可支配收入36883元[2]。经济的发展是社会可持续发展的重要动力条件，雄厚的经济实力以及教育、文化、卫生、体育、社会服务等领域的全面发展，为当代中国城市居民追求更高层次的需求提供了可能。人是人类社会存在和发展的基本条件，社会的发展是人的发展，未来社会是以“每个人的全面而自由的发展为基本原则的社会形式”[3]。健康是人类永恒的话题，体育与健康的关系是一个古老的话题，科学的健身方式对促进健康具有事半功倍的作用。

2008年北京奥运会与2022年北京冬奥会的成功举办，不仅使我国获得了前所未有的办赛、治赛经验，而且为全国人民留下了众多宝贵的财富和奥运遗产。其中之一便是人民群众的体育健身意识增强，体育健身正在成为人们的一种生活方式。在2008年北京奥运会、残奥会总结表彰大会上，胡锦涛同

[1] 人民网. 习近平. 在中共十八届三中全会第二次全体会议上的讲话［EB/OL］.（2013-11-12）［2022-08-27］. http：//cpc.people.com.cn/xuexi/n/2015/0720/c397563-27331317.html.

[2] 国家统计局. 中华人民共和国2022年国民经济和社会发展统计公报［EB/OL］.（2023-02-27）［2023-04-15］. www.stats. gov.cn/tjsj/zxfb/202302/t20230227_1918980.html.

[3] 马克思、恩格斯. 资本论［M］. 北京：人民体育出版社，1975：559；649.

志指出，要坚持以人为本，把北京奥运会、残奥会激发的群众体育热情保持下去，增强广大人民群众特别是青少年体育健身意识，培养人民健身习惯，开展丰富多彩的群众体育活动和全民健身运动。让人民分享体育发展成果、享受体育带来的健康和快乐，形成健康文明的生活方式[1]。

中国特色社会主义体育最本质的特征是为广大群众的健康服务。不言而喻，后奥运时代，我国将逐步从体育大国向体育强国迈进，体育健身将成为广大群众生活中的一种习惯或常态。众所周知，体育场馆设施总量和空间结构是推进体育生活化的重要保障，也是体育生活方式必不可少的空间载体。为此，国家层面提出，要“营造重视体育、支持体育、参与体育的社会氛围，将全民健身上升为国家战略”，并强调要完善体育设施，建设各类体育场地，积极推动各级各类公共体育设施向社会开放等[2]。这也为体育场馆建设与利用政策的制定奠定了基调，即继续加大投入，大力提升体育场馆“增量”；提高体育场馆利用率，充分盘活体育场馆“存量”。

（二）相关政策不断出台，力推全民健身战略

中华人民共和国成立以来，党和政府高度重视体育的社会价值与时代使命，尤其关注人民体质健康，从“发展体育运动，增强人民体质”到“奥运争光”战略，从“全民健身计划”到“体育强国”建设，再到“健康中国”，我国的体育事业取得了举世瞩目的历史成就。1995年，《中华人民共和国体育法》的颁布，是我国体育事业发展的一座里程碑，标志着中国体育开始进入依法行政、以法治体的新阶段。同年，《全民健身计划纲要》（以下简称《纲要》）的颁布，成为我国指导全民健身的统领性文件。《纲要》提出，到2010年的总体发展目标是“努力实现体育与国民经济和社会事业的协调发展，全面提高中华民族的体质与健康水平，基本建成具有中国特色的全民健身体系。”为了促进公共文化体育设施建设，加强公共文化体育设施管理和保护，充分发挥公共文化体育设施的功能，繁荣文化体育事业，满足人民群众开展文化体育活动的基本需求，2003年国务院颁布的《公共文化体育设施条例》就公共文化体育设施规划建设、使用管理作出明确规定，成为公共体育设施建设与

[1] 中国政府网. 胡锦涛在北京奥运会、残奥会总结表彰大会上的讲话 [EB/OL]. (2008-09-29) [2019-07-21]. http: //www.gov.cn/govweb/dhd/2008/09/29/content_1109754.htm.
[2] 国务院. 关于加快发展体育产业促进体育消费的若干意见 [R]. 2014-10-02.

管理的重要法律性文件。

然而，随着我国经济社会的快速发展以及人民群众日益增长的多样化健身需求，各级政府的全民健身职责、全民健身公共服务保障、全民健身社会支持、全民健身共建共享、全民健身多元融合发展等成为我国全民健身再上新台阶亟待解决的问题。2009年8月30日，温家宝总理签署国务院令第560号，正式颁布了《全民健身条例》（以下简称《条例》）。《条例》是我国历史上第一部专门针对全民健身的系统性、全面性立法，为保障人民群众在全民健身活动中的合法权益、促进全民健身活动开展提供了坚实的法律保障。依据《条例》的有关规定，自2011年开始，国务院和各级地方人民政府按照国民经济和社会发展五年一规划的要求，制定《全民健身计划》《全民健身实施计划》，全民健身成为各级政府重要的公共服务职责。党的十八大以来，习近平总书记多次强调，人民群众身体健康是全面建成小康社会的重要内涵，是每个人实现健康成长和实现幸福生活的重要基础，我们要广泛开展全民健身活动，促进群众体育与竞技体育全面发展。[1]

2014年10月，国务院颁布了《关于加快发展体育产业促进体育消费的若干意见》（国发〔2014〕46号），强调要“营造重视体育、支持体育、参与体育的社会氛围，将全民健身上升为国家战略”，进一步将全民健身提升到新的高度。2016年10月，中共中央、国务院印发《“健康中国2030”规划纲要》，以一个章节的笔墨提出，完善全民健身公共服务体系、广泛开展全民健身运动、加强体医整合和非医疗健康干预、促进重点人群体育活动。2022年3月，中共中央办公厅、国务院办公厅印发的《关于构建更高水平的全民健身公共服务体系的意见》指出，将打造群众身边的体育生态圈、拓展全民健身新空间、完善户外运动配套设施、推进健身设施绿色低碳转型、推动健身场地全面开放共享作为加快体育强国建设，顺应人民对高品质生活期待的内在要求，作为推动全体人民共同富裕取得更为明显的实质性进展的重要内容。由此，全民健身一系列政策的颁布，不仅为全民健身高质量发展提供了强有力的政策支撑，而且鲜明地表达了“以人民为中心”的新时代发展理念，把“体育强国梦”融入实现“两个一百年”奋斗目标大格局中去谋划的伟大战略决策。

[1] 李斌，李铮. 习近平会见全国体育先进单位和先进个人代表 [N]. 人民日报，2013-09-01.

二、我国体育场馆资源供需矛盾突出

（一）体育场馆供给不足、闲置突出

加强全国健身场地设施建设是推进健康中国建设的基本保障。党的十八大以来，以习近平同志为核心的党中央把人民身体健康作为全面建成小康社会的重要内涵，人人参与健身运动的热潮正在神州大地涌动不息。全民健身场地设施是广泛开展全民健身的重要基础，2013年第六次全国体育场地普查（以下简称“六普”）数据显示，我国共有体育场地169.46万个，每万人拥有体育场地12个；体育场地面积19.92亿平方米，人均场地面积1.46平方米。无论是从数量还是面积来看，我国体育场馆总量是巨大的，但是人均体育场地面积与美国、日本等发达国家相比还有相当大的差距。与此同时，我国教育系统拥有体育场地66.05万个，占总量的38.98%；但不开放的体育场地数量占总量的68.33%，部分时段开放的体育场地数量占总量的23.18%，全天开放的体育场地数量仅占总量的8.49%[1]。人民群众日益增长的健身需求与体育场馆供给不足且闲置的矛盾备受关注。由此，以建设全民健身场地为先导，盘活体育场馆资源存量，因地制宜破解全民健身场地设施供需矛盾，成为破解人民群众“到哪儿健身”短板，推进新时代群众体育大发展的着力点。

（二）学校体育场馆资源开放举步维艰

改革开放以来，我国经济社会发展的主旋律是改革、发展与稳定。同时，在处理稳定与发展的关系上，一直存在许多利益主体的冲突和矛盾。改革开放总设计师邓小平曾讲道：“稳定压倒一切。”稳定是发展的前提，是和谐的基础，没有稳定的环境，我们将一事无成，所以保稳定是硬任务，是第一责任。通过40多年改革开放的经验，全社会达成了一种共识，那就是要确保大局稳

[1] 国家体育总局经济司. 第六次全国体育场地普查数据公报［EB/OL］.（2014-12-26）［2018-10-01］. https：//www.sport. gov.cn/n4/n210/n218/c328625/content.html.

定。不过，在一个存在多元利益主体的场域中，追求稳定的效果必然要兼顾场域中利益相关方的诉求，并使之达成某种均衡或共识。

学校体育场馆由于具有数量多、分布广、位置便利等优势，成为人民群众健身的理想去处。但从实际情况来看，学校体育场馆开放因需要额外消耗人力、物力等，学校正常教学秩序和正当利益难以得到保障，尤其是出于安全的考虑，这些都成为体育场馆资源共享的一大阻碍。近几年来，各级人大、政协代表对学校体育场馆资源共享问题的讨论不绝于耳。为此，很多城市在市民的强烈诉求之下进行了有益的尝试，如深圳市教育局在1999年教育部《关于假期、公休日学校体育场地向学生开放的通知》精神的基础上，于2002年出台了《深圳市学校体育设施对外开放管理规定》。继2006年国家体育总局、教育部《全国学校体育场馆向社会开放试点工作方案》之后，广东省、浙江省等省也纷纷出台了《推进学校体育设施向社会开放实施意见》。然而，学校体育场馆资源共享由于涉及多方利益诉求，再加上校园体育场馆资源开放造成意外伤害的“黑天鹅事件”屡屡发生，无疑增添了教育部门、学校和家长的焦虑，迫于社会舆论的压力，不少学校关起了校门，学校体育场馆资源共享举步维艰。

三、利益多元时代呼唤学校体育场馆资源共享

（一）多元利益主体需要协同治理

在社会生活中，人们的利益诉求各异，利益冲突是一种常态。面对冲突和矛盾，我们不能无所作为，可以将问题或困境置于利益博弈的场域中，运用博弈论和治理理论等科学理论，探索多元利益主体利益均衡的格局成为时代的呼唤。诚然，解决学校体育场馆资源共享，首先要明晰有哪些利益主体存在，其次要对其进行利益博弈分析，最后才能找到具有针对性和可行性的消解路径。在学校体育场馆资源共享场域中，利益主体主要包括学校、体育部门、教育部门、社区居民、体育社会组织、体育企业、社会体育指导员、市场监督管理部门、公安部门、卫生部门等。对于如此众多的利益主体，如何协调好它们之间的利益关系，如何使之达成共享的共识呢？

其实，对于如何解决治理分权化、部门化以及碎片化等难题，习近平总书记有过重要论述。《中共中央关于全面深化改革若干重大问题的决定》强调，一定要有自我革新的勇气和胸怀，跳出条条框框限制，克服部门利益掣肘，以积极主动精神研究和提出改革举措[1]。因此，学校体育场馆资源共享不是单一部门“自家事务”的治理，而是关照多元利益主体的协同治理。当然，利益与责任是共存的，建构起多重责任机制和协同治理体系，推进政策设计的再优化等路径或将成为消解学校体育场馆资源共享困境的一条可行之路。

（二）共享是利益主体博弈的归宿

共享理念最初来自经济学领域，是企业或产业进行资源配置时坚持的一种原则和思想，后来引申到管理学、社会学、公共政策学领域。2015年10月，在党的十八届五中全会上提出了“创新、协调、绿色、开放、共享”的发展理念，其中创新发展是动力，协调发展是方法，绿色发展是方向，开放发展是战略，共享发展是归宿。其实，共享一直是我国社会主义的基本要求之一，特别是进入21世纪，我国在经济快速发展的同时，更加注重“人民共享经济繁荣”。党的十六大报告中提出，要坚持“共同建设、共同享有”的原则，形成“社会和谐人人有责、和谐社会人人共享”的局面。习近平总书记指出，生活在我们伟大祖国和伟大时代的中国人民，共同享有人生出彩的机会，共同享有梦想成真的机会，共同享有同祖国和时代一起成长与进步的机会。由此可见，共享已经成为我们党和政府治国理政的重要理念之一。因此，为了推动全民健身战略和健康中国战略的顺利实施，加快建设体育强国，我们期望可以在共享理念的指引下，客观分析城市学校体育场馆资源共享利益相关者的诉求，找准制约城市学校体育场馆资源共享博弈的“痛点”“难点”，探索城市学校体育场馆资源共享困境的消解之路。

[1] 习近平. 关于《中共中央关于全面深化改革若干重大问题的决定》的说明［N］. 人民日报，2013-11-16.

第二节　研究价值

本书将学校体育场馆资源共享困境的利益博弈与消解路径这一社会命题，置于共建共治共享的现代社会治理体系中，运用利益相关者理论、博弈理论、协同治理理论、共享理论等，剖析学校体育场馆资源共享的困境所在、利益诉求、利益博弈、消解路径，为拓展学校体育场馆资源共享研究的理论内涵和学术视野，推进城市学校体育场馆资源共享的实践探索提供新的思路。

一、学术价值

博弈论作为近代经济学经典理论，经历了萌芽期、形成期、成长期、成熟期近百年的发展历史，目前已经发展成较为完整的理论体系，并广泛应用到经济、社会和政治发展领域，形成了博弈论多学科独特的研究与审视视角。为此，本书借鉴博弈理论及博弈模型分析法，分析我国体育领域的现实问题，即中国特色的城市学校体育场馆资源共享问题，厘清我国城市学校体育场馆资源共享中政府、社会与学校等各利益体间形成的复杂交织的博弈关系，学校体育场馆资源共享困境的微观机理、交互关系和内在因素，探寻我国城市学校体育场馆资源共享困境的消解路径。此研究有助于从理论深层探明学术研究尚未察明的问题，拓宽学术视野，推进理论创新，对于建立中国话语背景下公共资源开放共享的良好范式具有重要的学术价值。

二、实践价值

当前我国社会主要矛盾已经转化为人民日益增长的美好生活需要和不平衡不充分的发展之间的矛盾。实现学校体育场馆资源共享，化解体育场馆的供需矛盾，就是为人民健康着想，就是实现人的全面发展的重要举措。因此，本书以我国城市学校体育场馆供给为基础，以推进学校体育场馆资源共享的大政方针为镜子，以学校体育场馆资源共享困境的利益诉求和博弈为核心，探索学校体育场馆资源共享的有效路径，为政府及相关部门完善学校体育场馆资源共享方案，推进学校体育场馆资源共享的实践探索，以需求牵引供给、供给创造需求，打通全民健身“最后1公里”的痛点和难点，提升公共体育服务有效供给，为贯彻落实全民健身国家战略提供实践参考。

第三节　研究方法

本书以辩证唯物主义和历史唯物主义的方法论为指导，采用定性研究和定量研究相结合的混合研究范式，综合运用文献资料法、调查法（问卷调查法、实地调查法、访谈调查法）、质性分析法、政策分析法、案例分析法、数理统计法、逻辑分析法、系统分析法等研究方法，就我国城市学校体育场馆资源共享的利益博弈与消解路径进行了研究。

一、文献资料法

文献资料法是收集、鉴别、整理文献，并通过文献的研究形成对事实的科学认识的方法[1]。本课题研究主要通过中国知网、万方数据、维普网等国内数据库，以及Science Direct 、Springer Link和Wiley等国外数据库，以“学校体育场地”（school sports venues）、“体育场地开放”（sports venues open）、“共享”（sharing）、“利益博弈”（interest game）和“消解”（dissolve）等为关键词，查阅了体育学、经济学、管理学、社会学、政治学等学科领域的专著、期刊论文、报纸等文献资料，为相关研究提供理论基础和论据支撑。

二、调查法

（一）问卷调查法

问卷调查法是以书面形式提出经过周密设计的若干固定问题询问调查对象，然后对所获得的材料进行统计分析得出结论的研究方法[2]。本课题组利用学术会议、工作会议机会，就我国城市学校体育场馆资源共享困境，对北京

[1] 黄汉升. 体育科学研究方法［M］. 北京：高等教育出版社，2006：98.

[2] 仇立平. 社会研究方法［M］. 重庆：重庆大学出版社，2015：261.

市、安徽省、浙江省、上海市、福建省、吉林省、辽宁省、江苏省、重庆市等24个省市的教育部门管理者、学校管理者和社区居民进行问卷调查。

（二）实地调查法

实地调查法是通过观察、访问等方法收集有关资料，根据对调查资料的质性分析揭示被研究对象生活方式及行为方式背后隐藏的“文化”或“价值”的一种方法[1]。本书依据我国第六次全国体育场地普查数据，深入北京市海淀区、安徽省合肥市、浙江省金华市、上海市宝山区、福建省厦门市、辽宁省沈阳市、重庆市南岸区、安徽省巢湖市、新疆维吾尔自治区石河子市等地区，就我国城市学校体育场馆资源共享现状、共享困境、消解路径等进行实地调查。

（三）访谈调查法

访谈法是访问者（即调查者）通过有计划地与被访问者（即调查对象）口头交谈等方式收集调查资料的一种方法[2]。本课题组在实地调查的同时，就城市学校体育场馆资源共享中的场馆建设、运营管理、制度建设、经费来源、人员组成、安全管理、风险防范等，以立意取样方式对教育部门负责人、学校管理者、体育部门负责人、体育社会组织负责人、社区居民等进行个人或集体的结构式、半结构式访谈。

三、质性分析法

质性分析法又称质的研究、质化研究，是在自然的情景下采用多种收集资料的方法对社会现象进行整体性研究，使用归纳法分析资料和形成理论，通过与研究对象互动及其行为和意义建构获得的一种活动。[3]本课题组采用NVivo 12等软件，就我国城市学校体育场馆资源共享困境通过开放式编

[1] 仇立平. 社会研究方法［M］. 重庆：重庆大学出版社，2015：261.
[2] 黄汉升. 体育科学研究方法［M］. 北京：高等教育出版社，2006：173.
[3] 陈向明. 质的研究方法与社会科学研究［M］. 北京：教育科学出版社，2000：59.

码、关联编码和核心编码的质性分析，凝练城市学校体育场馆资源共享的困境要素。

四、政策分析法

政策分析是个人、团体、研究机构对现行或计划实行的组织政策、决策程序和活动中的情况、问题，以及公众对它们的反映信息进行系统的调研、观察，并作出定量和定性分析的过程[1]。本书采用政策分析法，就我国学校体育场馆资源共享政策的历史演进进行剖析，同时采用罗斯威尔（Rothwell）和泽夫尔德（Zegveld）的政策工具分类，就2017年教育部、国家体育总局制定的《关于推进学校体育场馆向社会开放的实施意见》的文本进行内容分析及规范化处理，为我国城市学校体育场馆资源共享政策的再设计提供参考。

五、案例分析法

案例分析法（个案分析法）是对有代表性的事物（现象）深入地进行周密而仔细的研究，从而获得总体认识的一种科学分析方法[2]。个案的成功来自科学合理的理论指引，反过来，成功的经验又可以推广到其他地方，从而为研究成果的应用提供了条件。本书重点以福建省厦门市、龙岩市学校体育场馆资源共享为个案，全面梳理了其推进学校体育场馆资源共享的成功经验，提炼归纳消解学校体育场馆资源共享困境的有效路径。

六、数理统计法

数理统计法是以概率论为基础，研究社会和自然界中大量随机现象数量变化基本规律的一种方法[3]。本书中借助CiteSpace、Excel软件分析了我国体育场馆资源共享和博弈论及应用研究进展；借助Excel等软件，根据第六次全国

[1] 陆雄文. 管理学大辞典［M］. 上海：上海辞书出版社，2013：151.
[2] 李庆臻. 科学技术方法大辞典［M］. 北京：科学出版社，1999.
[3] 何盛明. 财经大辞典［M］. 北京：中国财政经济出版社，1990：145.

体育场地普查数据分析和整理我国城市学校体育场地的区域分布、场地数量、场地面积、投资来源、开放程度等；采用SPSS 16.0对我国城市学校体育场馆资源共享利用相关者的利用诉求进行统计分析和差异比较；借助象限分析法聚焦4个利益主体4个强弱象限情况。

七、逻辑分析法

逻辑分析法主要是指“语言的转向”之后出现的分析哲学、科学哲学中使用的分析方法[1]，是社会研究定性分析的主要方法，在社会科学研究中合乎逻辑是判断科学性的基本标准和方法论[2]。本书中将文献检索、问卷调查、实地调查等所获取的相关资料，通过概念界定、爬梳剔抉、统计归纳、演绎推理等逻辑分析方式，形成研究思路和结构，应用于我国城市学校体育场馆资源共享利益诉求、利益博弈、消解路径等研究实践中。

八、系统分析法

系统分析法是以对系统的基本认识为依据，应用系统科学、系统思维、系统理论、系统工程与系统分析等方法，用以指导人们研究和处理科学技术问题的一种科学方法[3]。系统方法能够成为社会分析中的基本科研方法，是由社会研究对象的复杂性和系统方法的功能决定的[4]。本书将学校体育场馆资源共享困境的利益博弈与消解路径这一社会命题，置于人民追求健康、享受美好生活的大系统中，置于“大体育观”“大健康观”的大系统中，置于完善共建、共治、共享社会治理制度的大系统中，置于构建和谐社会的大系统中加以系统探索。

[1] 邱远，刘柏青. 中国建构运动健康型社会的研究 [M]. 北京：北京理工大学出版社，2019：26.
[2] [4] 张彦. 社会研究方法 [M]. 上海：上海财经大学出版社，2016：248.
[3] 王丛霞. 荒漠化防治系统组织模式研究 [M]. 北京：国家行政学院出版社，2016：34.

第四节 研究内容与研究思路

一、研究内容

本书在相关理论阐释与调查研究的基础上，寻获我国城市学校体育场馆资源共享困境的消解之路，研究成果内容共10章，具体如下。

（一）基本概念与理论基础

依据我国城市学校体育场馆资源共享困境博弈的研究命题，围绕学校体育场馆资源共享相关概念和理论、利益相关者相关概念和理论、博弈论相关概念和理论、体育治理相关概念和理论、政策设计相关概念和理论5个层面进行了全面梳理，为后续我国城市学校体育场馆资源、共享困境的利益诉求、共享困境的利益博弈、共享困境的消解路径等研究奠定理论分析基础。

（二）相关研究进展

采用文献资料法及CiteSpace软件分析法，从发文特征、时区关键词、热点词聚类等方面，详细梳理和分析了我国体育场馆资源共享研究进展，以及博弈论及应用研究进展，并对近年来的研究进展进行了评述，分析了当前研究的问题及不足，提出了本课题研究的创新点。

（三）我国学校体育场馆资源共享政策的历史演进

采用文本分析法归纳整理改革开放以来我国学校体育场馆资源共享所出台的专项政策和相关政策出台的背景，以及历史演进的过程及变迁特征；系统整理了我国发达地区城市学校体育场馆资源共享政策的历史演进及政策特征，探究我国学校体育场馆资源共享政策实施与现实悖论，为我国城市学校体育场馆资源共享现实基础和困境探寻提供政策依据。

（四）我国城市学校体育场馆资源共享的现实基础

依托第六次全国体育场地普查数据库，按照“概况介绍—区域特征”的结构，从学校体育场馆建设数量、规模及投资结构，分析我国城市学校体育场馆建设现状及各省市区域分布特征，以及城市学校体育场馆建设类型特征；揭示了我国及各省市城市学校体育场馆资源共享总体情况及差异情况，进而为我国城市学校体育场馆资源共享困境提出和深入研究奠定现实基础。

（五）我国城市学校体育场馆资源共享困境的质性分析

采用质性研究方法以一对一半结构式访谈、焦点团体访谈和开放式问卷调查等，分别对我国24个省市的教育部门管理者、学校管理者、街道基层管理者和社会人士等3个利益主体进行调查访谈。访谈和问卷资料以内容分析法加以归纳，利用扎根理论形成一个由析出共享困境构成要素自由节点的开放式编码、归纳共享困境构成要素树状节点的关联式编码、凝练共享困境构成要素核心体系的核心式编码构成的高阶性结构，即由组织管理、基础保障、开放办法作为三大核心类属的共享困境构成要素结构，并据此对困境构成要素进行分析，进而为我国城市学校体育场馆资源共享困境各利益主体的利益诉求的内容和问题进行深入调查分析提供基础。

（六）我国城市学校体育场馆资源共享困境的利益诉求

通过对利益相关者理论的梳理，提出我国城市学校体育场馆资源共享困境四大利益相关者。同时基于我国城市学校体育场馆资源共享困境的质性分析形成的“组织管理、基础保障、开放办法”三大高阶主题，通过专家信效度检验编制了针对四大核心利益相关者共享困境利益诉求的调查问卷，对福建省、浙江省、山东省、河北省、江西省等11个省份学校附近近百个小区的2000名居民，60所学校场地未向社会开放的400名学校校长或分管学校副校长及相关管理者，以及230名体育、教育行政部门相关人员进行调查。研究从开放建设、安全制度、经费、管理主体、准入、场馆、对象、时间、收费、宣传激励10个方面进行诉求比较分析。凝练四大利益主体在学校体育场馆资源共享困境利益强弱冲突聚焦点，为更深层次聚焦我国城市学校体育场馆资源共享困境的博弈分析提供前提基础。

（七）我国城市学校体育场馆资源共享困境的利益博弈

基于四大利益主体在学校体育场馆资源共享困境的利益冲突聚焦点，在梳理博弈论基本理论与经典博弈模型的基础上，提出我国城市学校体育场馆资源共享困境博弈分析模型（智猪博弈模型、协调博弈模型、囚徒困境模型），并据此对4个利益主体的利益冲突聚焦点进行深入的博弈分析。

（八）我国城市学校体育场馆资源共享困境的消解路径：基于多重责任视角

我国学校体育场馆曾陷入公共管理学的经典困境——迈克尔·黑勒的反公地悲剧，多元治理主体刻意采取不开放策略，导致资源闲置。研究通过对我国学校体育场馆进行产权分析的基础上，厘析主流治理思路——“产权整合”论的现实局限，以及我国城市学校体育场馆资源共享的关键困难点，并以福建省龙岩市学校体育场馆对外开放成功案例为基础，提出基于“权力—责任”的领导责任机制、基于“职能—责任”的管理责任机制、基于“权利—责任”的多重责任制的权责分配方案的城市学校体育场馆资源共享困境的消解路径。

（九）我国城市学校体育场馆资源共享困境的消解路径：基于协同治理视角

要解决我国大众体育场馆短缺与学校体育场馆闲置两者互动共享问题，需要正确把握地方政府、学校、教育行政部门、体育行政部门、居民及财政部门等诸多利益相关方复杂交织的协调与合作关系。研究以博弈论与协同治理为理论工具与分析框架，厘清了学校体育场馆资源共享博弈主体的行动特征、地方政府与学校互动博弈的行动特征，从国家政策干预的意义及均衡水平点、协同治理的演化路径分析了城市学校体育场馆资源共享协同治理的博弈演化。并以厦门市在学校体育场馆对外开放成功案例为基础，从民生体育（体育成为政府和学校博弈的理性共识）、高位推动（地方政府整体性治理的行动决策内因）、政绩共容（不同利益主体间合作博弈的内在动力）、集体行动（责任明晰下的多元利益主体跨界合作）、技术赋能（互联网平台提升协同治理的均衡水平）等5个层面提出了我国城市学校体育场馆资源共享博弈的协同治理消解路径策略。

（十）我国城市学校体育场馆资源共享困境的消解路径：基于政策法规视角

采用政策文本分析法，选取2017年由教育部、国家体育总局颁布的《关于推进学校体育场馆向社会开放的实施意见》（以下简称《实施意见》）为分析框架，从政策工具的视角，对政策工具类型（*X*维度）的环境型政策结构、供给型政策结构以及需求型政策结构进行了计量分析，对利益相关方（*Y*维度）的政府和学校政策结构、居民和社会组织政策结构进行了计量分析，深入剖析《实施意见》中存在的不足或缺失，并从强化环境型政策工具，提升政策影响力；细化供给型政策工具，提高政策推动力；充实需求型政策工具，增强政策拉动力3个层面提出*X*维度政策再设计优化策略。从加强政府和学校政策工具类型，协同推进共享；完善居民和社会组织政策工具类型，提升共享共治2个层面提出*Y*维度政策再设计优化策略，为完善学校体育场馆资源共享政策提供学理支撑。

二、研究思路

本书在相关理论阐释与调查研究的基础上，寻求我国城市学校体育场馆资源共享困境的消解之路。研究思路：①对相关政策进行了梳理，以了解当前政策的历史演变情况；②依托第六次全国体育场地普查数据库概括我国城市学校体育场馆资源共享现状；③采用质性分析法诠释了我国城市学校体育场馆资源共享困境，通过对全国11个省市的学校周边居民，以及体育行政部门管理者、教育行政部门管理者、学校体育管理者开展学校体育场馆资源共享困境的利益诉求调查，比较分析了各利益相关主体的诉求情况；④从博弈论等理论的视角，厘析了我国城市学校体育场馆资源共享困境的利益博弈，并据此基于多重责任视角、协同治理视角和政策法规视角提出了我国城市学校体育场馆资源共享的消解路径。研究技术路线如图0-1所示。

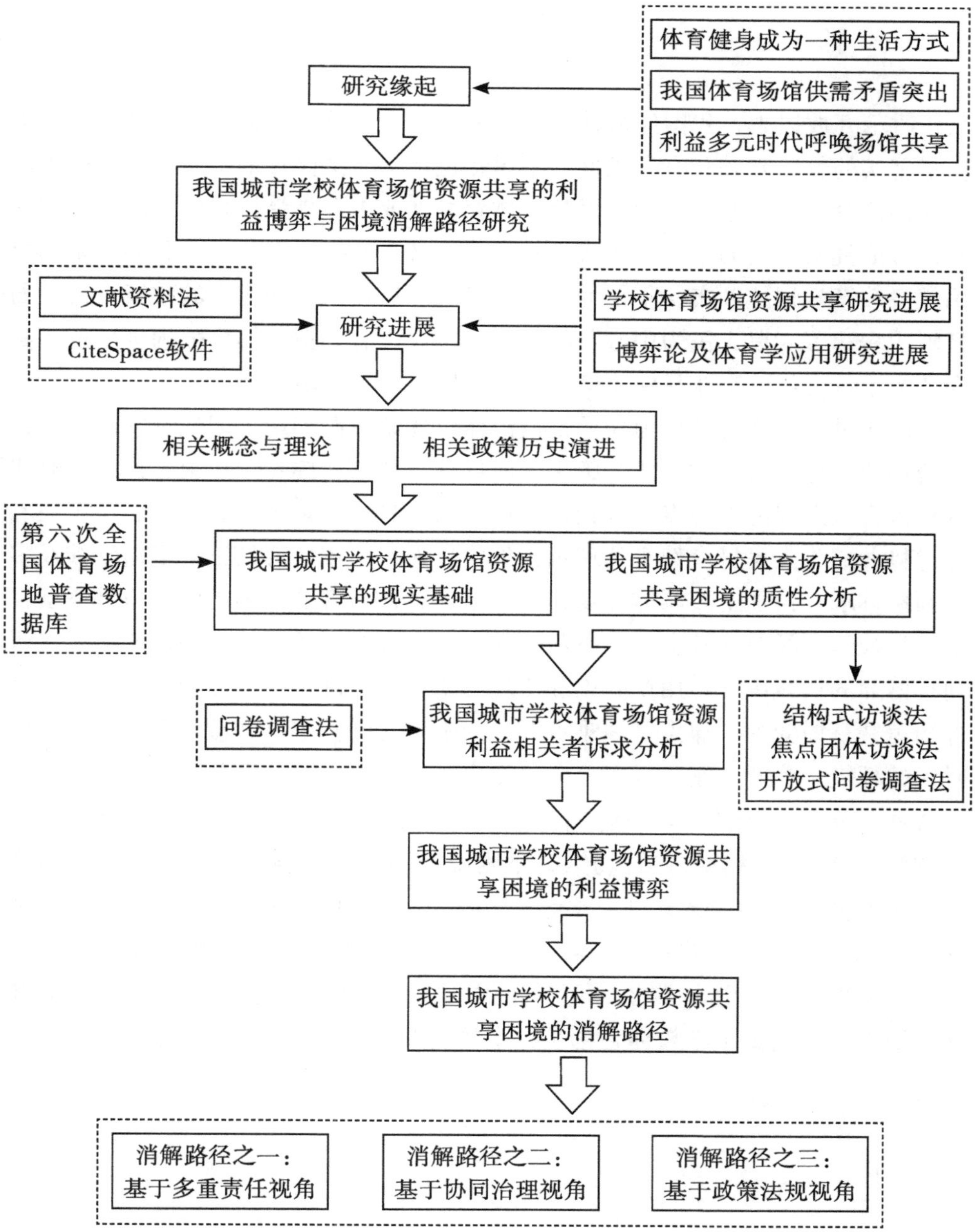
体育健身成为一种生活方式
我国体育场馆供需矛盾突出
利益多元时代呼唤场馆共享
研究缘起
我国城市学校体育场馆资源共享的利益博弈与困境消解路径研究
文献资料法
CiteSpace软件
研究进展
学校体育场馆资源共享研究进展
博弈论及体育学应用研究进展
相关概念与理论
相关政策历史演进
第六次全国体育场地普查数据库
我国城市学校体育场馆资源共享的现实基础
我国城市学校体育场馆资源共享困境的质性分析
问卷调查法
我国城市学校体育场馆资源利益相关者诉求分析
结构式访谈法
焦点团体访谈法
开放式问卷调查法
我国城市学校体育场馆资源共享困境的利益博弈
我国城市学校体育场馆资源共享困境的消解路径
消解路径之一：基于多重责任视角
消解路径之二：基于协同治理视角
消解路径之三：基于政策法规视角

图0-1 研究技术路线图

本章小结

改革开放以来，我国经济社会发展取得巨大成就，为促进社会公平正义提供了坚实的物质基础和有利条件。中国特色社会主义体育最本质的特征是为广大人民群众的健康服务。让人民分享体育发展成果、享受体育带来的健康和快乐，形成健康文明的生活方式成为新时代的必然选择。近几年，我国一系列全民健身政策规划的颁布，不仅为全民健身的开展提供了强有力的政策支撑，而且鲜明表达了“以人民为中心”的新时代发展理念，把“体育强国梦”融入实现“两个一百年”奋斗目标大格局中去谋划的伟大战略决策。

以建设全民健身场地为先导，盘活体育场馆资源存量，因地制宜破解全民健身场地设施供需矛盾，成为解决人民群众“到哪儿健身”短板，推进新时代群众体育大发展的着力点。学校体育场馆由于具有数量多、分布广、位置便利等优势，成为人民群众健身的理想去处。然而，学校体育场馆共享由于涉及多方利益诉求，再加上校园体育场馆开放造成意外伤害的“黑天鹅”事件屡屡发生，学校体育场馆向社会共享举步维艰。面对冲突和矛盾，将问题或困境置于利益博弈的场域中，运用博弈论和治理理论等科学理论，找准制约城市学校体育场馆共享博弈的“痛点”“难点”，探索多元利益主体利益均衡的格局成为时代的呼唤。为此，基于以上思考，提出本书的研究方法，包括文献资料法、调查法、质性分析法、政策分析法、案例分析法、逻辑分析法、数理统计法等方法，并提出将学校体育场馆共享困境的利益博弈与消解路径这一社会命题置于共建共治共享的现代社会治理体系中，运用利益相关者理论、博弈理论、协同治理理论、共享理论等，剖析学校体育场馆共享的困境所在、利益诉求、利益博弈、消解路径，可为拓展学校体育场馆共享研究的理论内涵和学术视野、推进城市学校体育场馆共享的实践探索提供新思路、新方案。

第一章 基本概念与理论基础

概念是人类区别世界上各种事物一种方法，也是人类思维的基本单位。理论基础是提供一种观察的角度思考的方法和解释的依据。本章对学校体育场馆资源共享，以及利益和利益诉求、博弈、治理、政策设计等相关概念进行界定的基础上，提出本研究的理论基础，如利益相关者理论、博弈论、治理理论、政策设计理论等，并进行简要的阐述。

第一节　学校体育场馆资源共享相关概念和理论

一、学校体育场馆资源的相关概念

（一）学校体育场馆

本书中的“学校体育场馆”指的是在我国高等学校、中专、中技、中小学校和其他教育系统单位中，具有体育健身功能、日常用于体育健身的场馆。对于“学校体育场馆”，学界常使用“学校体育场地”“学校体育场馆”“学校体育场所”“学校运动场地”“学校运动场所”“学校体育设施”等不同称谓，其表达的含义相同或接近。为了清晰界定研究对象，本书除引用前人相关文献外，将统一使用“学校体育场馆”这一名称。

（二）学校体育场馆资源

资源一词常见于经济学、地理学等领域，包括自然资源和社会资源两大类。一般认为，资源是一个国家或一定地区内拥有的物力、财力、人力等各种物质的总称。显然，学校体育场馆资源属于社会资源范畴。基于此，我们认为学校体育场馆资源指的是学校作为一个实体单位，能够自由支配用于体育活动的土地、建筑、附属设施等物质的总和。

（三）学校体育场馆开放

学校体育场馆开放是体育管理学研究的热点问题，但是学术界对此的称谓不一致，因此在本研究中，“学校体育场馆开放”等同于“学校体育场馆资源共享”。我们引入许闽峰等对该名词的定义，学校体育场馆开放指的是在保证学校完成正常体育课教学和活动的前提下，在课外或节假日，以有偿或无偿的形式，向参加体育锻炼的本校、外校学生以及周围社区群众开放，提供活动的场馆[1]。该定义至今看来仍然具有现实意义，有助于社会各界认清学校体育场馆开放问题的实质。

二、资源共享概念及理论

（一）共享

共享（multi-shared），又称为多元共享或分享，是将一件物品或者信息的使用权或知情权与其他所有人共同拥有[2]。共享是当前我国社会各领域中使用的热门词汇。“共享”的学术概念最初发端于经济学领域，主要是企业管理者进行资源配置时坚持的一种原则和思想，后来拓展至其他学科，被广泛应用。在我国，“共享”一词并不陌生。作为社会主义国家，我们的最终目标就是实现共产主义，这是一个“人人共享社会资源”的理想社会。因此我们党和政府历来重视资源共享，也将“共享”理念贯穿于一系列的法律、法规和政策中。党的十八届五中全会正式将“创新、协调、绿色、开放、共享”五大发展理念作为新时代治国理政的重要指引。换言之，“共享”在我国不仅是经济学、管理学等学术意义上的概念，而且成为社会各领域发展必须坚持的原则和方向。

（二）资源共享

“资源共享”（resource shared）一般常见于互联网世界，其主要指的是，为了提高计算机的使用效率，操作系统采用逻辑（或虚拟）资源分配的方式，让多台计算机或同一台计算机中的多个用户，同时使用硬件和软件资源。同样，在现代商业模式中，共享经济已然成为广受欢迎的企业发展模式，纷纷在市场经济大潮中攻城略地。而在人文地理学研究中，与之相近的是大卫·哈维提出的城市“共享资源”理论，其主要用于研究城市资源紧张问题。正如有

[1] 许闽峰，刘素珍，顾美蓉，等. 对北京、天津、上海学校体育场地开放情况的调查研究［J］. 体育科学，1999（4）：72-76.

[2] 中国社会科学院语言研究所词典编辑室. 现代汉语词典（第七版）［M］. 北京：商务印书馆，2016.

学者指出的，每个城市居民都本应享受均等的城市“共享资源”，如今却被个人或团体以私有化的形式来获取垄断利益，这势必引起城市中各种阶级的利益冲突和矛盾[1]。

可见，无论是在经济、政治意义上，还是在科技发展、城市建设等方面，资源共享已成为人们广泛运用的理念和方法。因此，本书将资源共享的思想贯穿于整个研究过程中，目的是推动作为资源拥有方的教育系统推出符合多元利益诉求的方案，合理配置学校体育场馆资源，提高学校体育场馆的使用效率，实现社会效益和经济效益的最大化。

第二节　利益相关者相关概念和理论

一、利益和利益诉求

利益也被称为好处，在汉语中的利益一词最早出现在《后汉书·循吏传·卫飒》，“教民种殖桑柘麻纻之属，劝令养蚕织履，民得利益焉。”它指的是对人或物有良性影响的事物。诉求从字面上来看是指陈诉与请求。而“利益诉求”，指的是一定的社会集体、组织或个体为获得自身在生存、发展和心理上的满足而对经济、地位和权力的申诉与请求。我们认为，利益（interest）指的是对人或物有良性影响的事物。对利益提出索求，即利益诉求（interest demand），指的是利益相关者为获得自身在生存、发展和心理上的满足，追求对自身有益处的物质或情感的行为。

二、利益相关者理论

人对有良性影响的事物的向往，是人类追逐利益的根本动力，参与其中的相关人或群体，可以称为利益相关者。美国战略管理学家伊戈尔·安索夫（Igor Ansoff）最早使用利益相关者（stakeholder）的说法，他认为“要制定

[1] 关巍，崔柏慧. 大卫·哈维城市“共享资源”理论研究［J］. 渤海大学学报（哲学社会科学版），2019，41（3）：78-82.

理想的企业目标，必须综合平衡考虑企业的诸多利益相关者之间相互冲突的索取权，他们可能包括管理人员、工人、股东、供应商以及顾客。”[1]美国经济学家弗里曼认为利益相关者是“能够影响实现企业目标，或者能够被企业实现目标的过程影响的任何个人和群体。”[2]我们借鉴以上定义，将“利益相关者”界定为，影响实现城市学校体育场馆资源共享的目标，或者在实现这一目标过程中产生影响的任何个人和群体。

一般认为，利益相关者理论产生于20世纪60年代英、美等西方企业管理实践中。根据我国学者贾生华和陈宏辉在《利益相关者的界定方法述评》一文中的梳理，国外利益相关者理论发展经过了早期探索、逐渐厘清、广义界定到量化界定的过程。与传统的股东至上主义的区别在于，利益相关者理论认为任何一个公司的发展都离不开各种利益相关者（如股东、债权人、雇员、消费者、供应商等）的投入或参与[3]。虽然有西方学者从多个角度试图解读“利益相关者”，但是如何界定“利益相关者”始终是学者们最关心的问题。

1984年，弗里曼在《战略管理——利益相关者方法》一书中指出，除将影响企业目标实现的个体和群体作为利益相关者之外，进一步将企业目标实现过程中受影响的个体和群体也视为利益相关者[4]。这种更为广义的界定产生了积极作用，扩大了概念的内涵，不过在实证研究过程中却比较难以操作，需要一种分层分类的界定方式。1995年，美国经济学家克拉克逊认为，企业的生存和繁荣离不开利益相关者的支持，但是利益相关者可以进行细分，不同的利益相关者对企业影响的权重是不同的[5]。因此，多维细分法在20世纪90年代中期成为主流划分界定方法。然而，这种方法仍然存在理论气息浓、操作性不强等问题。后来，便产生了基于动态量化的米切尔评分法。这种方法通过为不同类型利益相关者打分来划分，随时调整指标权重，提升了可操作性，也更加准确与客观，受到了更多企业的欢迎。

不难看出，利益相关者理论的发展经历了从简单到成熟的过程，各种方法也都有各自的特点。因此本课题组认为，界定广义利益相关者，有助于厘清我国城市学校体育场馆资源共享的不同类型利益相关者，进而更加精准地确定研究对象和研究内容。与此同时，借助量化指标体系，分析不同类型利益相关者

[1]［3］［5］贾生华，陈宏辉. 利益相关者的界定方法述评［J］. 外国经济与管理，2002（5）：13-18.

[2]［4］弗里曼. 战略管理——利益相关者方法［M］. 王彦华，梁豪，译. 上海：上海译文出版社，2006.

的诉求，将具有更强的科学性。

第三节　博弈论相关概念和理论

一、博弈论相关概念

（一）博弈

博弈一词中文的含义是下棋，但是在英文世界中，对应的词汇是game，有游戏、竞争、赌博等含义。在博弈情形下，每个人的福利不仅取决于他自身的行为，而且取决于其他人的行为[1]。可见，对个体来讲，在最小风险的情况下追求自身利益最大化是最终目的，这也符合人性中趋利避害的特点和事物发展的辩证规律。

（二）博弈的基本要素

一般认为，一个博弈过程包含以下基本要素：参与者、策略、信息、得失和均衡。

1. 参与者（players）

参与者指的是一个博弈中的行动决策主体，也称为局中人。参与者可以是个人，也可以是单位、团体甚至国家。一个博弈由两个参与者组成，称为“二人博弈”；由两个以上参与者组成，称为“多人博弈”。参与者是博弈的首个要素，是博弈的前提和基础。

2. 策略（strategies）

策略是参与者参与博弈的行动方案。无论该方案最终是否可获得最大利益、最小损失，参与者都要实施基于自身的可行策略。当参与者拥有有限个策

[1] 郑长德. 博弈论及其在经济管理中的应用 [M]. 北京：中国经济出版社，2018.

略时，是有限博弈；当拥有无数个策略时，是无限博弈。

3. 信息（information）

信息无处不在，但是对于参与者，信息的拥有程度却是不同的。信息指的是参与者参与博弈时所掌握的所有知识储备，包括完全信息和不对称信息。完全信息是各个参与者都掌握的“共同知识”，即每个参与者对自己和其他参与者的收益状况充分了解。不对称信息，顾名思义，各个参与者所掌握的信息是不对称的，对各方的收益情况不完全了解。

4. 得失（payoff）

得失或收益是博弈参与者最关心的问题。一个博弈结束时的结果称为得失。一个参与人的得失，不仅与自身采取的策略有关，而且与其他参与者的策略有关。比如场馆出租博弈中，场馆提供方获得租金收入，而场馆使用方获得健身收益，多方各取所需、有得有失。所以，最终的得失情况体现为所有参与者采取策略的组合函数，称之为得失函数。

5. 均衡（equilibrium）

在经济学中，均衡指的是所有相关量都处于稳定值。比如在场馆资源供求关系中，某个社区场馆供给方以某个价格提供一定数量和面积的场馆，而且以此价格消费的人都承担得起，此时我们就说，该社区场馆供求达到了均衡。

二、博弈论

通过上面的概念可知，博弈论是研究决策主体基于掌握的信息而采取决策，追求某种收益和均衡的一门应用科学。在经济、管理和社会研究领域大放异彩的博弈论，其形成和发展经历了一个漫长的过程。博弈论诞生于20世纪初，主要贡献者是冯·诺依曼，他证明了博弈论的基本原理。之后在1944年，他和摩根斯坦进一步拓展应用范围，在他们合作的《博弈论与经济行为》一书中，将博弈论系统应用于经济领域。进入20世纪50年代，约翰·纳什（John Nash）为博弈论的发展做出了重要贡献，他利用不动点定理证明存在均衡点，为博弈论的一般化奠定了坚实的基础。此后，相继有众多的学者加入博弈论研究队伍，将博弈论应用于政治、经济、文化、生活、娱乐等社会的各个领域。

一般认为，博弈主要分为合作博弈和非合作博弈，这是依据是否可以达成有约束力的协议来决定的。按照参与人对其他参与人的了解程度，博弈又可分为完全信息博弈和不完全信息博弈。合作博弈是一种理想的博弈，但实际中存在的较少，大多数情况下存在于合作博弈与非合作博弈之间。非合作博弈强调博弈局中人单方自主决策，策略选择过程中不以集体利益为主，非合作博弈均衡即纳什均衡。在非合作博弈中，按照行动顺序可分为4类，分别为完全信息静态博弈、完全信息共同博弈、不完全信息静态博弈和不完全信息动态博弈[1]（表1-1）。

表1-1　博弈的分类

信息	静态	动态
完全信息	完全信息静态博弈	完全信息共同博弈
不完全信息	不完全信息静态博弈	不完全信息动态博弈

理论的实际应用主要体现在学者们创立的一系列模型中。在博弈论中，已经形成许多经典博弈模型。它们可以让人们更快地了解和掌握博弈论的知识，也便于学者研究某个具体的案例。常见的博弈模型有囚徒困境、智猪博弈、胆小鬼博弈（斗鸡博弈）、协调博弈（猎鹿博弈）等。本书将基于上述博弈模型，列举利益主体基于博弈模型的博弈结果，得出相关最优策略，从而尝试找到学校体育场馆资源共享的最优策略。

第四节　体育治理相关概念和理论

一、治理的概念

在当今时代，“治理”可谓风靡世界。与此同时，公共治理、社会治理、国家治理等也成为人们耳熟能详的名词。治理的字眼通常出现在政治学领域，特指国家治理，意为政府通过强制性权利或权力对国家事务进行管理。不过治理真正为人们所熟知是在商业领域，这里特指公司治理，即公司组织以特定的

［1］张维迎. 博弈论与信息经济学［M］. 上海：上海人民出版社，2004.

方式和制度进行公司管理。目前，在所有关于治理的定义中，联合国全球治理委员会为治理下的定义应用较广。它认为治理是各种公共的或私人的个人和机构管理其共同事务的诸多方法的总和，是使相互冲突的或不同利益得以调和，并采取联合行动的持续过程[1]，显然，这里的“治理”既包括有权迫使人们服从的正式制度和规则，也包括各种人们同意或符合其利益的非正式制度安排。

综合以上分析，本书认为治理侧重于冲突方或不同利益相关者间的协调，可以借鉴联合国全球治理委员会的定义，来分析学校体育场馆治理过程中发现的问题和困境，并运用治理理论提出合理的建议。

二、治理理论

为了调和不同利益主体之间的矛盾，除了强制性的规定或规制，还应有一系列非制度性的举措。在传统的公共管理学中，政府拥有最多的权利或强大的权力，市场和社会处于被支配或失声的境地。于是迫切需要产生一种基于多元利益格局目标的管理范式，治理理论应运而生。由联合国全球治理委员会的定义可知，尽管治理拥有许多不同的内涵和广泛的理论衍射，但在当前实践导向之下，将“治理的定义整合起来，依然能够形成一个相对严密的内涵。”通过检索文献发现，治理理论研究吸引了哲学、法学、经济学、政治学和管理学等不同学科学者的参与，并取得了丰硕的研究成果。俞可平指出，治理概念之所以出现，是由于政府已经意识到在社会资源配置中市场的失效与国家的失效[2]。刘银喜认为，治理理论在国内的兴起，是因为形而上学层面的原因，即碎片化的各学科领域原有范式已经无法解释和描述现实世界，因此新公共管理理论、公共选择理论、有限政府理论甚至是新自由主义思潮，都成为治理理论产生的学术土壤[3]。王诗宗将治理理论的来源定义为5种治理类型，即“善治”治理、“新公共管理”治理、“自组织网络”治理、“社会控制论”治理和“新政治经济学”的治理，基本表达出了治理理论的学术谱系[4]。

纵观治理理论，应该说其兴起原因和内涵外延、学术渊源以及中国化变革

[1] 俞可平. 治理和善治：一种新的政治分析框架 [J]. 南京社会科学，2001（9）：40-44.
[2] 俞可平. 治理和善治引论 [J]. 马克思主义与现实，1999（5）：37-41.
[3] 刘银喜. 政府治理理论的兴起及其中国化 [J]. 内蒙古大学学报（人文社会科学版），2004（4）：66-69.
[4] 王诗宗. 治理理论的内在矛盾及其出路 [J]. 哲学研究，2008（2）：83-89.

反思方面，都展现出其在解释框架上的特殊之处，这为本书中的研究提供了很好的视角。从已有成果文献来看，本书的治理理论应用成果可以集中于“政府—市场—社会”3个维度，即公共行政改革中的政府治理、经济关系改良中的市场治理、公共事务协调中的社会治理。

（一）公共行政改革中的政府治理

在工业化浪潮的影响下，现代意义上的政府机构，大多是依照亚当·斯密在《国富论》中提倡的职能分工理论、马克思·韦伯（Max Weber）在《新教伦理与资本主义精神》中强调的阶层官僚制等原则而逐渐形成的。虽然这些阶层制的管理模式有着独特的优点，但对于一个快速迈入现代化的世界来讲，层级制的官僚机构出现了部门分工僵化、层级分工过细、非人性化、各自为政、本位主义、腐败滋生、效率低下、权责不一致、漠视民众诉求等缺点，成为政府机构、国际组织和国际商业公司等组织问题频出的症结所在[1]。对于我国的治理实践，俞可平指出，改革开放以来，中国治理变革就是完成公共行政改革中的政府治理，是从一元治理到多元治理、从集权到分权、从管制政府到服务政府、从党内民主到社会民主的实践进程[2]。

（二）经济关系改良中的市场治理

经济关系改良中的市场治理主要对国家宏观市场经济维护、市场交易主体平衡等问题进行调整。马克思在《〈政治经济学批判〉序言》中认为，西方所谓的主流经济学将生产关系作为完美理性假设，排除特定经济关系、经济制度的生产和再生产过程，是一种实践层面的“悬置”。布坎南也认为经济学是关于消费者互利共赢的概念，需要代入政治研究值内，这证明了制度的重要作用，市场需要治理调节[3]。威廉姆森在其《治理机制》中，从经济学视角出发，阐释了社会正式组织的组织制度、公共政策及其影响，并提出了交易成本

[1] 拉塞尔·M·林登. 无缝隙政府：公共部门再造指南［M］. 汪大海，吴群芳，译. 北京：中国人民大学出版社，2013.

[2] 俞可平. 中国治理变迁30年（1978—2008）［J］. 吉林大学社会科学学报，2008（3）：5-17，159.

[3] 詹姆斯·M·布坎南. 自由、市场与国家 ：80年代的政治经济学［M］. 平新乔，莫扶民，译. 上海：上海三联书店上海分店，1989.

的理念[1]。

（三）公共事务协调中的社会治理

随着近年来社会意识形态更迭，以实际问题为导向的“社会力量互动下的公共事务”协治，是当前社会治理理论的新范式。譬如公共事务学视角下的治理理论，在国家政治秩序、社会公共事务以及社会服务的适用性等方面的研究，已经在某种意义上成为治理理论研究的“显学”。俞可平指出，影响中国治理状况的决定性变量是社会经济的变化、政治发展的逻辑、新型政治文化的形成和全球化的冲击[2]。进入21世纪，我国社会治理改革的重点内容，需要生态平衡、社会公正、社会和谐、政府创新和基层民主，进而达到民主、法治、公平、责任、透明、廉洁、高效、和谐的中国特色治理模式的目标。

综合来看，已有研究成果打破了社会科学中长期存在的两分法传统思维方式，厘清了治理理论的兴起原因、内涵与外延、学术渊源及其脉络，认为治理是以公共利益为目标，即市场与计划、公共部门与私人部门、政治国家与公民社会、民族国家与国际社会等，把有效的管理视为合作的过程。克服协同合作不力，实现“有为政府、有效市场、有机社会”的多方参与合作治理机制是治理理论产生的主要原因。因此，本书将基于当代中国治理理论，讨论政府、社会和市场如何完成体育场地对外开放工作，进而形成相互合作、共同管理的理念和模式。同时，在多元化治理主体、多中心治理结构、多样化治理手段等共识的引导下，给出本书中实践的理论阐释与检验。

三、体育治理理论

治理理论已经在国内外学界产生重要成果，但是关于体育治理的研究尚处于起步阶段，目前主要侧重于理论分析和探索。随着我国体育事业的迅猛发展，在全民健身、体育产业、体育组织等各个领域产生的社会问题逐渐增多，迫切需要政府和社会探索新的思路和方法。体育治理理论的适时出现，以及对体育治理概念和内容的研究，或将有助于明晰和消解纷繁复杂的治理难题。关于体育治理的类型，陈晓荣等将体育治理分为体育事务本身的治理和把体育作

[1] 奥利弗·威廉姆森. 治理机制［M］. 石烁，译. 北京：机械工业出版社，2016.
[2] 俞可平. 中国治理变迁30年（1978—2008）［J］. 吉林大学社会科学学报，2008（3）：5-17，159.

为手段的公共治理[1]。关于体育治理的定义，任慧涛作了如下界定，体育组织基于恰当的道德标准和职业伦理，通过组织结构、进程和政策等机制设计，来提高其决策、领导、管理和控制等能力与绩效，进而保护多元利益相关群体的权益，实现组织目标[2]。在我国，公共体育权力由政府主导，社会和市场多方参与，此种情况下，寻求多元利益主体的协同是最佳选择。如唐刚等从多元主体参与协同治理的视角，认为“政府主导下的公共体育权力的利益契合”是我国多元主体参与公共体育服务的内在动力[3]。关于社区体育治理，刘红等认为社区体育治理应该在社区体育治理利益的格局分配上引入市场化竞争体系、构建多元化治理框架，依靠制度完善对治理主体的监督机制是实现社区体育治理现代化的破壁之道[4]。由此可知，近年来国内体育学者积极推进跨学科体育治理研究，涉及的领域包括概念界定、理论渊源、理论结构和应用范围等方面。他们强调多元利益主体的治理，呼吁协调政府、社会、市场之间的关系，在治理理论基础上丰富和完善了体育治理理论。通过对体育治理理论的简单梳理，有助于解决多元利益主体情况下学校体育场馆资源的共享难题，为本书提出的消解路径提供理论支撑。

四、协同治理理论

协同论是系统科学理论的重要分支，其主要内容是通过自身内部的协同效应，自发形成一定意义上的有序结构。协同论与治理理论的有效结合，衍生出了协同治理这个新的治理范式。协同治理已经发展成为一门跨学科的科学，在社会学、政治学、管理学等人文社科领域应用广泛，而本书将基于管理学领域的研究，借鉴协同治理理论。我国学者胡颖廉认为，协同治理的本质是通过在共同处理复杂社会公共事务过程中的相互关系协调，实现共同行动、耦合结构和资源共享，从根本上弥补政府、市场和社会单一主体治理的局限性[5]，这

[1] 陈晓荣，罗永义，柳友荣. 公共治理视域中的体育治理［J］. 上海体育学院学报，2013，37（1）：23-27.

[2] 任慧涛. 论体育治理理念［D］. 南昌：江西财经大学，2016.

[3] 唐刚，彭英. 多元主体参与公共体育服务治理的协同机制研究［J］. 体育科学，2016，36（3）：10-24.

[4] 刘红，关博，王稳，等. 国家体育治理的基层逻辑：社区体育治理的困境与超越［J］. 体育与科学，2018，39（2）：77-83，120.

[5] 胡颖廉. 推进协同治理的挑战［N］. 学习时报，2016-01-25.

是从公共管理的视角探索政府、市场和社会不同利益主体间协同。此外，学者刘建伟认为，协同治理强调多元主体基于利益共同体需要采取集体行动，相互配合、相互协调、协同进步以发挥协同治理优势[1]。不难看出，协同治理理论从协同各利益主体诉求出发，强调协同配合、资源共享，目的是消解无序消耗，形成利益共同体。

学校体育场馆资源共享并不是一蹴而就的，而是所涉多元主体根据内、外部影响因素不断调整和改进自身策略，并对其他利益主体的决策施加影响，最终达到一种动态均衡的良好治理状态。协同治理理论在学校体育场馆共享这一议题中的应用，将有助于处理多元主体在利益博弈中产生的诸多困境。

第五节　政策设计相关概念和理论

一、政策及政策工具的概念

（一）政策

国家党政机关或其他政治团体为了实现一定的政治、经济、文化、军事等目标，必然要采取一项或多项举措，加以推动实施，即要出台一定的“政策”。作为以民主集中制为政体的国家，我国向来重视政策的设计。政策的出台，一般要经过政策制定缘起、前期调研、部门征求意见、社会建议、出台实施政策等阶段。何谓政策？本书借鉴国内公共政策学者陈振明的定义，他认为政策是国家机关、政党及其他政治团体在特定时期为实现或服务于一定社会政治、经济、文化目标所采取的政治行为或规定的行为准则，是一系列谋略、法令、措施、办法、方法、条例等的总称[2]。

[1] 刘建伟. 习近平的协同治理思想 [J]. 武汉理工大学学报（社会科学版），2018，31（1）：51-56.
[2] 陈振明. 政策科学：公共政策分析导论 [M]. 北京：中国人民大学出版社，2004：167-172.

（二）政策工具

为实现政策的贯彻落实，政策执行人或部门需要采取一个或多个手段，这些用来达成政策目标的手段便是政策工具（policy instrument）。在社会科学领域，政策工具正在被学者们广泛应用，研究方向主要有：由于政府管理及政策执行的复杂性，人们对政策执行工具或手段要不断反思和改进；随着社会日益多元化，公共政策存在越来越多的失灵现象，人们在政治及意识形态上支持特定的政策工具；当前，社会科学领域更加深入接触政府的政策和管理实践，对包括工具性知识在内的研究产生了更多追求[1]。因此，政策工具成为西方政策科学研究的一个焦点。

二、政策设计理论

政策设计（policy design）指选择适当的政策工具实现审慎确定的政策目标，涉及政策理念、政策内容和政策过程[2]。在治理理念和共享理念的多重影响下，政府的政策文本也带上了此理念的痕迹，但是这种简单化的政策设计并未取得成功。政策学家在政策设计重建中开始思考新设计理论，逐渐重视政策工具的使用，而且做到了从单一工具到混合工具的转变[3]，对政策内容方面进行了更为深入和系统的分析。公共政策面对众多政策对象，需要顾及多个利益相关主体的诉求，实现公共利益最大化，所以政策的设计和再设计必须摆脱“工具—技术”理性的旧框架，应按照“理论—情景—行动者”[4]的结构执行，赋予政策更丰富、更多元的人文情景，关照社会现实问题和人群的真实呼声。本研究关注的学校体育场馆资源共享问题，一直以来都是政府、学校、社会难以调和解决的问题，与之相关的公共政策的设计，应在新设计理念指引下进行。罗斯威尔（Rothwell）和泽夫尔德（Zegveld）的政策工具分类方法削弱了政策工具的强制性特征，同时加强了政府在推动政策项目过程中的环境建设者作用，突出供求在促进政策项目发展中的重要作用，因此，本书借鉴使用该政策工具进行政策设计，试图将其作为消解学校体育场馆资源共享困境

[1] 陈振明. 政府工具研究与政府管理方式改进——论作为公共管理学新分支的政府工具研究的兴起、主题和意义［J］. 中国行政管理，2004（6）：43-44.

[2]［3］［4］朱伟. 西方政策设计理论的复兴、障碍与发展［J］. 南京社会科学，2018（5）：77.

的路径之一。

本章小结

“学校体育场馆”指的是在我国高等学校、中专中技、中小学校和其他教育系统单位中，具有体育健身功能、日常用于体育健身的场馆。“学校体育场馆共享”中的“共享”指的是将一件物品或者一种信息的使用权或知情权与其他所有人共同拥有。共享是当前我国社会各领域中使用的热门词汇。利益指的是对人或物有良性影响的事物。博弈是指在一定的游戏规则约束下，基于直接相互作用的环境条件，参与者依靠所掌握的信息，选择各自策略（行动），以实现利益最大化和风险成本最小化的过程。治理是各种公共的或私人的个人和机构管理其共同事务的诸多方法的总和，是使相互冲突的或不同的利益得以调和，并采取联合行动的持续过程。

一般认为，利益相关者理论产生于20世纪60年代欧美企业管理实践中，国外利益相关者理论发展经过了早期探索、逐渐厘清、广义界定到量化界定的过程，该理论认为任何一个公司的发展都离不开各种利益相关者（如股东、债权人、雇员、消费者、供应商等）的投入或参与。随后，更多的研究借助量化指标体系，分析不同类型利益相关者的诉求，使其具有更强的科学性。博弈论诞生于20世纪初期，主要贡献者是冯·诺依曼，他证明了博弈论的基本原理，并将博弈论系统应用于经济领域。进入20世纪50年代，约翰·纳什为博弈论的发展做出了重要贡献，他利用不动点定理证明存在均衡点，为博弈论的一般化奠定了坚实的基础。此后，相继有众多的学者加入博弈论研究队伍，将博弈论应用于政治、经济、文化、生活、娱乐等社会各个领域。一般认为，博弈主要分为合作博弈和非合作博弈，这是依据是否可以达成有约束力的协议来决定的。按照参与人对其他参与人的了解程度，博弈又可分为完全信息博弈和不完全信息博弈。合作博弈是一种理想的博弈，但实际中存在的较少，大多数情况下存在于合作博弈与非合作博弈之间。理论的实际应用主要体现在学者们创立的一系列模型中。在博弈论中，已经形成许多经典博弈模型，常见的博弈模型有囚徒困境、智猪博弈、胆小鬼博弈（斗鸡博弈）、协调博弈（猎鹿博弈）等。

治理理论产生于一种基于多元利益格局目标的管理范式的迫切需要，其研究吸引了哲学、法学、经济学、政治学和管理学等不同学科学者的参与，并取得了丰硕的研究成果，新公共管理理论、公共选择理论、有限政府理论都成为治理理论产生的学术土壤，本书主要集中于“政府—市场—社会”3个维度，即公共行政改革中的政府治理、经济关系改良中的市场治理、公共事务协调中的社会治理。基于对政府和社会在全民健身、体育产业、体育组织等各个领域产生的诸多治理问题的探索，提出体育治理就是体育组织基于恰当的道德标准和职业伦理，通过组织结构、进程和政策等机制设计，来提高其决策、领导、管理和控制等能力与绩效，进而保护多元利益相关群体的权益，实现组织目标。协同论是系统科学理论的重要分支，其主要内容是通过自身内部的协同效应，自发形成一定意义上的有序结构。协同论与治理理论的有效结合，衍生出了协同治理这个新的治理范式。协同治理已经发展成为一门跨学科的科学，在社会学、政治学、管理学等人文社科领域应用广泛，本书将基于管理学领域的研究借鉴协同治理理论，认为协同治理强调多元主体基于利益共同体需要采取集体行动，相互配合、相互协调、协同进步以发挥协同治理优势。不难看出，协同治理理论从协同各利益主体诉求出发，强调协同配合、资源共享，目的是消解无序消耗，形成利益共同体。

政策设计指选择适当的政策工具实现审慎确定的政策目标，涉及政策理念、政策内容和政策过程。公共政策面对众多政策对象，需要顾及多个利益相关主体的诉求，实现公共利益最大化，所以政策的设计和再设计必须摆脱“工具—技术”理性的旧框架，应按照“理论—情景—行动者”的结构执行，赋予政策更丰富、更多元的人文情景，关照社会现实问题和人群的真实呼声。

第二章 相关研究进展

21世纪以来，当学校体育场地开放成为我国体育发展中一个难以解决的问题时，我国学者对它的关注从未停止过。本章从发文量阶段特征、时区关键词和热点词聚类等维度梳理了20多年来我国学校体育场地对外开放研究的最新进展、学术见解和建议。同时，聚焦“体育”与“博弈”，分别从发文特征、作者合作网络、关键词共现、关键词聚类、关键词时区、热点词突现等方面进行综述。

第一节 我国学校体育场馆资源共享研究进展

本书《我国学校体育场馆资源共享困境博弈研究》中的关键词之一为“共享”。由于历史的原因，以及基于契合我国现代五大发展理念的考虑，本书书名中使用了“共享”，而没有使用一直以来学者们常常运用的“开放”一词。但是二者在表达意义上较为接近，使用“共享”而弃用“开放”，并未从根本上改变本书宗旨。因此，在文献检索和吸收借鉴前人学者成果时，课题组仍遵循学界的习惯，以“开放”为主，辅之以“共享”为检索词汇。

课题组梳理了20年来我国学校体育场馆对外开放研究现状的文献，从发文量阶段特征、时区关键词和热点词聚类3个维度进行深入分析和讨论，以期能够宏观把握我国学校体育场馆开放研究的整体发展趋势。

一、发文量阶段特征分析

在一定时区内，发文量随时间变化的情况可以衡量该领域的研究历史、发展速度、受关注程度[1]，这有助于从整体上了解学界对我国学校体育场馆对外开放研究的关注度。关键词突现可以反映出该领域阶段性的研究主题和研究热点的变化，将二者结合分析能更加明确各阶段的研究热点。

统计显示，我国学校体育场馆开放的研究文献发表数量呈波浪式增长，在2010年后达到高峰，且在此后10年保持在50篇左右（图2-1）。通过CiteSpace软件的文献分析功能生成关键词突现图谱（图2-2），并筛选出突现度排在前15位的关键词，通过关键词频次的时间序列分析，可以在宏观视域下对研究热点的趋势进行分析，了解学校体育场馆开放研究热点的演化动态。结合图2-1、图2-2可以看出，我国对学校体育场馆开放的研究关注度呈逐步上升趋

[1] 王潇，吴江萍，李云鹏. 基于知识图谱的我国气排球发展可视化分析［J］. 体育科技文献通报，2019，27（9）：164-167.

势，同时对学校体育场馆开放领域的研究主题也在不断变化。因此，我们结合时代背景与研究热点，将研究趋势大致分为3个阶段。

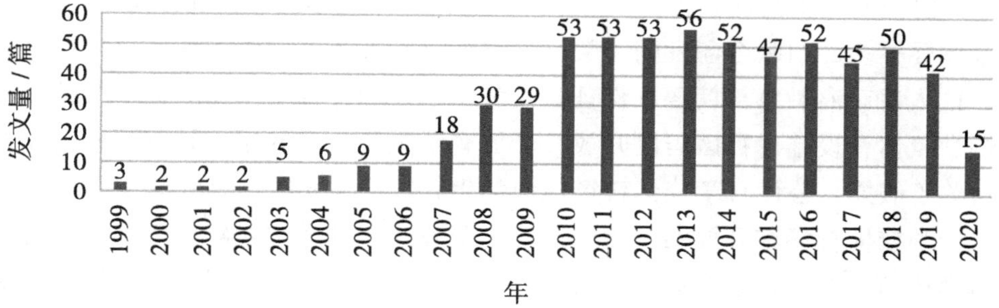

图2-1　1999—2020年关于学校体育场馆开放研究发文量年度变化图

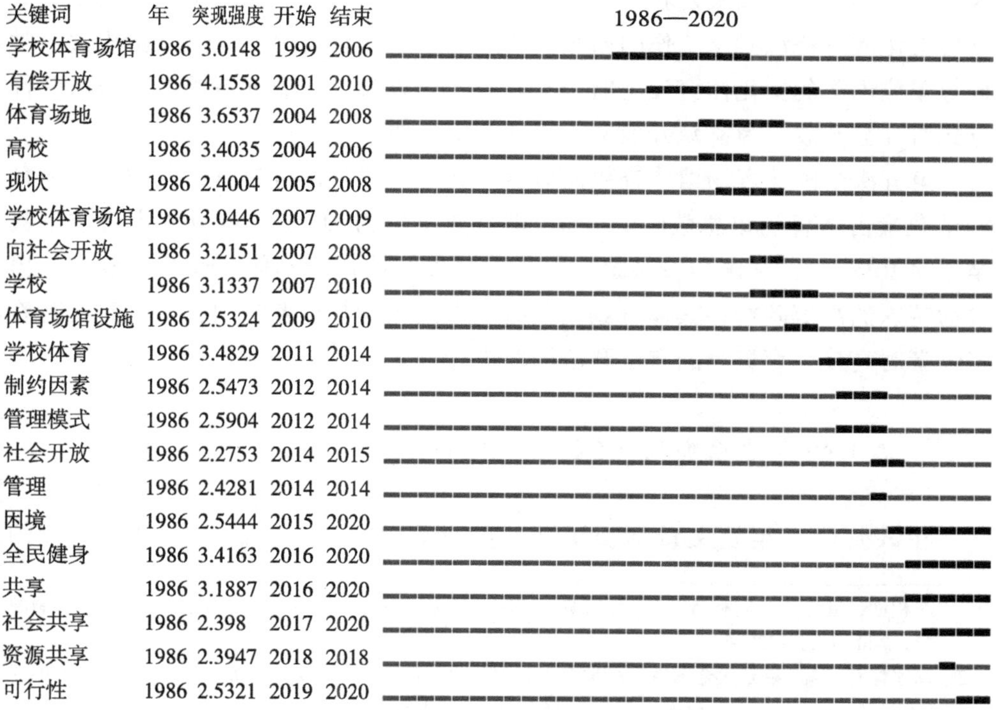

图2-2　学校体育场馆开放研究关键词突现图谱

（一）摸索阶段（1999—2006年）

此阶段发文量共计38篇，占总发文量的6%，年发文量相对较少。1997年，国家体委等多部门联合印发的《关于加强城市社区体育工作的意见》中提出，市、区人民政府教育部门要在保证学校教学秩序和体育工作的前提下，鼓励和支持学校体育设施对社区居民开放，开展有偿服务。1999年，教育部办公厅发布《关于假期、公休日学校体育场地向学生开放的通知》，是我国发布的第一项关于学校体育场馆开放的专项政策。说明我国在20世纪90年代就开始重视学校体育场馆设施向社会开放。此后，陆续有学者开始对这一议题进行探析。这一阶段突现词主要包括“学校体育场馆”“有偿开放”“体育场地”“现状”“高校”。

有学者研究表明，自1995年实施全民健身工程以来，我国城市社区体育人口的比例已大幅度提高，占被调查者的65%[1]，公共体育场馆出现供不应求的现象。基于此，国家发布《公共文化体育设施条例》（2003）与《关于做好基层文化教育资源共享工作的通知》（2002），分别提出“国家鼓励机关、学校等单位内部的文化体育设施向公众开放”，以及“积极创造条件，采取多种方式对社会开放，为群众开展文化活动提供方便”。

第五次全国体育场馆普查数据显示，截至2003年12月31日，我国学校体育场馆数量占体育场馆总数的67.7%，但开放率仅为29.2%，部分省市开放率甚至不足20%[2]，全国学校系统体育场馆对外开放情况不佳。作为学校系统里较为特殊的高等院校，其体育场馆具有较大的闲置与经营空间，这一时期有许多学者对高校体育场馆的有偿开放问题进行了探讨[3-5]。

（二）快速增长阶段（2007—2010年）

在该阶段，年发文量增长迅速，共计发文量为130篇，占总发文量的

[1] 李相如，展更豪，周林清，等. 我国城市社区实施全民健身工程的现状与对策研究［J］. 体育科学，2001（2）：28-33.

[2] 国家体育总局. 第五次全国体育场地普查数据公报［EB/OL］.（2005-02-18）［2018-10-01］. https：//www.sport. gov.cn/n315/n329/c216770/content.html.

[3] 雷厉. 影响高校体育场馆资源有偿开放的因素分析［J］. 哈尔滨体育学院学报，2000（4）：15.

[4] 张林中. 浅析高校体育场馆市场化的意义［J］. 哈尔滨体育学院学报，2004（2）：7-8.

[5] 冷迎辉. 高校体育场馆向社会有偿开放的思考［J］. 上海体育学院学报，2005（6）：21-23.

20.5%，主要突现词包括“学校体育场馆”“学校”“向社会开放”和“体育场馆设施”。教育部、国家体育总局从2006年起，在全国开展学校体育场馆开放试点工作。首批国家试点开放学校涵盖7个城市，154所学校[1]，使得学校体育场馆在开展体育教学工作和学生课余活动的同时能够有组织地向社会开放。2007年，第二批学校体育场馆陆续开放，试点达到28个，包含354个学校，且于2009年逐步在全国范围内推开。

由此，学校体育场馆进入开放、共享的实际执行阶段，这也使得这一时期学界围绕学校体育场馆开放问题的研究呈现井喷状态，对实际问题有了更为深入的思考，也试图运用切实有效的方案解决市场化背景下面临的各种困境。研究方向主要聚焦于对学校体育场馆开放的困境、对策及管理模式的探讨[2-5]。

随着2008年北京奥运会的成功举办，人们“健康第一”的意识逐渐增强，带动我国群众体育事业的发展上升到一个新的阶段。此外，国家出台的政策条例也促进了相关领域的研究。国务院在2009年颁布的《全民健身条例》中提出，“学校应当在课余时间和节假日向学生开放体育设施。公办学校应当积极创造条件向公众开放体育设施”。政策推动及人民群众对学校体育场馆开放的迫切需求，使我国学校体育场馆开放的研究达到高峰。

（三）稳步发展阶段（2011—2020年）

在该阶段，相关研究的发文量共计465篇，占总发文量的73.5%，年发文量基本稳定保持在50篇左右，主要突现词包括“管理模式”“制约因素”“全民健身”“社会共享”“共享”“困境”等。2010年，国务院办公厅发布的《关于加快发展体育产业的指导意见》中提出，“有条件的学校体育场馆应当向社会开放”；国家体育总局《体育事业发展“十二五”规划》中也提到，

[1] 谭仲秋. 学校体育场馆对外开放后伤害事故处理的法律基础［J］. 北京体育大学学报，2010，33（2）：35-37.

[2] 胡红，孙伟. 中国学校体育场馆开放对策研究［J］. 高等建筑教育，2008（1）：135-137.

[3] 刘新光，刘新征. 学校体育场馆设施向社会开放现状与管理模式的研究［J］. 沈阳体育学院学报，2009，28（1）：78-81.

[4] 刘从梅，潘红霞. 安徽省高校体育场馆开放现状及对策研究［J］. 辽宁体育科技，2010，32（3）：1-2.

[5] 黄群玲. 学校体育场馆向社会开放的困境及对策［J］. 首都体育学院学报，2010，22（5）：40-43.

"继续推动公共体育场馆和学校体育场馆向公众开放，并向社会公示开放时间和服务内容。"持续不断的政策推进，表明国家对学校体育场馆开放问题高度重视，但同时也说明了目前仍未出现最佳的方案、完善的法规与较为明确的责任体系为学校体育场馆开放保驾护航。2014年，国务院印发的《关于加快发展体育产业促进体育消费的若干意见》提出，将全民健身上升为国家战略。在此背景下，学校与社区体育场馆设施资源共享是解决我国群众体育场馆设施不足的有效途径。但在推进学校体育场馆开放的过程中也遇到了许多新的问题和挑战，促使学界在这一阶段深化了对学校体育场馆开放的制约因素、困境等方面的理论探索。有研究认为制约学校体育场馆开放的主要因素有政府管理因素、学校资源因素、教学管理因素、观念因素、安全因素、法规因素[1]。安全因素目前被多数学者认为是制约学校体育场馆开放的主要因素[2-6]。也有学者为此进行研究并提出，引入第三方管理，分情况开放，加强社区居民管理，提供体育指导、咨询服务等风险预防措施；增设保险制度，事后风险的责任转移措施是解决学校体育场馆开放安全问题的有效途径[7]。

综上所述，我国从20世纪90年代起就开始重视学校体育场馆开放问题，随着社会经济的发展，群众对体育场馆需求的增加，学校体育场馆开放成为解决公共体育场馆供给不足问题的有效途径。我国也以政策鼓励与开放试点的方式持续不断推进学校体育场馆开放的有效执行。随着学校体育场馆开放在全国范围内逐渐铺开，许多开放过程中遇到的问题渐渐浮现，学界对此研究热度持续高涨，研究方向也由早先对开放现状的研究逐渐转变为对开放困境的剖析及对策与优化路径的提出。

[1] 王凯珍，李骁天. 我国城市学校体育设施开放现状及影响因素研究［J］. 北京体育大学学报，2011，34（7）：1–7.

[2] 黄群玲，张得保.《全民健身条例》背景下学校体育场馆向社会开放现状及对策研究［J］. 沈阳体育学院学报，2011，30（3）：38–41.

[3] 胡思博. 学校体育场馆对外开放的制约因素［J］. 教学与管理，2013（10）：20–21.

[4] 许贵福. 我国城市学校体育场地开放现状与发展对策研究［J］. 体育与科学，2011，32（6）：110–114.

[5] 杨毅萍. 我国中小学体育场馆对外开放的实施障碍及对策［J］. 教学与管理，2016（36）：31–34.

[6] 杨震，李艳翎. 我国高校体育场馆对社会开放的困境与优化策略［J］. 北京体育大学学报，2013，36（1）：91–96；101.

[7] 彭英，唐刚，位可娜. 学校体育场地设施对社会开放的安全风险规避研究［J］. 北京体育大学学报，2017，40（2）：79–86.

二、时区关键词分析

运用CiteSpace软件将各时间节点的关键词聚类后呈现出共现关系，形成时区关键词图谱，以此揭示该研究的热点更迭与演进脉络。以CiteSpace的Timezone View图谱来考察学校体育场馆开放研究在不同时区的热点演变情况。学校体育场馆开放在不同时期有不同的研究前沿。社会共享、管理机制、共享机制等是近几年来最重要的研究前沿之一。

党的十八大以来，习近平总书记时刻心系体育，先后通过指示、批示、谈话、讲话等形式提出并发表了一系列关于中国体育发展的重要论述，主要涵盖体育价值、全民健身、体育强国、健康中国、儿童青少年体育、奥林匹克等多方面内容，同时强调国家应从全面建成小康社会、建设体育强国、实现健康中国以及中华民族伟大复兴的战略高度推动中国体育事业健康发展[1]。在新时代体育强国、健康中国的背景下，许多研究将全民健身运动及健康中国战略与学校体育场馆资源紧密联系，对我国学校体育场馆对社会开放的过程中出现的问题进行深入分析，尤其是探索新时代背景下学校体育场馆对外开放的共享机制[2]。体育资源共享有效机制的建立，是学校体育与社会体育协同发展的关键问题。为了有效解决社会广大群众的体育资源短缺问题，如何更好地发挥学校体育场馆的优势，提高学校体育场馆的资源利用率，构建学校体育场馆资源社会共享机制与模式成为当前的研究热点[3]。

研究依据我国学校体育场馆对社会开放的需求导向，分析学校体育与社会体育资源共享面临的难题及障碍性因素，紧紧围绕《“健康中国2030”规划纲要》“共建共享、全民健康”的战略主题，探索科学创新的改革路径和共享机制，从而提高学校体育场馆的开放效率。通过学校体育场馆开放措施科学有效的实例，为我国学校体育场馆对社会开放服务于全民健身战略提供借鉴和启示，旨在助力“健康中国”战略的顺利实施。

[1] 姚远，张环宇，吕旭涛．“健康中国2030”背景下我国学校篮球场地对社会开放优化路径选择［J］．北京体育大学学报，2018，41（9）：49-58．

[2] 程云红．学校体育场馆资源社会共享机制与模式的研究［D］．宁波：宁波大学，2009．

[3] 韩奇，徐磊．学校体育场馆资源社会共享机制与模式的研究［J］．体育科技，2018，39（6）：65-66．

三、热点词聚类分析

关键词是文献核心内容的浓缩与提炼，高频度出现的关键词能反映出该领域的研究热点[1]。利用CiteSpace的关键词功能进行热点分析，通过绘制学校体育场馆开放研究的关键词图谱，对该领域的研究热点进行科学计量。图中每个节点代表一个关键词，节点越大表明关键词出现的频率越高，连线越多则表示关键词共现的次数越多，连线的粗细与其联系的紧密程度成正比。

通过CiteSpace软件对关键词的聚类分析，生成了9个主要聚类，反映了校园体育场馆开放共享研究的分布领域及其凝聚程度。其中"体育场馆"作为样本文献检索的主题出现频次最高，为254次。词频较高的关键词，如"高校""高校体育场馆""免费开放"等词汇也为图谱中较为显著的节点。结合表2-1中的其他热点关键词发现，关键词聚类图与关键词频次表，并没有全面涵盖校园体育场馆开放共享研究的基础层面。这是由于中文文献关键词选取包含一定主观因素，因此本课题组通过对样本文献的进一步分类，分析聚类名称所包含的具体信息，拟选定"高校体育场馆开放与共享""学校体育场馆开放的影响因素""学校体育场馆开放现状与管理对策""学校体育场馆开放SWOT分析"及"学校体育场馆开放立法"5个方面对该聚类关键词进行概括与阐述。

表2-1　学校体育场馆开放共享研究出现频次高于20的关键词

关键词	词频/次	中心性	关键词	词频/次	中心性
体育场馆	254	0.18	学校	37	0.13
高校	131	0.84	社会开放	28	0.09
对外开放	121	0.09	体育场地	25	0.59
开放	102	0.81	现状	25	0.04
高校体育场馆	95	0.42	中小学	23	0.00
学校体育场馆	80	0.14	社会共享	22	0.34
对策	48	0.12	社会化	22	0.61

[1] 马费成，张勤. 国内外知识管理研究热点——基于词频的统计分析［J］. 情报学报，2006，25（2）：163-171.

四、学校体育场馆开放与共享研究

（一）高校体育场馆开放与共享研究

体育场馆是高校必备的基础设施之一，主要用途是开展体育活动、进行体育教学，但由于高校开展体育活动的频率并不高，在一定程度上存在资源浪费的问题[1]；且高校体育场馆设施与中小学相比，设备较为先进，配套功能较为完善，有些还能举办大型的比赛[2]；同时，高校体育馆社会化能够有效发挥高校体育馆的功能，对大学生和社会居民的体育锻炼有巨大促进作用[3]。因此，高校体育场馆的开放对提高场馆资源利用率、满足公众锻炼需求、全面推动我国体育事业的发展具有重大意义。

目前，我国对高校体育场馆开放的研究中，有偿开放是学界的研究热点之一。有偿开放作为高校体育场馆开放的途径之一，有其自身的优势。目前体育健身运动成为许多企、事业单位及社区青睐的生活方式之一，花钱买健康已经形成一种潮流，高校体育场馆面向社会有偿开放，能够很好地满足他们在健身方面的需求，这同时也为有偿开放提供了一个潜在的大市场[4]。大多数场馆在建设时都投入了大量资金，场馆类型较为丰富，场馆质量相对较高。高校优美的校园环境和舒适的体育场馆正在不断吸引越来越多的社会群体来参加体育锻炼。将高校体育场馆向社会开放对公众体育而言是极大的促进，能有效缓解体育场馆设施不足的矛盾[5]，并且还能在一定程度上提升高校形象。但同时，高校体育场馆的有偿开放也有一定的弊端。目前，绝大多数高校体育场馆在课余时间实行有偿开放，社会人士可以进入场馆锻炼，这无疑对促进全民健身起到积极作用。但由于是有偿开放，这也将绝大多数没有经济收入的大学

[1] 阮长庆. 高校体育场馆的有偿开放及其经营管理对策研究 [J]. 经济研究导刊，2017（7）：186-187.

[2] 梁晓聪. 高校体育场馆对社会开放的参与现状研究——以珠海市为例 [J]. 体育科技文献通报，2020，28（1）：130-134.

[3] [5] 李金梅. 我国高校体育场馆社会化的营销策略探索 [J]. 产业与科技论坛，2017（21）：10-11.

[4] 蔡继云，刘玉海，张萍萍. 从市场经济视角看高校体育场馆对社会有偿开放的状况研究 [J]. 中国经贸导刊，2010（2）：75.

生拒之门外[1]。我国高校体育场馆面对社会在一定程度上有偿开放是大势所趋，但不能改变高校体育场馆事业单位的公益性属性[2]。因此，学校在有偿开放时一定要实事求是、因地制宜，处理好校内体育教学与对外开放经营之间的关系，要在满足学校体育教学的基础上开展对外经营，避免因对外经营而影响到校内体育教学活动[3]。

（二）学校体育场馆开放的影响因素研究

"影响因素"也是学校体育场馆对外开放研究的一个重要方面。早在20世纪90年代末，就有学者对制约学校体育场馆开放的影响因素进行研究。在当时，制约学校体育场馆开放的问题主要有学生伤害事故问题、学校财产安全问题、管理人员及场馆维护费用问题[4]。也有学者认为，影响高校体育场馆对外开放水平的3个因素分别为场馆的设施条件、场馆的地理位置和场馆的经营方式。其中，场馆的设施条件是影响体育场馆对外开放的最重要因素[5]。此外，我国高校体育场馆面向社会开放的制约因素还有体育场馆的规模与成本、产权与制度、目标与效益、运营与安全、对象与环境等[6]。从国外来看，有的国家提倡高校体育场馆向社会开放；也有的国家为防止侵占学生的受教育权益，禁止向社会开放。高校体育场馆向社会开放需结合本国国情与学校的实际情况，高校也需要面临经济与社会效益的选择。高校体育场馆是以教育为目的、以服务为手段的，不应只为带来经济效益，而应趋向于带来更大的社会效益[7]。

制约学校体育场馆开放效率的影响因素中的"管理因素"也是我国学者研究的热点之一。从上层管理来看，一方面，由于政府还来不及构建完善的学校

[1] 唐东阳. 论高校体育场馆的有偿开放［J］. 教育评论，2010（4）：44-46.

[2] 杨震，李艳翎. 我国高校体育场馆对社会开放的困境与优化策略［J］. 北京体育大学学报，2013，36（1）：91-96；101.

[3] 张毅. 高校体育场馆使用现状与多元运营研究——以河南科技大学为例［J］. 体育科技文献通报，2018，26（9）：139-141.

[4] 孙培初. 我区中小学体育场馆节假日向社区开放的现状与对策［J］. 上海体育学院学报，1999（S1）：158-159.

[5] 杨新生. 高校体育场馆对社会开放的管理困境及对策——以江苏省高校为例［J］. 南京体育学院学报（自然科学版）2013，12（6）：136-138.

[6] 王玫，刘昕，刘守君. 我国高校体育场馆对外开放研究［J］. 体育文化导刊，2012（10）：74-77.

[7] 张立新. 高校体育场馆社会开放影响因素及实施策略［J］. 体育文化导刊，2018（12）：87-91.

体育场馆运营机制，这在一定程度上影响了学校体育资源合理有效的开发和利用，使之没能与社会体育很好地融合，进而使高校体育场馆资源未能真正实现社会化发展[1]；另一方面，各学校体育场馆在管理理念、背景、主体、运作机制、管理模式等方面均存在差异，只有具有较强的适应性和动态性的管理模式，才能有效促进学校体育场馆管理实体的可持续发展[2]。从基层管理来看，目前，少数有条件聘请管理人员的学校体育场馆管理主体大部分由非专业人员以及临时聘用人员组成，受教育程度普遍不高、文化水平较低、年龄趋于“老龄化”。因此，提高学校体育场馆管理人员管理水平也是实现学校体育场馆向社会开放共享的前提条件。当前我国普通高校体育场馆的管理实践中，管理方法多种多样，管理方式则以体育部门集体管理场馆最为常见，也为人们所广泛认可和接受[3]。

（三）学校体育场馆开放现状与管理对策研究

我国学校体育场馆向社会开放起步于20世纪70年代末，较大规模的开放是20世纪90年代以后，特别是实施《全民健身计划纲要》以来，开放时间主要是双休日和寒暑假，其次是早晚时间。开放的对象以本校学生为主，向社会主要是对有组织的体育活动开放。在当时，我国学校体育场馆开放只是一定意义上的以学校内部开放为主，面向社会组织的借用或租用为辅的一种开放形式。但直到1999年我国都还未有组织、有计划地系统实施过学校体育设施向社会开放，此前也无对这方面的系统研究。此后，随着国家政策的推进，我国学校体育场馆开放工作才陆续展开，学界对学校体育场馆开放现状的调查研究也是从那时候开始的。王雷等研究表明，有偿开放的场馆大多为易管理的封闭型场馆及其相邻场地，其他露天场地因不便于管理，多采用无偿使用；造价较高的综合体育场馆基本不对外开放，只在有正式比赛时临时租用[4]。王玉立等[5]调查发现，中学体育场馆以无偿开放，场馆出租、办培训班等有偿开

[1] 孙义方，孙媛，黄爱峰，等. 结构功能主义视角下高校体育场馆资源社会化思考［J］. 福建体育科技，2009，28（5）：53-54；57.

[2] 王玫，刘昕，刘守君. 我国高校体育场馆对外开放研究［J］. 体育文化导刊，2012（10）：74-77.

[3] 韩海军，徐玖平. 普通高校体育场馆管理模式的比较分析［J］. 成都体育学院学报，2002（28）：53-56.

[4] 王雷. 湖北省高等院校体育场馆面向大众体育开放状况的研究［J］. 武汉体育学院学报，2003（6）：170-171；200.

[5] 王玉立，常生，刘军. 中学体育场馆开放利用的现状与对策［J］. 体育学刊，2003（1）：98-100.

放，以及无偿开放与有偿开放相结合等主要形式向社会开放。无偿开放的中学仅提供空旷的场馆，并不提供体育器材，更无人指导、无人管理。这种现象不利于调动锻炼者的积极性。辛双双等调查发现，在当时学校体育场馆向社会开放面临的主要问题有：安全、经费、组织和容量问题[1]。刘新光等[2]研究发现，我国学校体育设施向社会开放情况不理想，大学的开放情况比中小学情况好。开放设施后的管理是影响开放的主要原因。魏本好等通过“五普”数据分析得出，我国学校体育场馆开放程度总体较低。从学校类型来看，开放程度由高到低依次为其他学校、高等院校、中小学、中专中技学校；从区域上看，全天开放程度由高到低依次为：西部地区、东部地区、中部地区；从项目类型上看，时尚类、非教学类的大众喜爱的运动项目场馆开放状况较好[3]。席玉宝研究发现，学校体育场馆对外开放状况与当地的体育文化氛围，体育运动的发展水平，人们终身体育的意识习惯和能力，场馆开放的组织宣传，所提供的各项体育服务内容，运动项目的危险性、娱乐性、普及性等特点都有很大关系[4]。

针对目前学校体育场地开放所存在的问题，众多学者提出了一系列管理对策以期能更好地解决目前学校体育场馆开放所遇到的困境。刘新光[5]认为，可采取优惠政策，鼓励专业体育经营公司介入学校体育设施开放。政府行政主管部门对学校开放体育场馆设施实施监督规范以外，还应采取保障（包括为学校购买保险、提供技术指导和社会体育指导员培训）和激励措施（包括对开放体育设施的学校评先进时给予优先；对具有社会体育指导员资格的老师可以评先进时优先；给开放较好的学校给予一定的物质奖励；提供税收方面的优惠）。黄群玲认为，应尝试借鉴试点学校在“安全问题、管理问题、物耗问题”的成功经验，强化“政府购买服务”[6]功能，以法律为保障，建立长效管理机制。徐磊研究认为，应完善社会共享发展的长效机制，促进学校体育场

[1] 辛双双，陈林会. 学校体育场馆向社会开放的现状及对策研究［J］. 西安体育学院学报，2007（6）：37-39.

[2] 刘新光，刘新征. 学校体育场馆设施向社会开放现状与管理模式的研究［J］. 沈阳体育学院学报，2009，28（1）：78-81.

[3] 魏本好，席玉宝. 学校体育场地对外开放的现状分析［J］. 成都体育学院学报，2010，36（1）：83-86.

[4] 席玉宝. 全国学校体育场地对外开放现状统计分析［J］. 西安体育学院学报，2012，29（2）：159-163；177.

[5] 刘新光，刘新征. 学校体育场馆设施向社会开放现状与管理模式的研究［J］. 沈阳体育学院学报，2009，28（1）：78-81.

[6] 黄群玲. 学校体育场馆向社会开放的困境及对策［J］. 首都体育学院学报，2010，22（5）：40-43.

馆资源社会共享，“责、权、利”分工明确；建立包含税收减免、成本补偿、资源整合、协同管理、利益激励、安全保障与应急七位一体的学校体育场馆资源社会共享体系[1]。郝海亭等认为，学校也可以找寻第三方参与管理，通过第三方参与管理将学校承担的主体管理责任风险进行剥离，从而增强部分学校体育场馆面向社会开放的积极性，同时增补社会力量参与经营[2]。

（四）学校体育场馆开放的SWOT分析

SWOT分析方法最早是由美国韦里克（H.Weihrich）教授提出的。是一种被诸多管理者广泛使用的工具，主要包含优势、劣势、机会、威胁4个方面，它要求管理者对事物从这4个方面进行综合考虑之后进行评价，其中优势和劣势属于内部因素，机会和威胁属于外部因素[3]。我国学者运用SWOT分析对学校体育场馆开放进行的研究主要集中在探讨其开放所具备的优势及受到的制约条件上。赵剑峰等运用SWOT分析法探讨了我国大学城体育场馆向社会有偿开放的可行性，认为其既具有指导人才与场馆资源优势，又存在市场主体不成熟及管理人才匮乏的劣势；既具有国家政策支持与运动热潮兴起的机遇，又存在着资金压力与可能造成的社会不良影响的威胁[4]。纵艳芳等对安徽省部分高校的体育场馆课余运营现状进行调查，发现其具有场馆资源、人才资源、经济利益推动的优势；管理人才稀缺、服务对象范围窄、配套服务匮乏的劣势；国家政策支持、运动热潮兴起的机遇；安全问题、其余娱乐休闲产业兴起、俱乐部增多的威胁[5]。殷亮对黑龙江省高校体育场馆设施的外部环境与内部条件进行分析，发现其具有指导人才、信息、安全、品牌、物质、主体的优势；场馆发展不平衡、配套设施不健全、服务能力有限、运营资金不足、管理人才缺乏的劣势；国家政策支持、体育消费热潮的机遇；体育市场不成熟、法律法规

[1] 徐磊. 我国学校体育场馆资源社会共享的困境与对策［J］. 体育文化导刊，2017（7）：110-113；119.

[2] 郝海亭，郇昌店，徐晓敏. 我国部分学校体育场馆面向社会开放的管理机制研究［J］. 首都体育学院学报，2019，31（3）：221-225.

[3] 梁丹，董华. 学校体育场馆（地）向社会开放的SWOT分析与对策研究［J］. 宁德师范学院学报（自然科学版），2012，24（1）：40-42.

[4] 赵剑峰，李登光. 对我国大学城体育场馆有偿开放的SWOT分析［J］. 福建体育科技，2007（6）：39-41.

[5] 纵艳芳，童锦，董俊. 高校体育场馆课余运营现状的调查及SWOT分析——以安徽省部分高校为例［J］. 河北体育学院学报，2010，24（5）：9-14.

尚不完善、场馆规划建设不尽合理等威胁[1]。唐晓军研究发现，高校体育场馆对外开放存在资源、人才与品牌的优势；维护资金、供给需求差异的劣势；政策支持、群众锻炼意识增强的机遇；资金不足与观念制约的威胁[2]。

（五）学校体育场馆开放立法研究

我国关于学校体育场馆开放立法的研究开始较晚，研究主要集中在制约因素、责任划分、立法对策、立法保障等方面。廖颖谊[3]对制约学校体育设施对外开放因素的调查研究发现，学校对开放的义务性和重要性缺乏正确认识，是制约学校体育设施对外开放的重要因素之一。因此对学校体育场馆对外开放的义务性进行立法是确保其对外开放的前提条件。徐鸿鹏是最早从法律角度对学校体育场馆开放问题进行探析的先行者，他通过分析了部分省、市已有的关于学校体育场馆开放的法规后提出，我国现有的关于学校体育设施对外开放立法质量不高，涉及范围较窄，与学校体育设施对外开放的诸多重要问题均未明确，因此可操作性不强，不利于促进学校体育设施的对外开放[4]。

此后我国在这方面的研究主要由少数学者进行。谭仲秋在2010—2011年间从法律角度对学校体育场馆开放进行了一系列研究，首先对学校体育场馆开放后学生伤害事故第三人侵权法律责任进行了研究，认为在第三人侵权的情况下，学校如果有过错，应当承担补充赔偿责任；因第三人直接侵权造成未成年学生人身的损伤的，第三人必须承担赔偿责任[5]。之后又对学校体育场馆对外开放后的伤害事故处理进行探究，通过《宪法》《体育法》《国家赔偿法》《消费者权益保护法》等法律条例对伤害事故处理进行了具体说明，为此类问题提供参考[6]。最后还对学校体育场馆开放后的安全保障义务予以界定，阐

[1] 殷亮，温超. 黑龙江省高校体育场馆经营管理的SWOT分析［J］. 哈尔滨体育学院学报，2012，30（2）：58-61.

[2] 唐晓军. 高校校际体育场馆资源共享与对外开放的SWOT分析［J］. 华中农业大学学报（社会科学版），2012（6）：121-123.

[3] 廖颖谊. 六大因素制约广州学校体育设施开放受困［N］. 信息时报，2005-10-24.

[4] 徐鸿鹏. 关于学校体育设施对外开放的立法研究［J］. 南京体育学院学报（社会科学版），2008（1）：61-64；68.

[5] 谭仲秋. 学校体育场馆开放后学生伤害事故第三人侵权法律责任［J］. 南京体育学院学报（社会科学版），2010，24（1）：93-95；128.

[6] 谭仲秋. 学校体育场馆对外开放后伤害事故处理的法律基础［J］. 北京体育大学学报，2010，33（2）：35-37.

释设置安全保障义务的法理依据，着重对违反安全保障义务的消极不作为侵权责任进行分析并认为，违反安全保障义务属于消极的不作为，应在合理限度内对该行为进行否定评价，不应让经营管理者因承担责任而在经济上遭受重创，过度的否定将使经营管理者的行动自由受到限制，妨碍“学校体育场馆向社会公众开放”政策的贯彻落实[1]。

此后，王聃也从学校体育场馆开放的现实困境、立法对策、立法保障等方面进行研究。其认为尽管我国尚未在全国范围内制定学校体育场馆对外开放的实施细则，但已经初步建立起相关立法体系，成为我国学校体育场馆对外开放制度建设的立法依据[2]。陕西省尚未针对高校体育场馆对外开放进行具体规范，而是将大学、中学、小学纳入学校的立法范畴进行统一规范，这种不加区分的立法思维不利于学校体育场馆开放。此外，大多数地区在对于学校体育场馆对外开放的政策法规中多使用类似“鼓励”和“有条件地”这类导向性的立法语言，由于缺少立法强制性，从而导致学校体育场馆对外开放的立法保障严重削弱[3]。还提出我国学校体育场馆对外开放立法应当建立政府保险赔偿制度、完善突发事件预警机制、规范政府经费资助制度、健全职能部门协调机制等立法建议[4]。丁红娜等从学校和入校锻炼者的权利和义务的角度对学校体育场馆开放问题进行了阐释[5]，还在后续研究中提出，学校体育场馆对外开放是地方性事务，采用地方立法可有效实施《体育法》等国家法律法规，发挥积极的引导和保障作用，同时其也是保障地方行政和司法部门执法效力的基本依据[6]。

（六）文献评述

学者们目前针对高校体育场馆的研究表明，高校体育场馆较为先进的设备

[1] 谭仲秋. 学校体育场馆开放后安全保障义务及不作为侵权责任探析［J］. 武汉体育学院学报，2011，45（3）：40-44.

[2] 王聃. 论我国学校体育场馆对外开放之现实困境及立法对策［J］. 学术交流，2011（10）：77-80.

[3] 王聃. 陕西省高校体育场馆对外开放立法保障现状分析［J］. 西安体育学院学报，2012，29（1）：11-14.

[4] 王聃. 我国学校体育场馆对外开放的立法障碍及其完善对策［J］. 陕西教育（高教版），2012（12）：8；27.

[5] 丁红娜，代坤，王润. 学校体育场馆开放后学校与入校锻炼者法律关系探析［J］. 吉林体育学院学报，2012，28（3）：62-64.

[6] 丁红娜，于善旭，王润，等. 地方立法保障学校体育场馆对外开放的思考［J］. 河北体育学院学报，2014，28（1）：22-25.

条件与较大的闲置时间使其具备向社会开放的优势与条件，能有效地缓解体育场馆设施不足的矛盾；但提高管理人员水平是重要的前提条件，且由于政府还未构建完善的高校体育场馆运营机制，以及各高校在许多方面均存在差异，因此目前这一问题还难以得到很好解决。

学校体育场馆开放的影响因素中，除安全因素基本作为学者们一致认同的主要原因外，大多学者对其持不同意见。我国学校体育场馆开放现状的研究主要集中在场地开放的现有情况、制约因素、管理模式与实施路径方面。同时也有诸多学者提出了一系列有意义的对策。SWOT分析是目前应用于我国学校体育场馆开放研究的常见方法，从众多研究成果来看，目前我国学校体育场馆开放主要存在场馆资源与指导人才的优势；管理人才稀缺、配套服务有限、资金缺乏的劣势；国家政策支持和运动热潮兴起群众锻炼意识普遍增高的机遇；资金不足的威胁。这可为后续学校体育场馆开放对策的提出提供一定的理论参考。学校体育场馆开放立法的研究主要集中在现实困境、责任划分、立法对策、立法保障等方面，且目前关于学校体育场馆开放的法律依据大多是套用《体育法》《全民健身条例》等较为宏观的法律法规对其进行解释，这些条例在许多情况下不能很好地作为事故后的归责依据，因此，目前还缺乏专门针对学校体育场馆开放而制定的法规条例。

纵观各方面研究，学校体育场馆开放目前所面临的困境实际上主要是由于经费、安全、责任等问题所导致的，其中牵涉到的多方利益及可依据的法律错综复杂，尚未有研究能全面地解决这一难题。今后要想学校体育场馆能更加有效地向社会开放，需要我们根据不同主体来考虑其利益诉求，使其能以一种较优的方式使各方利益达到相对的最大化。因此，使用利益博弈视角去探究学校体育场馆开放是目前应尝试的方式。

第二节　博弈论及应用研究进展

本研究将“体育”与“博弈”作为关键词检索到的相关文献，根据研究主体的逻辑分别从发文特征、作者合作网络、关键词共现、关键词聚类、关键词时区、热点词突现几个方面进行综述。

一、体育与博弈论研究的主要成果走势与分析

“体育”和“博弈”发表论文的数量与时间变化关系，能够揭示出该领域的研究历史、发展速度，并预测其发展趋势[1]。在一定时区内，文献数量的变化从一定程度上表明学术界对该领域研究的活跃程度。对文献的历史轨迹进行全面统计和动态研究，有助于从总体上了解我国的博弈研究在体育方面的进展情况。图2-3描绘了1990—2019年我国体育与博弈相关研究的年度发文量及整体变化趋势。

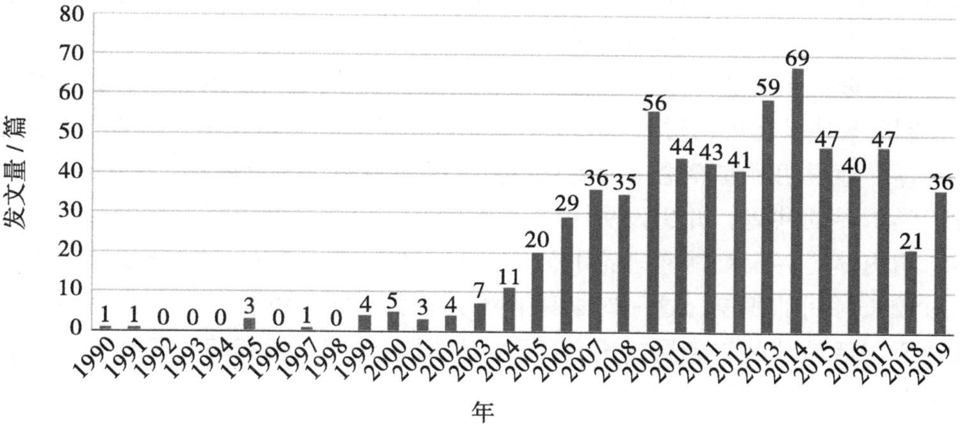

图2-3　1990—2019年我国体育和博弈文献数量发表年度趋势

时区图是将相同时间内的节点集合在相同的时区中，这里的相同时间对于关键词或主题而言就是它们首次出现的时间，时间序列按照从远到近的顺序排列，这种形式的可视化，能够清晰地展示时间维度上知识领域的演进过程。

通过对我国体育与博弈文献数量发表趋势以及关键词时区变化关系进行分析，能够得出并揭示我国体育博弈发展的基本轨迹、脉络及发展趋势。本研究

[1] 王占坤，陈华伟，唐闻捷．21世纪初以来我国公共体育服务研究回顾与展望：基于文献计量学和科学知识图谱分析［J］．首都体育学院学报，2015，27（2）：109-115．

所涉及的419篇文献从文献量总体而言大致可以划分为初创阶段、井喷式研究阶段、深化研究阶段。

（一）初创阶段（1990—2002年）

这一阶段总体文献量偏少，逐年以5篇及以下的数量增长，十几年间，中国知网上收录相关文献22篇，1992年、1993年、1994年、1996年、1998年这5年的文献数量为0。该阶段体育博弈科研文献最先关注的是“制胜规律”“世界杯赛”，22篇文献研究领域主要集中在竞技体育、理论基础方面，所涉及的范围较为狭窄，研究深度不够，研究视角也相对单一。原因主要有：①随着竞技体育系统通过第三次技术革命，多种科学理论和科学技术被引入竞技体育系统；②20世纪80年代，奥林匹克非商业化、非职业化的限制被打破，竞技体育的内涵进一步扩展，需要一门宏观的理论对其进行进一步的探索。谢亚龙在《论制胜规律及运动选材》一文中，分别阐明了制胜规律及博弈原理的基本特征，详尽地说明了博弈论运用到竞技体育领域中的作用及价值[1]，该文献引发了学术界的共鸣，并引发更多学者开始关注和涉足该领域，文献量日益增多，国内体育界围绕博弈理论的研究初见端倪。但任何一种文化发展都需要相对较长时间的积累，这一时期体育博弈相关理论不够普及、传播滞后，人才及研究活动都处于断层状况。因此，该时期体育与博弈相关研究的开展较为缓慢。

（二）井喷式研究阶段（2003—2014年）

在学者和学业界的高度关注下，文献数量有了明显的提升，除了2003年之外，2004—2014年逐年以十位数或几十位数的增长速度上涨，2014年发文数量暂时达到最高峰67篇，是2003年的近10倍，是1990年的67倍。从图2-6时区图中可以看出，这一阶段与初创阶段相比而言，浮现出更多的高频关键词，是关键词出现最多的一个阶段，并且关键词之间的连线数量比起初创阶段显得更加繁密；研究主题开始向体育教学、体育产业、群众体育、体育文化等方向展开，同时，之前的竞技体育领域依旧是该阶段体育博弈的研究热点之一。上

[1] 谢亚龙. 论制胜规律及运动选材 [J]. 福建体育科技，1990（1）：7-21.

述研究领域的拓宽、视角及方法多元化的主要原因在于，这一时期体育博弈相关研究具有与时俱进的政治导向，学者们紧跟国家时政，高度关注体育的改革与发展。2002年，教育部在总结高等学校体育课程建设和教学改革经验的基础上，印发《全国普通高等学校体育课程教学指导纲要》，旨在从整体上综合认识和探讨体育课程教学，促进普通高校体育课程建设向科学化、规范化、制度化的方向发展。在这股改革热潮的引领下，越来越多的学者运用博弈论展开了对学校体育教学的探讨，为普通高校体育课程教学改革的深入和完善提供指导。在国家体育总局下发的《2001—2010年体育改革与发展纲要》中首次提出要努力把体育产业培育成国民经济新的增长点[1]，把体育产业放到经济战略地位高度加以扶持。在新政背景下，体育产业成为该阶段体育博弈相关研究的主要内容，其中包含对综合效益、结构优化等方面的研究，硕果颇丰。北京2008年奥运会的举办，给我国的发展带来了多方面的影响，进一步带动了体育产业的快速发展，促进了博弈论在体育赛事营销、转播权、国家影响力及兴奋剂等方面研究的发展。2012年，党的十八大将全民健身上升为国家战略，为体育博弈研究提供了更多的支持，从而引发众多学者对公共体育场馆、公共体育设施、公共体育服务等方面更加深入剖析、研究。2014年，随着国务院印发的《关于加快发展体育产业促进体育消费的若干意见》，体育产业迎来重大发展机遇，博弈与体育产业的相关研究呈现出良好的发展势头，因此，2014年也成为体育博弈发文量的峰值年。这一时期国内科研人员快速增加，并将体育博弈的相关研究逐步推向了“炽热化”。

（三）深化研究阶段（2015—2019年）

从2015年开始，发文量年平均将近40篇，数量相对平稳，研究领域开始向体育治理、体育哲学、公共体育服务等方向展开。上一个阶段，国内体育界围绕博弈论的研究成果出现井喷式增长态势，且相关研究也日趋成熟，但在发展过程中也遇到了一些新的问题和挑战，这就促使学界在这一时期深化了对全民健身、体育产业等相关方面的探索和研究。这一阶段又出现了更多如“校园足球”“职业足球”“体育治理”等高频关键词，并且关键词之间

[1] 国家体育总局. 2001—2010年体育改革与发展纲要 [J]. 体育科学，2001，21（3）：1-6.

的连线变得更为错综复杂。主要原因在于，2016年中共中央、国务院颁布《"健康中国2030"规划纲要》，全民健身被进一步推广，群众体育进入发展的黄金期，吸引了大量学者从多维度、全系统、多角度对全民健身进行深入地分析研究。2015年，中央全面深化改革领导小组第10次会议审议通过《中国足球改革发展总体方案》，要求改进完善足球竞赛体系和职业联赛体制，众多学者开始对中超联赛利益分配、产权与体制、组织管理结构等问题进行思考与探究[1]。2015年初，教育部牵头组建全国青少年足球工作领导小组，标志着我国青少年足球事业上升为一项国家教育的发展政策，这使得部分学者对校园足球相关利益主体进行博弈，以及对主管部门相关责任进行博弈等的研究具有十分深远的意义。党的十九大以来，在以"推进国家治理体系和治理能力现代化"为全面深化改革总目标的战略部署下，不断完善体育治理体系，推进体育治理能力现代化，成为全面建成小康社会和建设"健康中国"的重要保障，学术界对体育治理的多元参与和协同治理给予了高度关注。在体育博弈的深化研究阶段，研究分布越来越广，形成了多元化、科学化的态势。

二、基于关键词共现的研究热点分析

关键词（keyword）是文章核心内容的提炼和高度概括，如果某一关键词在所在领域的文献中反复出现，则反映出该关键词所表示的主题是该领域的研究热点，在CiteSpace软件中将Node Types选择"keyword"，并选择合适的阈值Term Labeling，得到体育和博弈领域关键词共现图谱（图2-4）。图中的每个圆形节点都代表一个关键词，每个关键词出现的频率通过节点的大小来表示，越靠近中心位置，则说明该关键词的中心性越高。节点之间的连线粗细代表各关键词之间的关联程度，连线越多，则表示该关键词共现的次数越多。

[1] 新华网. 习近平主持召开中央全面深化改革领导小组第十次会议[EB/OL].（2015-02-27）[2017-05-28]. http://www.xinhuanet.com/politics/2015-02/27/c_1114457952.htm.

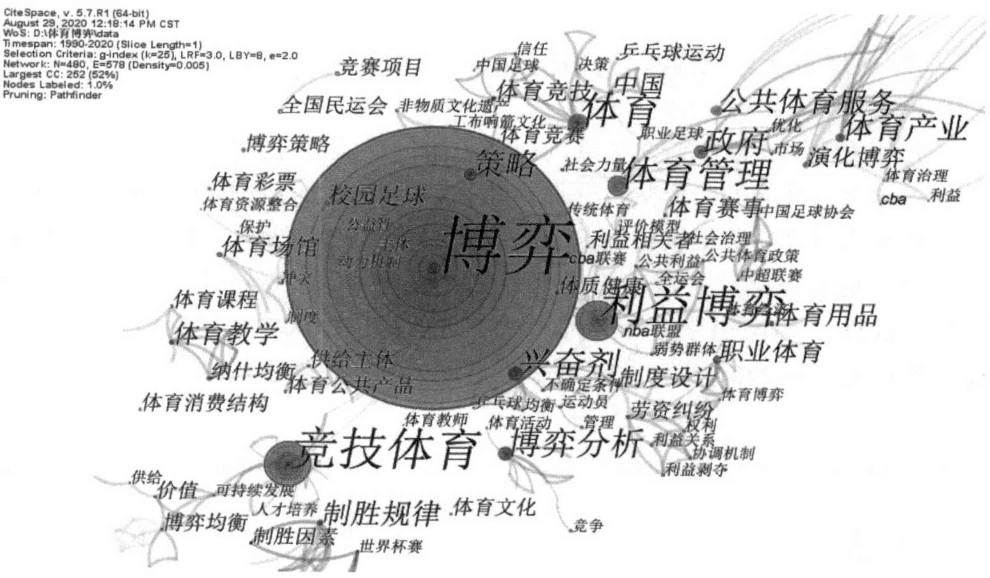

图2-4　1990—2020年我国体育和博弈文献高频关键词共现图谱

导出Network Summary Table数据，经过统计得到480个关键词（N=480），其中有9个关键词出现频次在8次以上。高频关键词代表该领域学者使用最频繁的专业名词，这些专业名词代表着该领域的研究热点。图中可见除去检索词“体育”“博弈”之外，“竞技体育”“利益博弈”“体育管理”“政府”“博弈分析”“兴奋剂”“公共体育服务”以及“体育产业”属于高频关键词。从这些高频关键词可以看出，学术界对体育博弈的研究紧紧围绕国家政策而动，体现了理论与实际政策的结合。如“政府”和“兴奋剂”表明了我国现阶段对待兴奋剂问题零容忍的立场；“公共体育服务”“体育产业”等说明了在健康中国及体育强国的大背景下，我国聚力发展公共体育服务及体育产业，以期促进经济增长，并为经济转型升级注入新的动力。这些高频关键词表明了我国体育博弈的研究已经形成了较好的框架体系，关键词共现图谱呈密集网络结构[1]。

[1] 王丽巍，安佳，唐任伍. 基于CiteSpace对扶贫研究阶段性热点和前沿的动态追踪与分析［J］. 兰州学刊，2020（10）：174-185.

三、基于关键词聚类的研究热点主题探讨

通过关键词共现图谱对关键词引用频率的高低进行具体分析，为了进一步揭示体育与博弈的研究热点，厘清各高频关键词之间的关系，本研究将通过聚类分析对高频关键词进行归类，并通过相关知识图谱，客观形象地概括出该领域的研究热点。基于检索到的文献，运用CiteSpace软件，节点选择“keyword”，时间切片为1，阈值选择TOP N=TOP 100，由图2-5可知，该图谱的模块值为0.9270，大于0.3，这意味着其模块结构是显著的。

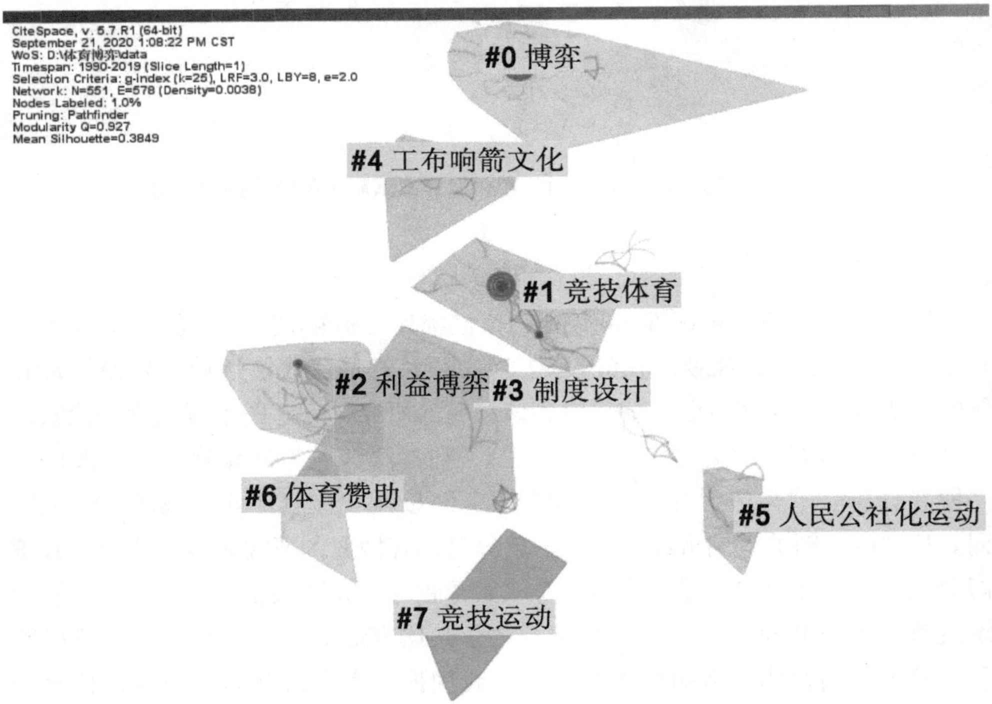

图2-5 1990—2020年我国体育和博弈研究关键词聚类图谱

依据图2-5将其划分为8个知识聚类群，每个聚类群代表体育博弈相关研究的一个方向。在对各聚类群进行分析时发现：①因本研究将“博弈”作为一

个主题词进行文献的检索，不能将其作为分析体育博弈热点及前言的重点词汇，因此，本研究剔除聚类#0；②聚类#1和聚类#7都是关于竞技体育的研究，因此将它们合为一个聚类；③聚类#2和聚类#6都属于体育产业研究的范畴，因此将它们合为一个聚类；④聚类#4和聚类#5都属于体育文化研究的范畴，亦将它们合为一个聚类；⑤结合文献的实际情况与知识图谱的聚类，将聚类#3制度设计调整为公共体育服务。

经过同类别标准对8个聚类进行整合，最终拟选定“竞技体育的博弈”“体育产业的博弈”“公共体育服务的博弈”“体育文化的博弈”及“学校体育场地开放立法”5个方面对该聚类关键词进行概括与阐述。

四、不同领域的博弈研究

（一）竞技体育的博弈研究

竞技体育是以参加体育竞赛，创造优异的运动成绩和获取比赛优胜为主要目标的活动。竞技体育博弈论是现代竞技体育竞争中如何战胜对手、提高胜算、获取优胜的科学理论[1]。目前，学者们关于竞技体育与博弈的研究主要集中在竞技体育公平性的博弈、竞技体育利益的博弈、竞技体育人才培养的博弈等领域。

在竞技体育公平性的博弈方面，诸多学者从不同视角进行了相关研究，如曾鸣从静态博弈的角度出发，对竞技体育腐败的参与方和监管方之间的行为进行分析。研究发现，从博弈角度来看，竞技体育腐败的参与成本和竞技体育腐败的监管效率是影响我国竞技体育腐败的两个重要因素[2]。马林主要通过概念界定区分正当博弈与博弈冲突，并从参赛过程推理出博弈冲突过程及基本特征，最后从训练学视角分析了冲突根源及异

[1] 李益群，谢亚龙. 竞技体育博弈论初探［J］. 体育科学，1999（5）：3-5.

[2] 曾鸣. 博弈视角下我国竞技体育腐败的法律规制［J］. 武汉体育学院学报，2014，48（12）：37-41.

化原因，系统全面地阐释了竞技博弈冲突[1]。徐斌[2]、于克巍[3]、邢婉莹[4]等学者均从博弈论视角针对竞技体育兴奋剂滥用这一主题展开了研究，从世界反兴奋剂机构及多方政治力量入手，对兴奋剂滥用在竞技体育中造成的巨大破坏进行深入分析，并提出多项应对措施，助益奥林匹克运动的健康发展。

在竞技体育的利益博弈方面，多位学者通过不同角度进行了集中探讨。如田麦久教授通过对竞技体育的社会功能、竞技比赛结果的不同评价标准、重大赛事夺取前列位次的博弈方略等方面进行阐释，指出为在综合性重大赛事中获取更多金、奖牌的目标，应遵循高概率和高效益原则，以及分类应对不同的竞技项目等博弈方略[5]。王月敏对我国职业体育联盟的现状、利益主体、竞技体育利益主体博弈格局的弊端进行深入辨析，探索适合中国竞技体育的职业体育联盟发展路径，最后得出市场主导型职业体育联盟为我国竞技体育利益主体博弈的应然范式[6]。梁伟通过构建演化博弈模型，借鉴中国足球超级联赛的经验与教训，探索影响俱乐部与中国篮球协会博弈策略选择的关键因素，并得出CBA联赛收益分配系数，以此促进双方的相互合作及CBA联赛的稳定发展[7]。

在竞技体育人才培养的博弈方面，亦有不少学者进行了深入的探讨。如杨蒙蒙借助合作博弈的视角，剖析竞技体育后备人才培养中，政府和社会力量合作的特征、内涵及影响因素，提出要构建合作互信机制、利益共享机制等建议，为政府和社会力量两者建立合作关系提供新路径[8]。朱桂林通过

[1] 马林，张建华. 竞技体育博弈冲突及其根源异化思考［J］. 山东体育科技，2018，40（3）：35-38.

[2] 徐斌. 世界政治博弈阴影下的竞技体育兴奋剂滥用反思［J］. 南京体育学院学报（社会科学版），2016，30（6）：40-46.

[3] 于克巍，武东海，明应安. 运动员使用兴奋剂行为的罪与罚——基于博弈论的研究视角［J］. 广州体育学院学报，2017，37（6）：23-27.

[4] 邢婉莹，王大鹏，张世杰，等. 政治博弈下世界反兴奋剂机构公信力的流失与重塑［J］. 北京体育大学学报，2019，42（3）：80-87；156.

[5] 田麦久. 综合赛事中单项金、奖牌的竞技价值与博弈方略［J］. 体育科学，2013，33（12）：4-5.

[6] 王月敏，何胜保. 试论我国竞技体育利益主体的博弈［J］. 体育文化导刊，2014（3）：100-103.

[7] 梁伟，梁柱平，张珺. 中国男子篮球职业联赛利益主体策略选择的演化博弈研究［J］. 体育与科学，2014，35（4）：101-105.

[8] 杨蒙蒙，吴贻刚. 竞技体育后备人才培养中政府与社会力量合作博弈分析［J］. 体育文化导刊，2019（1）：11-16.

博弈论理论视角对我国竞技体育培养主体发展格局、局中人状况及未来发展方向进行分析与探讨，得出我国竞技体育人才培养模式最终将朝着投入最小、经济和社会效益最大化方向发展的结论[1]。

（二）体育产业的博弈研究

体育产业是绿色产业、朝阳产业和幸福产业，对于满足群众多元化体育消费需求，做好调结构、稳增长等工作具有重大意义[2]。但其中也存在着突出的矛盾，体育产业的博弈有利于探究体育产业进程中各种个体的预测行为和实际行为，并研究彼此之间的优化策略。目前，学者们关于体育产业与博弈的研究主要集中在相关主体的博弈、体育场馆的博弈、体育用品的博弈几个领域。

在体育产业相关主体的博弈方面，学者们更是加大了深入探究的力度。如陈东灵对我国体育产业市场化的动因、利益冲突与协调进行分析，同时基于演化博弈理论构建相关主体的利益博弈模型，结果发现体育管理部门、盈利性体育组织和非盈利性体育组织分别选择"支持""参与"为演化稳定策略[3]。刘艳娥从博弈论视角阐释了体育消费者剩余的影响因素和意义，指出在谋求产业利润最大化的同时必须尊重和关怀消费者，合理让渡生产者剩余给消费者剩余，使生产者剩余与消费者剩余共生[4]。戴恩冰[5]、刘远祥[6]、游战澜[7]等分别对我国体育产业管理中政府与市场、体育产业结构优化中政府与市场、

[1] 朱桂林，董众鸣，杨浩. 我国竞技体育人才培养主体博弈格局及若干思考［J］. 武汉体育学院学报，2007（5）：17-19；23.

[2] 如何发展壮大体育产业，国家体育总局局长提出了四点建议［EB/OL］.（2018-03-17）［2019-10-01］. http：//www.gov.cn/xinwen/2018-03/17/content_5276442.htm.

[3] 陈东灵. 我国体育产业市场化相关主体的利益博弈分析［J］. 西安体育学院学报，2013，30（1）：40-44.

[4] 刘艳娥，史湘平. 消费者剩余与生产者剩余的博弈及其对体育产业综合效益的影响［J］. 河北体育学院学报，2008（1）：36-39.

[5] 戴恩冰. 我国体育产业管理中的政府与市场博弈关系初探［J］. 山东体育学院学报，2009，25（3）：16-20.

[6] 刘远祥，田雨普. 政府与市场博弈下的体育产业结构优化［J］. 山东体育学院学报，2009，25（4）：1-4.

[7] 游战澜. 体育产业市场化进程中企业与政府策略研究［J］. 武汉体育学院学报，2011，45（11）：48-52.

体育产业市场化进程中企业与政府间的关系进行博弈，以探究促进体育产业与经济社会协调发展的最优模式。

体育场馆方面也吸引了较多学者通过博弈的视角进行研究。如马枢佳、张爱平都对我国大型体育场馆进行了博弈分析。马枢佳借助演化博弈方法，分析PPP模式市场主体决策的影响，结果发现，政府降低市场主体成本，可以增加收入，更好地推广PPP模式在体育场馆建设运营中的应用[1]。张爱平对我国大型体育场馆公益性与商业性进行博弈，结果发现我国大型体育场馆在赛后需定位于大型综合性体育娱乐设施，积极探索多业态整合，走场馆产业化之路[2]。

此外，赵趱超、刘静、杨新生也对我国学校体育场馆进行深入研究。赵趱超通过建立完全信息静态博弈模型和不完全信息静态博弈模型，研究学校体育场馆管理中各利益主体的最优策略[3]；刘静通过对学校体育场馆资源向市民开放的社会公益性和学校主体利益间关系的辩证比较，发掘学校开放的动力机制[4]。杨新生从有偿经营的视角，建立高校体育场馆经营策略和社区居民选择策略之间的博弈模型，使我国高校体育场馆能更有效地满足社区居民体育服务的需求[5]。

在体育用品方面，许多学者从多个视角进行了详细分析。李素娟在博弈论背景下，一是我国体育用品贸易现状，二是我国体育用品企业参与博弈应采取的措施两方面对体育用品贸易发展进行全面的探析[6]。刘玉兰对我国体育用品在国际贸易中面临的若干情况进行预测与分析，提出加大自主创新等建议，以期推动我国体育用品业更好地参与到国际贸易之中[7]。聂靓分

[1] 马枢佳. 我国大型体育场馆PPP模式演化博弈分析［J］. 体育科技文献通报，2019，27（8）：122-124.

[2] 张爱平，张守忠. 公益性与商业性博弈：我国大型体育场馆的赛后运营之困［J］. 乐山师范学院学报，2019，34（12）：112-117.

[3] 赵趱超. 博弈论视角下高校体育场馆市场化管理模式分析［J］. 成都体育学院学报，2012，38（8）：35-38.

[4] 刘静，刘昕. 公益性与主体利益博弈下学校体育场馆资源开放的动力机制创新研究［J］. 西安体育学院学报，2012，29（6）：681-684.

[5] 杨新生. 有偿经营视角下高校体育场馆社区服务演化博弈分析［J］. 体育科技，2013，34（3）：29-32.

[6] 李素娟. 博弈论背景下我国体育用品的贸易发展探析［J］. 中国商贸，2011（18）：187-188.

[7] 刘玉兰，鲍芳芳. 基于博弈论对我国体育用品贸易发展的分析［J］. 山东体育学院学报，2009，25（11）：7-10.

析当前体育用品企业所采取的双渠道流通模式的发展情况以及存在的渠道冲突，构建双渠道供应链协调模型，并实证分析模型的有效性，以促进我国体育用品行业更好发展[1]。毛旭艳分析了体育用品产业集群企业竞争与合作两种技术创新模式。然后对体育用品企业进行模拟分析，得出在技术创新方面企业间采用合作方式最优的结论[2]。杨京钟通过数据模型研究国家产业政策对我国体育用品产业的影响，结果表明，体育用品产业特征、政策本身有效性、体育用品企业行为对体育用品产业政策效率有显著影响[3]。

（三）公共体育服务的博弈研究

公共体育服务是指通过提供各种体育产品满足公民需要的公共服务，是公共服务的重要方面，也是彰显体育事业公共性的重要表现[4]。公共体育服务的博弈有利于在有利益冲突的双方竞争中选择一个最优策略。目前学者们关于公共体育服务与博弈的研究主要集中在城乡公共体育服务的博弈、供给方式的博弈、利益的博弈几个领域。

在城乡公共体育服务方面，姚绩伟认为，城市社区体育公共服务包括三维结构要素，其各结构要素间的关系表现为一种动态调节过程，最终向社区公众提供优质和惠及全民的城市社区体育公共服务[5]。胡庆山从公共服务的价值本源出发，审思农村体育公共服务供给的价值问题，提出要加大对农村体育公共服务的多元供给、保障力度，要促进机制创新等[6]。董新军通过建立层次分析模型，以期为公共体育服务提供新模式，解决新型城

[1] 聂靓. 收益共享契约下体育用品流通双渠道供应链博弈分析［J］. 商业经济研究，2019（18）：180–182.

[2] 毛旭艳. 体育用品产业集群技术创新模式与保障体系研究——基于博弈论视角［J］. 广州体育学院学报，2016，36（3）：49–53.

[3] 杨京钟，吕庆华. 体育用品产业政策效率的影响因素：来自福建泉州的证据［J］. 体育科学，2012，32（2）：50–57.

[4] 周爱光. 从体育公共服务的概念审视政府的地位和作用［J］. 体育科学，2012，32（5）：64–70.

[5] 姚绩伟，何潮，许文鑫，等. 论城市社区体育公共服务的三维结构要素及其关系［J］. 成都体育学院学报，2014，40（2）：14–20.

[6] 胡庆山，王健. 农村体育公共服务供给的价值审思与现实困境［J］. 上海体育学院学报，2014，38（4）：20–24；30.

镇公共体育服务供给方式，研究表明，政府和企业提供公共体育服务应协同合作，并且政府要采取竞争方式，合理进行第三部门公共服务的选择性获取[1]。

在供给方式的博弈方面，张洪柱基于博弈论的视角，分析了政府与社会力量之间的博弈情况，认为政府与社会力量互动合作供给能够使总社会效益最大化，并通过典型案例证明可行性，提出促进政府与社会力量互动合作供给的相应措施[2]。王鹤构建公共体育服务供给中政府与社会组织两者的博弈模型，设计公共体育服务提供中，政府与社会的分担机制，研究表明，在供给过程中，各参与主体的策略选择由供给成本和综合效益决定，公共体育服务资源的供给应首先界定政府与社会的供给范围，实行以市场为主导、政府为主体、社会参与为辅助的原则[3]。郑娟基于演化博弈理论，以具体案例为分析对象，解释多元主体协同供给公共体育服务的策略选择过程及其影响因素，并从建立政府与社会主体的互信，加强政府的协同领导力建设，注重在参与者的资源共享和能力互补等方面提出相应政策建议[4]。

在利益的博弈方面，张明以公共体育服务政策执行个案，对执行过程中不同利益群体的博弈及其策略进行微观阐释。研究发现，接纳顺从是公共体育政策执行过程中目标群体的常态，而据理抗争是少数存在的隐性与显性冲突[5]。张建会从利益相关者利益博弈的视角，深入剖析和解释全运会政策执行中利益相关者的利益互动行为。研究发现，各利益主体不断利用“奥运计分政策”等政策空间，使其政策在执行中出现偏

[1] 董新军，易锋，刘德华. 新型城镇公共体育服务供给方式的博弈论研究［J］. 南京体育学院学报（自然科学版），2016，15（5）：132-136.

[2] 张洪柱，樊炳有. 公共体育服务供给侧政府与社会力量互动关系的研究——基于博弈论的视角［J］. 体育科研，2017，38（5）：71-77.

[3] 王鹤，孙文娟. 公共体育服务供给中政府与社会的分担机制：基于利益博弈视角的研究［J］. 武汉体育学院学报，2016，50（5）：31-35.

[4] 郑娟，郑志强. 公共体育服务协同供给：基于演化博弈的分析框架［J］. 中国体育科技，2017，53（2）：100-106.

[5] 张明. 利益的博弈：公共体育服务政策执行的微观阐释［J］. 沈阳体育学院学报，2017，36（6）：32-40.

离异化现象，中央政府必须收紧相关政策来规避偏离现象[1]。

（四）体育文化的博弈研究

体育文化的博弈有利于从根源上探讨我国体育文化传承与发展的新思路、新策略。目前，学者们关于体育文化与博弈的研究主要集中在文化交融的博弈、相关主体的博弈、遗产保护的博弈、制度的博弈等领域。

在文化交融的博弈方面，杜长亮对《江南style》能否代替广播体操的现象引发的关于学校体育相关问题的博弈进行了探索性的分析，研究认为，我国学校体育未来的发展必须以学生的发展为中心，在教学内容和形式上，要不断创新、丰富、提高，保持先进性、文化性、时代性[2]。牛丽丽对汉江生态经济带传统体育文化与旅游融合发展的演化逻辑进行分析，研究认为，汉江生态经济带传统体育文化与旅游业之间具有天然耦合性和共同的市场开发需求，传统体育文化与旅游业之间的融合是一个动态的系统工程，需要不断优化博弈策略[3]。周平对同一民族、不同地域的苗族传统节庆体育现代创意方面进行调查研究，发现其面临文化认同与草根等困境，提出苗族传统节庆体育文化创意开发应注意文化生态的“活态化”保护等相应对策[4]。

在相关主体的博弈方面，辛双双从身体文化视角，探讨了武术进奥事件背后隐藏的中西身体文化互动现象，认为武术进奥是以逐渐的文化内涵割舍和传统摒弃为发展代价，其加速了中西方身体文化的互动过程和博弈程度，武术进奥失败是一种身体文化的隐形权利侵犯[5]。王力以

[1] 张建会，钟秉枢. 全运会政策执行中的利益博弈——基于利益相关者视角的分析［J］. 武汉体育学院学报，2014，48（11）：18-22.

[2] 杜长亮，刘俊一. “江南style”能否代替广播体操——时代体育文化与传统体育文化的辩证博弈［J］. 南京体育学院学报（社会科学版），2013，27（5）：11-15.

[3] 牛丽丽. 汉江生态经济带传统体育文化与旅游融合发展的演化逻辑与路径选择［J］. 湖北文理学院学报，2019，40（2）：53-58.

[4] 周平，徐嘉馨，范才清. 文化创意下的苗族传统节庆体育与旅游产业的融合——基于湘西、黔东南苗族节庆体育考察［J］. 体育科技，2018，39（6）：87-88.

[5] 辛双双. 身体文化博弈：由武术进奥引发的文化反思［J］. 成都体育学院学报，2007（1）：13-16.

“利益相关者理论”研究视域，辨析体育非物质文化遗产利益相关者的类别，提出将体育非物质文化遗产利益相关者划分为核心、蛰伏及边缘3类，并对其管理问题提出了若干思考[1]。买器对穆斯林女性运动参与问题进行研究，结果发现，不同国度穆斯林女性体育事业的发展呈现出显著差异，遮掩与袒露是穆斯林女性与运动参与博弈的根源，并提出了多种针对穆斯林女性运动参与路径优化的建议[2]。

在遗产保护的博弈方面，已有较多学者进行了深入研究，如龙佩林对达瓦孜与上刀梯遗产保护的博弈主体、博弈策略和博弈收益进行对比分析，揭示传统体育文化遗产保护的博弈机制[3]。鲁林波对黔南布依族武术文化遗产的生存状态、保护状态、保护主体及利益取向进行研究，提出民族传统体育文化保护的理想模式[4]。龙佩林对传统体育文化遗产保护的利益格局、博弈构成要素、保护模式与途径、保护主体及其利益取向等多方面进行了全面论证，为传统体育文化遗产保护寻求强有力的理论支撑，不断提高传统体育文化遗产保护的水平和质量[5, 6]。

在制度的博弈方面，龙家勇从人权法与文化共性的视角对民族文化与竞赛规则的博弈进行分析，提出遵守竞赛规则的同时应尊重民族传统文化，并建议竞赛规则应与民族文化统筹协调，建立相适应的体育法系统机制[7]。吴秋来运用博弈论对全民健身视角下村落传统体育制度的主体行为进行研究。研究表明，农村传统体育文化与经济发展不协调的

[1] 王力，汤立许. 体育非物质文化遗产利益相关者及政策启示［J］. 武汉体育学院学报，2019，53（1）：62-68.

[2] 买器，史曙生. 遮掩与袒露——穆斯林女性与运动参与之间的博弈［J］. 南京体育学院学报，2019，2（7）：24-30.

[3] 龙佩林，罗锡文. 博弈论视角下达瓦孜与上刀梯遗产保护的比较分析［J］. 搏击（武术科学），2014，11（4）：79-81.

[4] 鲁林波，卜秀秀. 黔南布依族武术文化遗产现状与保护博弈研究［J］. 武术研究，2017，2（11）：14-16.

[5] 龙佩林，鲁林波. 我国传统体育文化遗产保护的博弈要素及策略选择［J］. 安徽体育科技，2014，35（4）：1-3；11.

[6] 龙佩林，舒颜开，鲁林波. 我国传统体育文化遗产保护的模式及主体博弈模型［J］. 南京体育学院学报（社会科学版），2014，28（4）：22-26.

[7] 龙家勇. 国际赛事中民族文化与竞赛规则的博弈分析［J］. 体育文化导刊，2016（3）：16-19.

根本原因是农村传统体育制度的滞后性不能适应农村经济的快速发展，并从制度的理论体系构建、制度行为的规范等方面优化村落传统体育制度[1]。

本章小结

我国学校体育场馆开放研究起步于20世纪90年代。进入21世纪，伴随《公共文化体育设施条例》（2003）、《关于加快发展体育产业促进体育消费的若干意见》（2014）、《关于强化学校体育促进学生身心健康全面发展的意见》（2016）、《关于推进学校体育场馆向社会开放的实施意见》（2017）等涉及学校体育场馆开放的法律法规及相关规范性文件的出台，伴随全国学校体育场馆开放试点工作的全面推进，我国学校体育场馆的开放研究主题从以往较为单一的开放现状、影响因素、开放对策等向开放模式、开放政策、开放运营、开放环境、开放立法、开放伤害事故认定、开放保险、开放管理、开放平台建设等，更为细致、更深层次的方向拓展；研究视角从单一的体育学向经济学、社会学、法学、政治学等，更为多元的方向拓宽，研究范式从浅表性、描述性研究为主向定性与定量相结合、宏观与微观相融合的方向发展。我国体育博弈研究起步于20世纪80年代中后期，早期主要关注竞技体育“制胜规律”的理论探讨。21世纪以来，体育博弈研究进入井喷期，除竞技体育依旧是体育博弈的研究热点之一外，研究主题开始向体育教学、体育产业、群众体育、体育文化等方向延伸。2008年北京奥运会的举办促进了博弈论在体育赛事营销、转播权、国家影响力及兴奋剂等方面的研究。2014年以来，随着《关于加快发展体育产业促进体育消费的若干意见》的颁发，全民健身上升为国家战略，更是助推众多学者从博弈的视角，深入研究体育治理、体育哲学、足球改革、体育产业、全民健身等。

纵观体育博弈研究相关关键词的共现情况看，我国体育博弈研究已经形成了主辅合理的框架体系，共现图谱呈密集网络结构；从聚类情况看，体育博弈研究的领域较为广泛，但针对学校体育博弈的研究相对较少，学

[1] 吴秋来，谢小龙，张扬，等. 全民健身视角下民族传统体育制度的优化［J］. 四川体育科学，2013，32（5）：94-97.

校体育博弈的研究中暂未涉及“学校体育场馆开放（共享）”话题。因此，运用博弈论、利益相关者理论等探究学校体育场馆资源共享困境的利益博弈，对于深层次探究制约学校体育场馆向社会开放的困境成因，制定兼顾各方利益的学校体育场馆资源共享政策具有一定的理论和实践价值。

第三章 我国学校体育场馆资源共享政策的历史演进

公共政策是指国家通过对资源的战略性运用，以协调经济社会活动及相互关系的一系列政策的总称。它包括基本政策、具体政策等。基本政策是用以指导具体政策的主导性政策，具体政策是针对特定而具体的公共政策问题作出的政策规定。本章一一梳理了改革开放以来，我国在国家层面的法律法规及相关规章和规范性文件中涉及学校体育场馆资源共享的基本政策和具体政策，并对其阶段特征进行划分和特点诠释。

第一节　问题的提出

公共政策是国家权力机关贯彻落实其理念和思想的载体。在经济社会转型，推进经济社会进步的过程中，政府的主要手段之一就是公共政策[1]。公共政策作为分配社会资源、推动社会进步的有效方式，在学校体育场馆资源共享的过程中扮演着重要角色。公共政策按约束力划分，包括法律法规及相关规章和规范性文件；按制定主体划分，包括全国人大及其常委会、国务院、地方人大及其常委会，以及国务院组成部门及直属机构和省、自治区、直辖市人民政府；按作用范围划分，包括元政策、基本政策、具体政策等。基本政策是用以指导具体政策的主导性政策。在层次上，一般由中央政府或其授权机关制定和发布；在范围上，适用于几乎所有的地域、行业、公民及公民团体；在时间上，相当长一段时期内不会发生根本性变化；在权威上，都会成为许多具体政策的政策依据。具体政策是针对特定而具体的公共政策问题作出的政策规定，表现为一系列的行动步骤和行动方案，有对应的部门或机构来具体实施，实施效果是在经验基础上可以直接观察到并可以评价的[2]。具体政策在政策的纵向结构中处在最后的层次，是在基本政策的指导下制定出来的，是基本政策的具体化，是将基本政策所规定的目标与任务付诸实施的工具与手段，是解决实际问题的依据。改革开放以来，为了推进学校体育场馆资源共享，我国先后出台了一系列公共政策。系统梳理不同约束力、不同制定主体、不同作用范围的共享政策，对于完善学校体育场馆资源共享政策，提升政策执行力和执行效果具有重要的理论价值。

[1] 顾建光. 公共政策工具研究的意义，基础与层面［J］. 公共管理学报，2006，3（4）：58-61；110.

[2] 陆雄文. 管理学大辞典［M］. 上海辞书出版社，2013.

第二节　学校体育场馆资源共享政策的历史进程

一、学校体育场馆资源共享基本政策

改革开放以来，我国在国家层面的法律法规及相关规章和规范性文件中涉及学校体育场馆资源共享的基本政策共有38份，其中法律法规4份、相关规章和规范性文件34份。

（一）法律法规中学校体育场馆资源共享政策

改革开放以来，我国颁发的法律法规中涉及学校体育场馆资源共享的政策包括：《学校体育工作条例》（1990年，2017年修正）、《中华人民共和国体育法》（1995年，2009年第一次修正，2016年第二次修正，2022年大幅度修订）、《公共体育文化设施条例》（2003年）、《全民健身条例》（2009年，2013年第一次修正，2016年第二次修正）（表3–1）。

表3–1　法律法规中学校体育场馆资源共享政策一览表

发布时间	发布机构	文件名称	要　点
1990年3月（2017年修正）	国务院	学校体育工作条例	第二十条　社会的体育场（馆）和体育设施应当安排一定时间免费向学生开放
1995年8月（2009年第一次修正，2016年第二次修正，2022年第三次修订）	全国人大常委会	中华人民共和国体育法	第八十六条　鼓励和支持机关、学校、企业事业单位的体育场地设施向公众开放
2003年6月	国务院	公共体育文化设施条例	第三十三条　国家鼓励机关、学校等单位内部的文化体育设施向公众开放

（续表）

发布时间	发布机构	文件名称	要点
2009年10月（2013年第一次修正，2016年第二次修正）	国务院	全民健身条例	第二十八条　学校应当在课余时间和节假日向学生开放体育设施，公办学校应当积极创造条件向公众开放体育设施；国家鼓励民办学校向公众开放体育设施

《学校体育工作条例》是为了保证学校体育工作正常开展，促进学生身心的健康成长，由国家教育委员会和国家体委联合制定、经国务院批准的行政法规，于1990年3月12日发布，自发布之日起施行。《学校体育工作条例》第二十条指出，社会的体育场（馆）和体育设施应当安排一定时间免费向学生开放。

《中华人民共和国体育法》是为了发展体育事业，增强人民体质，提高体育运动水平，促进社会主义物质文明和精神文明建设，由全国人大常委会制定的法律条款，于1995年8月29日第八届全国人大常委会第十五次会议通过，2009年8月27日进行第一次修订，2016年11月7日进行第二次修订，2022年6月24日进行第三次修订，新的《中华人民共和国体育法》于2023年1月1日施行，其中第八十六条指出，鼓励和支持机关、学校、企业事业单位的体育场地设施向公众开放。

《公共文化体育设施条例》是为了促进公共文化体育设施建设，加强公共文化体育设施管理保护，充分发挥公共文化体育设施功能，繁荣文化体育事业，满足人民群众开展文化体育活动的基本需求，由国务院制定的行政法规，于2003年6月26日发布，自2003年8月1日起施行。《公共文化体育设施条例》第六条指出，国家鼓励机关、学校等单位内部的文化体育设施向公众开放。

《全民健身条例》是为了促进全民健身活动的开展，保障公民在全民健身活动中的合法权益，提高公民身体素质，由国务院制定的行政法规，于2009年8月30日公布，自2009年10月1日起施行。《全民健身条例》第二十八条提出，学校应当在课余时间和节假日向学生开放体育设施，公办学校应当积极创造条件向公众开放体育设施；国家鼓励民办学校向公众开放体育设施。县级人民政府对向公众开放体育设施的学校给予支持，为向公众开放体育设施的学校办理有关责任保险。学校可以根据维持设施运营的需要向使用体育设施的公众收取必要的费用。

从以上4部法律法规关于学校体育场馆资源共享的具体表述可见，公共体育设施、学校体育设施向社会开放是国家推进体育事业发展、满足公民健身需求的基本国策，“共享”理念明确。但作为基本政策，刚性不足（“鼓励”多、“应当”少）、操作性不强（开放主体、开放职责、经费来源等）。因此，根据国家基本政策，制定符合实际，具有刚性、针对性、可操作性的具体政策成为推进学校体育场馆资源共享的重要保障。

（二）相关规章和规范性文件中学校体育场馆资源共享政策

改革开放以来，我国颁发的相关规章和规范性文件中涉及学校体育场馆资源共享的政策共34份（表3-2）。按发布机构来分，中央和国务院22份，占64.71%；国家体育总局5份，占14.71%；国务院相关部委联合颁发7份，占20.59%。按发布时间来看，1995年之前5份，占14.71%；“十五”期间2份，占5.88%；“十一五”期间3份，占8.82%；“十二五”期间8份，占23.53%；“十三五”期间16份，占47.06%。可见，国家始终重视学校体育场馆资源共享，涉及学校体育场馆资源共享的相关规章和规范性文件具有相当的权威性。

表3-2 相关规章和规范性文件中学校体育场馆资源共享政策一览表

发布时间	发布机构	文件名称	要点
1984年10月	中共中央	中共中央关于进一步发展体育运动的通知	第4条 重点增加学校体育设施，有计划地发展高等院校的体育活动场所
1995年2月	国家体委	关于公共体育场馆向群众开放的通知（2007年11月废止）	六、各级体育行政部门在开放公共体育场馆方面要率先垂范，做出榜样。所有体育运动训练单位的专用体育场馆在保证专业运动员训练的前提下，亦应创造条件向群众开放。其他行业、系统所属体育场馆的管理，可参照本通知具体执行
1995年6月	国务院	全民健身计划纲要	第24条 各种国有体育场地设施都要向社会开放，加强管理，提高使用效率，并且为老年人、儿童和残疾人参加体育健身活动提供便利条件

（续表）

发布时间	发布机构	文件名称	要 点
1997年4月	国家体委、国家教委、民政部、建设部、文化部	关于加强城市社区体育工作的意见（2016年5月废止）	第3条　市、区人民政府教育部门要在保证学校教学秩序和体育工作的前提下，鼓励和支持学校体育设施对社区居民开放，开展有偿服务
2000年12月	国家体育总局	2001—2010年体育改革与发展纲要	第42条　学校、机关、企事业等单位体育场地设施应实现社会共享
2001年8月	国家体育总局	全民健身计划纲要第二期工程（2001—2010年）规划	第22条　有条件的学校做到体育场馆在课余时间向社会开放
2002年2月	国务院	关于进一步加强和改进新时期体育工作的意见	第26条　学校、机关、企事业单位的体育设施也要努力实现社会共享
2006年7月	国家体育总局	体育事业发展“十一五”规划	第8条　加强与教育部门和有关部门的协调，加快向公众开放学校体育设施的步伐
2007年5月	国务院	关于加强青少年体育增强青少年体质的意见	第11条　公共体育场馆和运动设施应免费或优惠向周边学校和学生开放，学校体育场馆在课余和节假日应向学生开放
2010年3月	国务院办公厅	关于加快发展体育产业的指导意见	第6条　有条件的学校体育场馆应当向社会开放，鼓励机关、企事业单位的体育设施创造条件向社会开放，实现体育资源社会共享
2011年2月	国务院	全民健身计划（2011—2015年）	第4部分　学校在课余时间和节假日要向学生开放体育设施，并在保证校园安全的前提下，积极创造条件向公众开放体育设施……新建和改建学校体育设施，要便于向公众开放

（续表）

发布时间	发布机构	文件名称	要　点
2011年4月	国家体育总局	体育事业发展“十二五”规划	第10条　继续推动公共体育场馆和学校体育场馆向公众开放，并向社会公示开放时间和服务内容……努力扩大体育场馆开放范围，盘活体育场馆资源……努力提高具备条件的学校体育场馆向公众的开放率
2012年7月	国家发改委、国家体育总局	“十二五”公共体育设施建设规划	第三章第二节第3条　创造条件，鼓励和引导学校、机关、团体和企事业等单位的体育设施对社会开放；学校内的体育设施应利用课余和节假日，在保证正常教学秩序的前提下，创造条件向广大学生和社区居民开放
2012年7月	国务院	国家基本公共服务体系“十二五”规划	第十章第二节　有条件的公办体育设施（含学校体育设施）向公众开放，免费项目或有关收费标准由地方政府制定；开放时间与当地公众的工作时间、学习时间适当错开，不少于省（区、市）规定的最低时限，全民健身日免费开放，国家法定节假日和学校寒暑假期间，应当适当延长开放时间
2012年10月	教育部、发改委、财政局、国家体育总局	关于进一步加强学校体育工作的若干意见	第7条　大力推动公共体育场馆和运动设施向青少年学生免费或优惠开放，学校体育场馆设施在课余和节假日应向学生开放
2013年10月	国务院	关于促进健康服务业发展的若干意见	第2部分第5点　采取措施推动体育场馆、学校体育设施等向社会开放
2014年10月	国务院	关于加快发展体育产业促进体育消费的若干意见	第2部分第6点　学校体育场馆课余时间要向学生开放，并采取有力措施加强安全保障，加快推动学校体育场馆向社会开放，将开放情况定期向社会公开

（续表）

发布时间	发布机构	文件名称	要　点
2015年3月	国务院	中国足球改革发展总体方案	第38条　推动学校足球场在课外时间低价或免费向社会开放，建立学校和社会对场地的共享机制
2016年4月	国家发改委、国务院足改办、国家体育总局、教育部	中国足球中长期发展规划（2016—2050年）	第四部分第3条　提高学校足球场地利用率，加快形成校园场地与社会场地开放共享机制
2016年5月	国家体育总局	体育发展“十三五”规划	第33条　鼓励机关、学校等企事业单位的体育场馆设施向社会开放
2016年5月	国务院办公厅	关于强化学校体育促进学生身心健康全面发展的意见	第10条　推动有条件的学校体育场馆设施在课后和节假日对本校师生和公众有序开放，充分利用青少年活动中心、少年宫、户外营地等资源开展体育活动
2016年6月	教育部、民政部、科技部、财政部、文化部、国家体育总局、共青团中央、人力资源社会保障部	关于进一步推进社区教育发展的意见	第7条　充分利用社会资源。提高图书馆、科技馆、文化馆、博物馆和体育场馆等各类公共设施面向社区居民的开放水平
2016年6月	国务院	全民健身计划（2016—2020年）	第6条　确保公共体育场地设施和符合开放条件的企事业单位、学校体育场地设施向社会开放
2016年9月	国家体育总局	青少年体育“十三五”规划	第9条　推动公共体育场地设施和符合开放条件的学校体育设施向青少年免费开放或低收费开放
2016年10月	国务院	“健康中国2030”规划纲要	第六章第一节　推行公共体育设施免费或低收费开放，确保公共体育场地设施和符合开放条件的企事业单位体育场地设施全部向社会开放

（续表）

发布时间	发布机构	文件名称	要　点
2016年10月	国务院办公厅	关于加快发展健身休闲产业的指导意见	第15条　加快推进企事业单位等体育设施向社会开放。推动有条件的学校体育场馆设施在课后和节假日对本校学生和公众有序开放
2016年11月	国务院办公厅	关于进一步扩大旅游文化体育健康养老教育培训等领域消费的意见	第11条　推动有条件的学校体育场馆设施在课后和节假日对本校学生和公众有序开放，运用商业运营模式推动体育场馆多层次开放利用
2017年1月	国务院	关于印发“十三五”卫生与健康规划的通知	第3部分第2条　推动公共体育设施免费或低收费开放，逐步对社会开放学校体育场馆等运动健身场所
2017年3月	国务院	关于印发“十三五”推进基本公共服务均等化规划的通知	第十章第一节　推动公共体育场馆向社会免费或低收费开放
2018年12月	国务院办公厅	关于加快发展体育竞赛表演产业的指导意见	第13条　推进现有场馆“改造功能、改革机制”工程，引导体育竞赛表演企业参与体育场馆运营，盘活场馆资源，鼓励利用学校体育场馆举办体育赛事
2019年8月	国务院办公厅	体育强国建设纲要	第2部分第1点　鼓励社会力量建设小型体育场所，完善公共体育设施免费或低收费开放政策，有序促进各类体育场地设施向社会开放
2019年9月	国务院办公厅	关于促进全民健身和体育消费推动体育产业高质量发展的意见	第15条　挖掘学校体育场地设施开放潜力

（续表）

发布时间	发布机构	文件名称	要　点
2020年10月	国务院办公厅	关于加强全民健身场地设施建设发展群众体育的意见	第13条　挖掘学校体育场地设施开放潜力，在政策范围内采取必要激励机制，鼓励各地区委托专业机构集中运营本地区符合对外开放条件的学校体育场馆，促进学校体育场馆开放
2020年10月	中共中央办公厅、国务院办公厅	关于全面加强和改进新时代学校体育工作的意见	第13条　完善学校和公共体育场馆开放互促共进机制，推进学校体育场馆向社会开放、公共体育场馆向学生免费或低收费开放，提高体育场馆开放程度和利用效率

在34份相关规章和规范性文件中，1995年2月，国家体委颁布的《关于公共体育场馆向群众开放的通知》（以下简称《通知》）是在全国正式实施每周40小时新工时制度背景下，为顺应广大人民群众闲暇时间增加带来的生活方式变化，适应人民群众日益增长的强身健体的愿望和要求而出台的公共体育场馆资源共享政策。《通知》要求，“有计划、有组织、有步骤地将公共体育场馆尽快全部向群众开放，……为在校学生和学龄前儿童以及残疾人、老年人参加体育健身活动提供便利条件和优惠服务。所有体育运动训练单位的专用体育场馆在……前提下，亦应创造条件向群众开放。”1997年4月，国家体委、国家教委、民政部、建设部、文化部联合颁布的《关于加强城市社区体育工作意见》（以下简称《意见》）是部委联合推进学校体育场馆资源共享的代表性政策。《意见》提出，市、区人民政府教育部门要在保证学校教学秩序和体育工作的前提下，鼓励和支持学校体育设施对社区居民开放，开展有偿服务。此后，在相关规章和规范性文件中，多次出现学校体育场馆资源共享的相关内容，如《2001—2010年体育改革与发展纲要》提出，“学校、机关、企事业等单位体育场地设施应实现社会共享”。《全民健身计划纲要》第二期提出，“有条件的学校做到体育场馆在课余时间向社会开放”。《关于进一步加强和改进新时期体育工作的意见》提出，“学校、机关、企事业单位的体育设施也要努力实现社会共享”。《体育事业发展“十一五”规划》提出，“加强与教育部门和有关部门的协调，加快向公众开放学校体育设

施的步伐”。《关于进一步加强学校体育工作的若干意见》提出，“有条件的学校体育场馆应当向社会开放，鼓励创造条件向社会开放，实现体育资源社会共享”等。

2010年以来，随着我国经济社会的快速发展、社会主要矛盾的转化等，涉及学校体育场馆资源共享的相关规章和规范性文件呈现出不同于以往的明显特征。一是高频率、高层次、多领域全方位推进共享。10年间，涉及学校体育场馆资源共享的相关规章和规范性文件24份，占总数的70.59%，其中以国务院或国务院办公厅名义颁发的多达16份；涉及“健康中国2030”、国家基本公共服务体系、健康服务业、体育强国、全民健身、体育产业、体育消费、学校体育、青少年体育、足球改革发展等诸多领域。二是政策更加明确、更有力度。如《全民健身计划（2011—2015 年）》提出，“学校在课余时间和节假日要向学生开放体育设施，……县级政府给予开放学校经费补贴，为学校办理有关责任保险”。《体育事业发展“十二五”规划》提出，“向社会公示学校体育场馆向公众开放的时间和服务内容”。《国家基本公共服务体系“十二五”规划》明确提出，“学校体育设施开放时间与当地公众的工作时间、学习时间适当错开，不少于省（区、市）规定的最低时限，……开放的财政支出由地方政府负责，中央财政适当补助”。《全民健身计划（2016—2020年）》提出，“确保……符合开放条件的企事业单位、学校体育场地设施向社会开放”。《“健康中国2030”规划纲要》提出，“推行公共体育设施免费或低收费开放，确保符合开放条件的企事业单位体育场地设施全部向社会开放”。《关于加强全民健身场地设施建设发展群众体育的意见》提出，“挖掘学校体育场地设施开放潜力，……鼓励各地区委托专业机构集中运营本地区符合对外开放条件的学校体育场馆”等。《关于全面加强和改进新时代学校体育工作的意见》提出，“完善学校和公共体育场馆开放互促共进机制……”

二、学校体育场馆资源共享具体政策

（一）国家层面学校体育场馆资源共享具体政策

改革开放以来，为了推进学校体育场馆资源共享，国家有关部委先后出台了《关于假期、公休日学校体育场地向学生开放的通知》（教育部办公厅，1999年）、《全国学校体育场馆向社会开放试点工作方案》（教育部、国家体育总局，2006年）、《关于推进学校体育场馆向社会开放的实施意见》（教育部、国家体育总局，2017年）3份具体政策（表3-3）。

表3-3　国家层面学校体育场馆资源共享具体政策一览表

发布时间	发布机构	文件名称	要　点
1999年6月	教育部办公厅	关于假期、公休日学校体育场地向学生开放的通知	由各地教育行政部门根据本地实际情况，制定相应的管理办法，学校自行制定相应的实施办法
2006年8月	国家体育总局、教育部	全国学校体育场馆向社会开放试点工作方案	从指导思想和工作原则、工作目标、试点对象选择、试点周期、组织实施部门主要职责及任务、调研和研制政策法规、命名表彰、工作要求等8个方面进行详细规定
2017年2月	国家体育总局、教育部	关于推进学校体育场馆向社会开放的实施意见	从总体要求（指导思想、基本原则、主要目标）、开放范围、开放办法、保障措施、组织实施等5个方面进行详细规定

为充分利用学校体育场馆，给广大学生创造更多体育锻炼的机会和条件，1999年6月，教育部办公厅印发了《关于假期、公休日学校体育场地向学生开放的通知》（以下简称《通知》）。《通知》要求，自1999年暑假始，各级各类学校在寒、暑假和公休日期间，体育场地、设施均向学生开放。各地教育行政部门根据本地实际情况制定相应的管理和安全办法，各学校制定相应的实施办法。制定管理办法和实施办法应注意保证正常教学秩序、安排专人管理、制订安全措施、公益性开放、加强宣传教育等。

为贯彻落实《中共中央国务院关于加强青少年体育增强青少年体质的意见》精神，依照国务院《公共文化体育设施条例》和《全民健身计划纲要》二期工程第二阶段计划的要求，2006年8月，国家体育总局、教育部在全国湖北省、北京市、天津市、上海市、广东省、吉林省、四川省7个省（市）145个试点学校和13个公共体育场馆开展学校体育场馆向社会开放试点工作（2007年确定28个省、区、市的354所学校和19个公共体育场馆作为第二批开放试点学校），并制定出台了《全国学校体育场馆向社会开放试点工作方案》（以下简称《试点方案》）。《试点方案》从指导思想和工作原则、工作目标、试点对象选择、试点周期、组织实施部门主要职责及任务、调研和研制政策法规、命名表彰、工作要求等8个方面作出具体规定，政策的目的性和导向性明确。为了进一步推进学校体育场馆向社会开放试点工作，2008年、2010年国家体育总局、教育部先后在湖北省武汉市、安徽省马鞍山市召开了全国学校体育场馆向公众开放总结交流会，会议总结了试点工作取得的经验、遇到的问题和发展的瓶颈，明确了今后一个时期推进学校体育场馆向公众开放工作的任务、方针、政策和措施。

根据健康中国建设的决策部署，为贯彻落实《国务院关于加快发展体育产业促进体育消费的若干意见》（国发〔2014〕46号）和《国务院办公厅关于强化学校体育促进学生身心健康全面发展的意见》（国办发〔2016〕27号）精神，进一步深化学校体育改革，强化学生课外锻炼，积极推进学校体育场馆向学生和社会开放，有效缓解广大青少年和人民群众日益增长的体育健身需求与体育场馆资源供给不足之间的矛盾，促进全民健身事业的繁荣发展。2017年，在全面总结学校体育场馆向社会开放试点工作的基础上，教育部、国家体育总局联合印发了《关于推进学校体育场馆向社会开放的实施意见》（以下简称《实施意见》）。《实施意见》从总体要求、开放范围、开放办法、保障措施和组织实施等5个方面，对学校体育场馆资源共享作出了翔实的说明，提出了“到 2020年，建设一批具有示范作用的学校体育场馆开放典型，通过典型示范引领，带动具备条件的学校积极开放，使开放水平及使用效率得到普遍提升；基本建立管理规范、监督有力、评价科学的学校体育场馆开放制度体系；基本形成政府、部门、学校和社会力量相互衔接的开放工作推进机制，为推动全民健身事业，提高全民身体素质和健康水平做出积极贡献”的目标。2017年9月，教育部在杭州举办了“全国学校体育场馆向社会开放工作集中调研”座谈会。教育部、国家体育总局相关领导及来自各省、自治区、直辖市教育行政部门的负责人和来自上海市、安徽省等省、市的发言人，交流了各地学校体育场馆向社会开放的做法和经验。

相较于基本政策，3份学校体育场馆资源共享具体政策的针对性、可操作性呈现出与时俱进的特征。一是开放对象更加全面。《通知》要求学校体育设施向全体学生开放；《试点方案》要求学校体育设施向周边社区居民开放；《实施意见》要求学校体育设施向本校学生、学区内学生、周边社区居民和社会组织开放。二是开放管理更为规范。《通知》要求各地教育行政部门根据本地实际情况制定管理办法，各学校制定实施办法；《试点方案》要求试点地区成立省级领导小组和工作小组，负责组织实施本省（区、市）的开放工作和日常管理的检查、指导、评估，制定开放的政策法规等；《实施意见》要求建立健全由教育或体育部门牵头，有关部门分工负责和社会力量参与的场馆开放工作协调机制，主动争取当地政府支持，发挥社区和街道的管理作用，制定当地开放工作规划或实施方案等。三是开放职责更加明确。《通知》没有明确规定开放过程中政府、部门、学校的职责；《试点方案》对省（区、市）、试点区、学校在开放的组织实施、指导监督、经费保障、运营管理、风险防范、开放考核、表彰奖励等都明确要求；《实施意见》在总结7年试点开放工作经验的基础上，进一步明确了县级以上人民政府为开放学校购买专项责任保险等职责，教育和体育部门担负开放管理人员业务培训、建立健全开放安全工作机制的职责；教育部门担负学校体育场馆设施建设与开放的经费投入的职责；体育部门担负必要资金支持开放、引导社会体育指导员主动服务场馆开放等职责；学校担负制定场馆开放的安保方案和突发事故处置预案、校园安全保卫、体育器材设施及场馆的安全风险管理、组织体育教师和相关管理人员参与开放服务的职责。四是开放时段更为具体。《通知》要求开放时间为寒、暑假和公休日；《试点方案》要求开放时间是公休日、节假日和寒暑假全天，有条件的学校每天早晚保证开放时间不少于2小时；《实施意见》要求开放时间是学校教学时间与体育活动时间之外，课余时间和节假日优先向学生开放，在保证校园安全的前提下，向社会开放且开放时间与当地居民的工作和学习时间适当错开，国家法定节假日和学校寒、暑假期间适当延长开放时间。五是开放经费更有保障。《通知》没有对开放经费来源做出明确规定；《试点方案》提出开放经费来源于中央和省级体育彩票公益金，原则上每年给予试点学校不少于2万元的专项经费补贴；《实施意见》提出教育部门加大学校场馆设施建设与开放的经费投入，体育部门安排必要的资金支持开放保证场馆日常运转和设施设备维修，以及社会体育指导员工作经费补贴。

（二）省级学校体育场馆资源共享具体政策

随着《试点方案》《实施意见》的出台，北京市（2007年）、广东省（2008年）、浙江省（2011年、2015年）、山东省（2012年、2013年）、江苏省（2016年）、宁夏回族自治区（2016年）、山西省（2017年）、云南省（2017年）、天津市（2018年）、吉林省（2018年）、上海市（2019年）、安徽省（2019年）等12个省（市、区）先后结合本地实际，制定了相应的指导意见、实施办法、实施意见（表3-4）。省级政策基本上延续了国家政策的主要精神，但在经费来源、责任分工、管理模式、收费管理、信息化管理等方面更为细化，具有地方特色。

表3-4　省级学校体育场馆资源共享具体政策一览表

省（市、区）	发布时间	颁布机构	文件名称	主要内容
北京市	2007年	市体育局、市教委、财政局	关于学校体育设施向社会开放的指导意见	指导思想、工作原则、开放标准及形式、经费补贴与奖励办法
广东省	2008年	省体育局、教育厅、公安厅、民政厅、财政厅、地方税务局、物价局、工商行政管理局	广东省学校体育场馆向社会开放实施办法	总则、开放条件与开放对象、组织管理、开放办法、收费与使用、安全与保障、法律责任、附则
山东省	2012年	山东省体育局、山东省教育厅	关于学校体育设施向社会开放的指导意见	指导思想、工作原则、工作目标、开放方法、经费保障、开放管理
山东省	2013年	省体育局、教育厅、财政厅	关于进一步做好学校体育设施向社会开放工作实施意见	开放重要性、开放范围、条件、时间及要求、经费保障
浙江省	2011年	省体育局、省教育厅	关于推进学校体育设施向社会开放的实施意见	指导思想、工作原则、开放学校、开放范围、开放时间、开放对象、管理模式、保障机制、组织领导
浙江省	2015年	浙江省人民政府办公厅	浙江省人民政府办公厅关于推进公共体育设施和学校体育场地设施向社会开放工作的通知	开放目标，工作举措，工作要求

（续表）

省（市、区）	发布时间	颁布机构	文件名称	主要内容
江苏省	2016年	江苏省人民政府	江苏省体育设施向社会开放管理办法	总则、公共体育设施开放管理、学校体育设施开放管理、开放保障与监督、法律责任、附则
宁夏回族自治区	2016年	自治区体育局、教育厅、财政厅	全区中小型体育场馆和学校体育设施向社会开放的指导意见	指导思想、开放范围、开放条件、开放时间、开放对象、开放收费及补贴、保障措施
山西省	2017年	省教育厅、省体育局	山西省推进学校体育场馆向社会开放的实施方案	指导思想、主要目标、基本原则、重点任务、保障机制、组织实施
云南省	2017年	省教育厅	云南省学校体育场馆对社会开放实施办法	总则、组织领导、开放原则、开放要求、保障措施、组织实施、附则
天津市	2018年	天津市人民政府办公厅	关于推进我市学校体育场馆向社会开放的实施方案	基本原则、工作目标、开放管理、组织实施、保障措施
吉林省	2018年	省教育厅、省体育局	关于有序推进学校体育场馆向社会开放的实施办法	总体要求、开放学校的基本要求、开放时间、开放对象、收费办法、保障措施、组织实施
上海市	2019年	市教委、体育局、发改委、财政局、精神文明办	关于进一步加强本市学校体育场馆向社会开放工作的实施意见	总体要求、开放范围、开放要求、保障措施、组织实施
安徽省	2019年	省教育厅、省体育局	关于进一步做好学校体育场馆设施向社会开放工作的意见	指导思想、基本原则、工作内容、保障措施

1. 经费来源

（1）北京市规定免费开放体育设施的学校由市、区两级财政给予补贴；收费开放体育设施的学校可从收取的费用中提取一定比例参加政府招标的商业保险，也可以通过中介组织设立互助金用于运动人身伤害事故的经济损失赔偿。

（2）山东省规定学校体育设施建设、维修、管理资金列入基本建设投资计划和财政预算，体育、教育和财政部门优先安排开放学校新建体育设施和配备体育器材，省体彩公益金给予开放学校专项补贴，市级体彩公益金给予配套扶持。市、县政府为开放学校办理有关责任保险。

（3）宁夏回族自治区规定区属中小型体育场馆开放补贴由自治区财政承担，市、县（区）开放补贴由自治区财政与所在市、县（区）财政按照川区5：5、山区8：2的比例分级承担。体育场馆和学校体育设施的承包、租赁收入和向社会开放的收费收入，执行自治区非税收收入管理规定。

（4）天津市规定市、区两级财政设立开放专项资金，市财政对场馆分隔、场地照明、电子门禁系统安装给予补助，区财政自有财力及市级体彩公益金等用于运营管理、场地设施更新维护、专项责任保险、分隔工程、场地照明、智能电子门禁系统安装维护。

2. 责任分工

（1）北京市规定开放工作由各区县政府负总责，体育部门牵头负责开放具体推进工作，教育部门配合体育部门做好开放的协调和综合管理工作；财政部门负责制定开放资金补贴标准，拨付年度补贴资金，监督资金使用。

（2）浙江省规定县（市、区）政府和所在乡镇（街道）、社区是开放的责任主体，承担领导、组织、管理、保险、保障和意外伤害处理责任。学校是开放的具体实施单位，承担制度建设、场地设施维护和日常管理责任。

（3）天津市规定区政府负总责，区教育、体育、治安、公安、财政等部门负责指导监督、人员培训、治安管理、经费保障等，街道办事处、乡镇人民政府、社区居民委员会负责证件办理，学校负责设施开放管理、维修更新等工作。

3. 管理模式

（1）广东省提出开放学校可根据实际情况采用自行管理、与街道社区联合管理、青少年体育俱乐部管理、社会中介组织管理等方式实施开放工作。

（2）上海市提出探索建立学校体育场馆开放“点长制”的管理模式，通过定人、定岗、定责，形成区、镇、村（居）、点的4级管理网络，实现“动态化”管理。

4. 收费管理

（1）北京市规定收费标准由学校根据场地、器材及服务情况自主制定，严格执行明码标价。

（2）广东省规定学校体育场馆向社会开放所收取的费用缴纳税款后，纳入财政实行“收支两条线”管理，专项用于场馆设施的维护和管理。

（3）山东省规定收费项目和收费标准按照价格管理有关规定执行，专项用于学校体育场馆设施的维护和管理，不得挪作他用。

（4）宁夏回族自治区明确收费原则，按照服务成本开支，报物价部门核准后收取适当费用。

（5）天津市和上海市提出不以营利为目的的原则，可自行确定收费标准，并严格落实明码标价制度。

5. 信息化管理

（1）山西省规定，每年12月底前上报场馆开放信息统计信息，要求各级教育行政部门、各级各类学校做好场馆开放情况年度统计报告工作，报送上级教育行政部门，各市教育局每年要对学校的场馆开放工作进行全面总结，统计汇总相关数据，报送省教育厅和省体育局。

（2）吉林省规定，每学期开学第一月末向上级主管部门提供体育场馆共享信息的上报时间。

（3）天津市采用电子智能卡进入校园健身。

综上，《试点方案》颁布后，省级政策结合本地区实际，通过试点工作，总结经验，细化部分政策条款，使其更好地促进学校体育场馆资源共享。《实施意见》颁布之后，省级政策基本沿用国家政策条款，增加了部分条款，把部分政策条款或给予细化分解，或给予政策创新。

第三节　学校体育场馆资源共享政策的阶段性特征

改革开放以来，伴随社会经济的快速发展和生活水平的提高，人们的健身需求越来越强烈，学校体育场馆闲置问题与健身场所供给不足形成鲜明对比，为解决“去哪儿健身”问题，国家相关部门出台了一系列政策，推进学校体育场馆资源共享。相关政策共有41份，其中3份是学校体育场馆共享具体政策，另外38份体育基本政策涉及学校体育场馆资源共享相关内容。如图3–1所示，我国学校体育场馆资源共享政策显现曲线变化，每一个五年规划开启之年，学校体育场馆资源共享的政策都会有所增加，特别是《实施意见》出台前一年，国家连续出台的9份体育基本政策都涉及学校体育场馆资源共享的相关内容，旨在充分利用学校的场馆资源，缓解人们日益增长的健身需求，同时也体现国家对推进学校体育场馆资源共享的重视程度，为推进学校体育场馆资源共享提供相应的基本制度保障。通过对学校体育场馆资源共享基本政策和具体政策发展进程的分析，把学校体育场馆资源共享政策分为初始、探索和推进3个阶段。

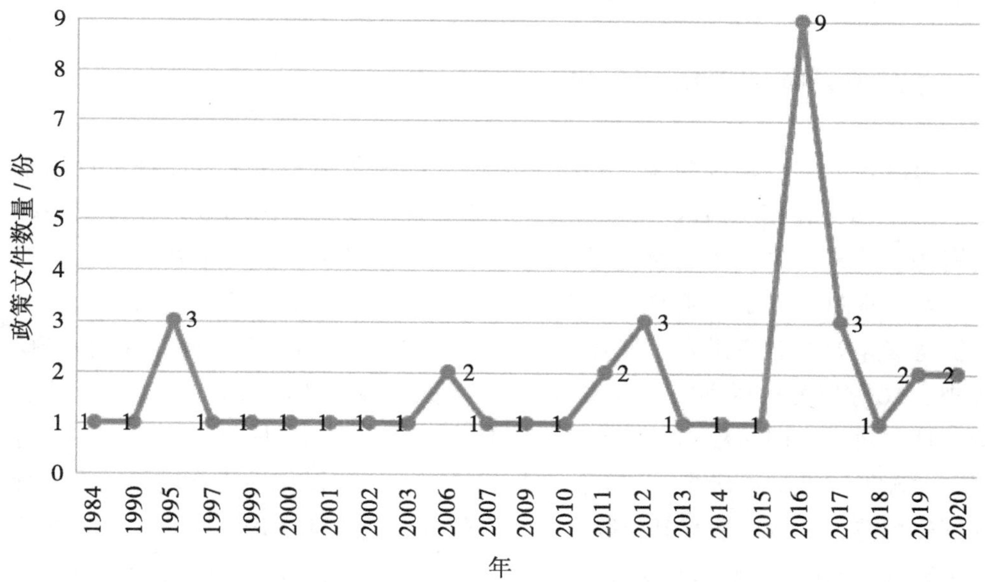

图3–1　学校体育场馆资源共享相关规章和规范性文件颁布年份与数量图

一、初始阶段（1984—2005年）

改革开放之初，我国社会经济百废待兴，体育事业发展缓慢。党的十二届三中全会召开，为了加快社会发展，进行各项体制改革，学校体育工作的重点在于加强体育场地建设和增强学生体质健康。随着经济的繁荣发展和社会不断进步，人民群众闲暇时间的生活方式带来变化。民众强身健体的愿望不断增强，社区体育有了一定的发展，体育场馆设施满足不了人们参与体育活动的需要。学校体育场馆资源共享进入初始阶段，初始阶段共有10份基本政策（3份法律法规、7份相关规章和规范性文件）和1份具体政策。这些政策主要推进公共体育设施、学校体育设施向学生、社会开放。但政策的刚性不足，“鼓励”性词语多、“应当”性词语少；可操作性不强，开放主体没体现、开放职责不明确、没有经费来源。3份法律法规中，只有《公共体育文化设施条例》明确提出鼓励学校体育设施向公众开放，《学校体育工作条例》只提出社会体育设施应当向学生开放，《体育法》没有提及开放问题。7份相关规章和规范性文件中，主要体现在开放对象的变化，显现从学生—特殊人群—社区居民—公众的递进变化。1份国家级具体政策只提出学校体育场馆假期、公休日向学生开放的要求，没有具体的实施方案和实施措施。

二、探索阶段（2006—2016年）

为深入贯彻落实国务院《公共文化体育设施条例》和《全民健身计划纲要》第二期工程第二阶段计划，充分发挥学校体育场馆的功效，充分利用社会资源，为广大群众参加体育活动创造更好的健身条件，探索新形势下学校体育场馆向社会开放的有效模式和方法。2006年，国家开启了探索之旅，学校体育场馆资源共享进入了探索阶段，探索阶段共有21份基本政策（1份法律法规、20份相关规章和规范性文件）、1份国家级具体政策和8份省级具体政策。这些政策强调学校体育场馆向社会开放，呈现政策的刚性逐渐增加，“应当”“确保”性词语增多，“鼓励”性词语减少；可操作性逐步增强，开放管理逐步规范，开放经费得到保障，开放责任和开放主体明确，政策导向更加清晰等特征。1份法律法规政策明确提出学校应当积极创造条件向公众开放体育设施。20份相关规章和规范性文件中，主要体现在开放办法的变化，从具备条件的学校—有条件的学校—学校应积极创造条件向社会开放，开放时间规定课余节假日开放—与公众时间错开—假期开放时间延长等逐步细化，要求扩大开放范围、公示开放情况、开放时间和服务内容，强调部门协作，增加安全保障方面的规定，允许采用商业运营模式，对收费标准方面提出指导意见。1份国家级具体政策就是《试点方案》，为学校体育场馆资源共享提供了细致的工作方法，通过试点工作，由点到面，从易到难，分阶段、分步骤实施，逐步、有序地推进学校体育场馆资源共享，明确政策的目的性和导向性。8份省级具体政策在《试点方案》的基础上，政策更为具体和可操作性，更具特色。北京市规定由各区县政府负总责，市、县（区）分担经费，收费标准自主制定明码标价；山东省规定经费列入基本建设投资计划和财政预算；浙江省规定县（市、区）政府和所在乡镇（街道）、社区是开放的责任主体；广东省采用自行管理、与街道社区联合管理、青少年体育俱乐部管理、社会中介组织管理4种管理模式，收费实行“收支两条线”管理。

三、推进阶段（2017年以后）

“十三五”期间，我国经济进入新常态，《中华人民共和国体育法》修订，清理和废除不符合改革要求的法规和制度，一些不利于改革的政策措施得到修正和完善。《全民健身计划（2016—2020年）》明确指出，统筹建设全民健身场地设施，方便群众就近就便健身，扩大增量、盘活存量。学校体育场馆资源共享问题，便是“盘活存量”的议题。《“健康中国2030”规划纲要》把全民健康问题纳入整个国家战略的全局之中，国家重视推进学校体育场馆资源共享，盘活学校体育场地资源，以方便周围市民就近健身。《实施意见》的出台标志着学校体育场馆进入推进阶段。推进阶段共有7份相关规章和规范性文件的基本政策，1份国家级具体政策，6份省级具体政策。这些政策呈现导向更加清晰、开放要求更加明确、开放对象更加全面、开放管理更为规范、开放时段更为具体、开放经费更有保障、开放责任更加明确、组织实施更可操作等特征。7份相关规章和规范性文件提出，挖掘学校体育场馆设施开放潜力，完善公共体育场馆和学校体育场馆免费或低收费开放政策，以及二者互促共进机制，改造现有场馆功能，盘活场馆资源，鼓励委托专业机构集中运营地区体育场馆。1个国家级具体政策就是《实施意见》，从总体要求、开放范围、开放办法、保障措施和组织实施等5个方面对全面推进学校体育场馆资源共享作出了详细规定，具有针对性、可操作性，以及与时俱进的特征。6份省级具体政策延续了《实施意见》的主要精神，但在经费来源、责任分工、管理模式、收费管理、信息化管理等方面更为细化，具有地方特色。天津市规定市、区两级财政设立开放专项资金，标明资金用途；明确区政府负总责，其他部门分工明确，职责分明；采用电子智能卡进入校园健身。上海市提出采用“点长制”的管理模式，实现“动态化”管理，实行自定收费标准，落实明码标价制度。吉林省规定每学期开学第1个月末上报开放信息。

本章小结

公共政策是公共权力机关经由政治过程所选择和制订的为解决公共问题、达成公共目标、以实现公共利益的方案。公共政策包括基本政策、具体政策等，基本政策是用以指导具体政策的主导性政策，具体政策是针对特定而具体的公共政策问题作出的政策规定。学校体育场馆资源共享是贯彻落实中共中央关于提高全民族健康素质的重要措施。改革开放以来，我国在国家层面的法律法规及相关规章和规范性文件中涉及学校体育场馆资源共享的政策共有41份，其中基本政策38份，具体政策3份。基本政策中，法律法规4份、相关规章和规范性文件34份。政策文本分析表明，我国学校体育场馆资源共享政策经历了从封闭走向开放的螺旋式递进发展历程，基本政策呈现高层次、多领域、高频率、导向清晰等特点，具体政策呈现开放对象更加全面、开放管理更为规范、开放职责更加明确、开放时段更为具体、开放经费更有保障等特点，学校体育场馆资源共享的政策体系日趋完善。

第四章 我国城市学校体育场馆资源共享的现实基础

任何人、任何事，都是有逻辑起点、有现实基础的。从某种意义上，发展面临的困境是时代提出的解决问题的前提。鉴于此，本章以2013年全国第六次体育场地普查数据为基础，翔实分析了我国城市学校体育场馆资源在数量、规模、投资、类型等方面的配置情况及与社会共享现状，以揭示为我国城市学校体育场馆资源共享的现实。

第一节　问题的提出

“以人民为中心”是新时代中国特色社会主义的鲜明特征。2017年，习近平总书记在天津市会见全国体育先进单位和个人代表时指出，要坚持以人民为中心的思想，把人民作为发展体育事业的主体，把满足人民健身需求、促进人的全面发展作为体育工作的出发点和落脚点。学校体育是实现立德树人根本任务、提升学生综合素质的基础性工程，是加快推进教育现代化、建设教育强国和体育强国的重要工作。坚持“健康第一”的教育理念，推动青少年文化学习和体育锻炼协调发展，帮助学生在体育锻炼中享受乐趣、增强体质、健全人格、锤炼意志，培养德、智、体、美、劳全面发展的社会主义建设者和接班人，是新时代赋予学校体育新的历史使命。

学校体育场馆资源是学校体育教育的基本条件和保障，学校体育场馆资源配置不仅直接影响着学校体育教育质量，而且也在很大程度上影响着周边社区百姓的健身意识与行为。基于学校与城市社区在地域空间、人流特征等方面的结构性互补，以及学校体育场馆的属性特征，世界上许多发达国家要求或扶持学校体育场馆向公众开放。如1976年，日本文部科学省政策性开放校园体育设施[1]，开放体育设施的公立学校比率达98.8%[2]，89.7%的校园体育设施制定了开放条例或规则[3]。1983年，韩国体育部颁布了《关于开放利用学校运动场规则》第1号令[4]，规定了学校体育场馆资源向国民开放的时间和使用细节。美国、加拿大、德国等一些西方国家，学校体育场馆资源向公众开放也成为一种常态化举措[5]。改革开放以来，我国学校体育场馆数量和质量得到明显改善。但随着城市化进程加速、城市人口不断增加、健身需求持续升高，城市体育场馆资源紧缺逐渐成为制约市民体育锻炼、社会交流的桎

[1] 城慎玲. 学校体育与社区体育一体化发展研究 [J]. 体育文化导刊，2010（4）：96-99.

[2] 谷晨. 日本学校体育设施对社会开放状况研究 [J]. 体育文化导刊，2009（3）：157-158.

[3] 高丽. 日本社会体育政策研究 [J]. 体育文化导刊，2011（1）：75-76.

[4] 金育强，魏婷. 韩国生活体育发展状况及其振兴政策的研究——对中国体育生活的启示 [J]. 沈阳体育学院学报，2013，32（2）：42-45.

[5] 李高峰，郝力宁. 中日美大众体育场地设施管理的比较研究 [J]. 体育成人教育学刊，2006（3）：16-28.

梏。为此，本研究以2013年全国第六次体育场地普查数据为基础，揭示城市学校体育场馆资源配置及共享现状，进而为我国城市学校体育场馆资源共享困境的利益诉求、利益博弈的深入研究奠定基础[1]。

第二节 我国城市学校体育场馆资源配置现状

一、城市学校体育场馆资源配置概况

中国统计年鉴显示，2013年全国共有各级各类学校50.4万所，其中幼儿园19.9万所、普通小学21.4万所、初中阶段学校5.3万所、高中阶段学校2.6万所、高等学校2788所、特殊教育学校1933所。学历教育在校生2.55亿人、其中学前教育3894.7万人、普通小学9360.5万人、初中阶段4440.1万人、高中阶段4369.9万人、高等学校3460.3万人[2]。2013年第六次全国体育场地普查显示，截至2013年12月31日，全国共有各类体育场地169.46万个，用地面积39.82亿平方米，建筑面积2.59亿平方米，场地面积19.92亿平方米[3]。其中，城市学校体育场地416687个，场地面积73615.69万平方米，分别占城市体育场地总数、场地面积的43.43%、55.13%；城市中小学体育场地346411个，场地面积61814.70万平方米，分别占城市学校体育场地总数、场地面积的83.13%、83.97%（表4-1）。由此可见，城市学校体育场馆资源是城市体育场馆资源的重要组成部分，城市中小学体育场馆是城市学校体育场馆最为重要的资源，中小学体育场馆是学校体育场馆资源共享的重头戏。

[1] 注：2013年全国第六次体育场地普查设置了场地单位所属系统和场馆运营情况等指标，其中场地单位所属系统包括体育系统、教育系统、铁路系统、军队系统及其他系统，教育系统又包括了高等院校、中专中技、中小学、其他教育系统单位，场地运营情况包括了从业人员、运营模式、对外开放情况、开放天数、接待健身人数等。场地单位所属系统和场馆运营情况指标为获取全国城市学校体育场馆资源配置及社会共享提供了可能。而2013年以后组织开展的全国性体育场地调查统计，由于删除了教育系统的细分及场地运营情况等指标，我国城市学校体育场馆资源配置及社会共享等信息无法获取。

[2] 中华人民共和国教育部．中国教育概况——2013年全国教育事业发展情况［EB/OL］．（2015-03-31）［2019-06-15］．http：//www.moe.gov.cn/jyb_sjzl/s5990/201503/t20150331_186797.html.

[3] 国家体育总局．第六次全国体育场地普查数据公报［N］．中国体育报，2014-12-14.

表4-1　城市学校体育场馆资源配置一览表

区域	学校类型	场地数量		场地面积	
		数量 / 个	占比 / %	面积 / m^2	占比 / %
城市学校	高等院校	46696	11.21	77569150	10.54
	中专中技	17246	4.14	31891959	4.33
	中小学	346411	83.13	618147033	83.97
	其他类型学校	6334	1.52	8548713	1.16
	合计	416687	100.00	736156855	100.00

二、城市学校体育场馆资源配置的区域分布

城市学校体育场馆资源配置与城市人口规模、人口结构、经济发展水平、教育发展水平、体育发展水平等息息相关。从表4-2可见，全国共有贵州省、甘肃省、安徽省等20个省（市、自治区）城市学校体育场馆数量与城市体育场馆总数占比高于全国43.43%的平均水平。其中，安徽省、甘肃省、贵州省分别以57.58%、58.78%、67.84%的占比位居前3位；浙江省、北京市、上海市分别以32.34%、28.12%、20.50%的占比位居后3位。全国共有吉林省、甘肃省、河南省等20个省（市、自治区）城市学校体育场地面积与城市体育场地面积占比高于全国55.13%的平均水平，其中，吉林省、甘肃省、河南省分别以77.52%、73.08%、71.29%的占比位居前3位；北京市、上海市、海南省分别以35.21%、34.10%、32.68%的占比位居后3位。

表4-2　城市学校体育场馆资源配置区域分布一览表

区域	城市学校体育场地数量 / 个	占城市体育场地数量的比例 / %	城市学校体育场地面积 / m^2	占城市体育场地面积的比例 / %
合计	416687	43.43	736156862	55.13
北京市	4015	28.12	11061614	35.21
天津市	4080	39.15	9781533	36.76
河北省	13403	42.97	35644665	50.82
辽宁省	14508	40.26	29522928	49.68
上海市	6925	20.50	11291826	34.10
江苏省	34841	36.55	56826262	42.33

（续表）

区域	城市学校体育场地数量 / 个	占城市体育场地数量的比例 / %	城市学校体育场地面积 / m^2	占城市体育场地面积的比例 / %
浙江省	22694	32.34	38580006	65.30
福建省	14648	44.62	22556981	61.40
山东省	25923	48.66	60178311	54.99
广东省	42554	39.46	76433303	46.59
海南省	3480	48.92	6021152	32.68
山西省	7709	36.42	16901382	66.38
内蒙古自治区	9099	46.67	19100094	69.32
吉林省	6283	49.92	18195451	77.52
黑龙江省	8496	45.19	20004521	70.84
安徽省	18676	57.58	32312952	67.87
江西省	17756	49.33	23943385	53.94
河南省	22539	55.09	37457177	71.29
湖北省	20500	40.63	31022977	58.67
湖南省	17568	50.22	32281303	65.46
四川省	19098	48.45	32117802	67.39
贵州省	9541	67.84	9257707	63.46
云南省	11472	48.98	15304742	49.10
西藏自治区	925	51.42	1695258	69.99
陕西省	10159	46.94	18831441	66.39
甘肃省	7081	58.78	11033143	73.08
青海省	1917	48.34	3524271	59.66
宁夏回族自治区	3290	47.65	5543185	71.04
新疆维吾尔自治区	5972	44.66	12039207	55.51
广西壮族自治区	20112	55.18	19397699	55.81
重庆市	11423	42.04	18294584	57.85

经济较为发达的东部地区城市学校体育场馆数量、场地面积分别占城市体育场馆的38.00%、48.19%；经济次发达的中部地区（山西省、内蒙古自治区、吉林省、黑龙江省、安徽省、江西省、河南省、湖北省、湖南省9个

省、自治区）学校体育场馆数量、场地面积分别占城市体育场馆的48.21%、65.79%；经济欠发达的西部地区（四川省、成都市、贵州省、云南省、西藏自治区、陕西省、甘肃省、宁夏回族自治区、青海省、新疆维吾尔自治区10个省、市、自治区）学校体育场馆数量、场地面积分别占城市体育场馆的50.43%、60.99%。

第三节　我国城市学校体育场馆建设投资来源结构

一、城市学校体育场馆建设投资来源结构概况

教育经费是指中央和地方财政部门的财政预算中实际用于教育的费用，包括教育事业费和教育基本建设投资等。教育基本建设投资是指用于新建、扩建、改建、恢复各类教育事业固定资产所用的资金，包括国家（或地方）预算直接安排的教育基本建设投资，以及地方、教育部门或学校自筹资金安排的教育基本建设投资[1]。数据显示，2019年全国教育经费总投入50175亿元，国家财政性教育经费占GDP比重连续8年达到4.00%以上。其中，学前教育、义务教育、高中阶段教育、高等教育经费总投入分别为4099亿元、22780亿元、7730亿元、13464亿元，呈现出学前教育补短板提速、义务教育切实巩固、高中阶段教育加速普及、高等教育支撑创新的良好局面[2]。

投资结构是指投资总量中各个组成部分之间的内在联系及其数量比例关系。学校体育场馆建设投资是教育基本建设投资的重要组成部分，学校体育场馆建设投资主要来源于财政资金、单位自筹资金、社会捐赠资金、其他类型资金4大类。2013年第六次全国体育场地普查显示，全国城市学校体育场馆建设总投资3071.27亿元，其中财政资金2235.82亿元，占72.80%；单位自筹719.88亿元，占23.44%；社会捐赠51.47亿元，占1.68%；其他投资64.10亿元，占2.09%（表4-3）。城市学校体育场馆建设以财政资金为主、其他资金为辅的投资来源结构，既显现出政府公共服务的主导作用及学校体育场馆资源的属性

[1] 顾明远. 教育大辞典［M］. 上海：上海教育出版社，1998.
[2] 余颖. 2019年教育投入首次突破5万亿元［N］. 经济日报，2020-6-13.

特征，同时也显现出社会对教育的普遍关注和支持，这也成为城市居民对其共享强烈诉求的应然。因此，城市学校体育场馆资源的合理统筹使用是国家财政资源有效利用的关键。

表4–3　城市学校体育场馆建设投资结构比较一览表（单位：万元）

区域	投资金额		财政		自筹		社会捐赠		其他	
	总额	占比/%	总额	占比/%	总额	占比/%	总额	占比/%	总额	占比/%
全国	117037967	100	65353367	55.84	41992821	35.88	3278880	2.80	6412899	5.48
城市学校	30712660	100	22358187	72.80	7198822	23.44	514690	1.68	640961	2.09

二、城市学校体育场馆建设投资来源结构的区域分布

城市学校体育场馆建设投资来源结构与城市地理位置、经济发展水平、教育发展水平等息息相关。2013年第六次全国体育场地普查显示（表4–4），全国有14个省、市、自治区的城市学校体育场馆建设投资财政投入占比高于全国72.79%的平均水平；其中，宁夏回族自治区、陕西省、西藏自治区分别以87.01%、86.85%、85.25%位居前3位，青海省、海南省、贵州省分别以36.03%、35.74%、34.13%位居后3位。全国有17个省、市、自治区的学校体育场馆建设单位自筹资金占比高于全国23.44%的平均水平；其中，贵州省、青海省、河南省分别以65.04%、56.83%、43.36%位居前3位，陕西省、新疆维吾尔自治区、西藏自治区分别以12.09%、5.42%和2.51%位居后3位。全国有7个省、市、自治区的城市学校体育场馆建设吸纳的社会捐赠资金占比高于全国1.68%的平均水平；其中，新疆维吾尔自治区、四川省、青海省分别以9.31%、6.76%、6.62%位居前3位，黑龙江省、重庆市和上海市分别以0.24%、0.19%、0.14%位居后3位。全国有11个省、市、自治区城市学校体育场馆建设其他渠道资金占比高于全国2.09%的平均水平；其中，海南省、西藏自治区、四川省分别以30.77%、11.76%、6.37%位居前3位，重庆市、浙江省、宁夏回族自治区分别以0.42%、0.41%、0.10%位居后3位。

表4-4　城市学校体育场馆投资来源结构区域分布一览表

区域	投资总额/万元	财政总额/万元	占比/%	自筹总额/万元	占比/%	社会捐赠总额/万元	占比/%	其他总额/万元	占比/%
安徽省	649640	443406	68.25	192658	29.66	5043	0.78	8533	1.31
北京市	802901	635540	79.16	142316	17.73	2925	0.36	22120	2.76
福建省	634583	342655	54.00	243024	38.30	38622	6.09	10282	1.62
甘肃省	215280	125212	58.16	80381	37.34	3465	1.61	6222	2.89
广东省	4319040	2700359	62.52	1334846	30.91	189171	4.38	94664	2.19
广西壮族自治区	343560	227216	66.14	107528	31.30	4794	1.40	4022	1.17
贵州省	644977	220120	34.13	419522	65.04	2448	0.38	2887	0.45
海南省	214327	76607	35.74	70620	32.95	1146	0.53	65954	30.77
河北省	567041	368342	64.96	167894	29.61	10562	1.86	20243	3.57
河南省	586417	315901	53.87	254282	43.36	5019	0.86	11215	1.91
黑龙江省	1800535	1322879	73.47	388658	21.59	4346	0.24	84652	4.70
湖北省	740008	449839	60.79	275003	37.16	8595	1.16	6571	0.89
湖南省	796454	562296	70.60	198276	24.89	17549	2.20	18333	2.30
吉林省	355038	193417	54.48	142469	40.13	4348	1.22	14804	4.17
江苏省	2102730	1765620	83.97	311047	14.79	11648	0.55	14415	0.69
江西省	422036	242115	57.37	168343	39.89	4875	1.16	6703	1.59
辽宁省	1137659	876168	77.01	236396	20.78	12936	1.14	12159	1.07
内蒙古自治区	750690	631355	84.10	99289	13.23	9025	1.20	11021	1.47
宁夏回族自治区	169414	147412	87.01	21072	12.44	763	0.45	167	0.10
青海省	308546	111170	36.03	175344	56.83	20421	6.62	1611	0.52
山东省	2476313	2056285	83.04	349383	14.11	23370	0.94	47275	1.91
山西省	625901	499716	79.84	110625	17.67	3318	0.53	12242	1.96
陕西省	1860927	1616135	86.85	224921	12.09	5317	0.29	14554	0.78
上海市	863391	723703	83.82	128557	14.89	1242	0.14	9889	1.15
四川省	880034	543484	61.76	220991	25.11	59469	6.76	56090	6.37
天津市	506327	337364	66.63	148078	29.25	4013	0.79	16872	3.33
西藏自治区	80398	68537	85.25	2015	2.51	394	0.49	9452	11.76

（续表）

区域	投资总额/万元	财政总额/万元	占比/%	自筹总额/万元	占比/%	社会捐赠总额/万元	占比/%	其他总额/万元	占比/%
新疆维吾尔自治区	413901	334847	80.90	22430	5.42	38535	9.31	18089	4.37
云南省	479287	307847	64.23	146815	30.63	5439	1.13	19186	4.00
浙江省	1527558	1286818	84.24	224962	14.73	9453	0.62	6325	0.41
重庆市	3437747	2825822	82.20	591077	17.19	6439	0.19	14409	0.42
总计	30712660	22358187	72.79	7198822	23.44	514690	1.68	640961	2.09

第四节　我国城市学校体育场馆资源的类型结构

学校体育场馆资源是保证学校体育教学、课外体育活动和课余体育训练正常进行必不可少的物质条件，是检查、督导、评估、规范学校体育工作的重要内容之一。基于学校体育教育对象的特殊性、教学目标的统一性、教学内容的规范性，为适应我国教育事业的发展，全面落实《中共中央 国务院关于深化教育改革全面推进素质教育的决定》，切实加强学校体育工作，教育部先后制定和颁发了《普通高等学校体育场馆设施、器材配备目录》《中学体育器材设施配备目录》《小学体育器材设施配备目录》，明确规定了各级各类学校体育场馆建设的基本要求。2013年第六次全国体育场地普查显示（表4-5），全国城市学校共有74类体育场馆，占城市体育场馆类型的89.16%；其中，小运动场、田径场、排球场、乒乓球场、室外手球场、其他类型体育场地、体育场、篮球房、足球场、体育馆、篮球场等15类场地占城市同类型体育场地总数的50%以上。在不同层次的学校中，中小学体育场馆类型最为丰富，拥有除跳水馆、沙狐球房、室外人工滑雪场外的其他71类体育场馆；高等院校、中专中技分别拥有60类、52类体育场馆。在74类城市学校体育场馆资源中，篮球场、乒乓球场、羽毛球场、排球场、田径场等是城市学校体育场馆资源类型的主体，高尔夫球场、棒垒球场、室外手球场、木球场、橄榄球场等休闲时尚的体育场馆是城市学校体育场馆资源的点缀。由此可见，城市学校体育场馆资源以其分布的便民性、类型的普惠性、使用的免费性、活动空间的稳定性，成为城市社区公共体育设施的重要补充，成为城市居民常态化健身活动的主要场所。

表4-5 城市（学校）体育场馆资源一览表（单位：个）

序号	场地类型	城市体育场地数量	城市学校体育场地数量			
			高等院校数量	中专中技数量	中小学数量	其他类型学校数量
1	篮球场	312704	23713	8876	143251	177903
2	小运动场	54550	451	1238	50330	52550
3	乒乓球场	68272	722	1203	37771	40032
4	其他类型体育场地	48220	501	664	37145	38999
5	排球场	31560	7043	1512	19903	28644
6	羽毛球场	26421	881	686	11069	12848
7	全民健身路径	206347	962	520	10406	12320
8	田径场	9226	1045	597	6680	8419
9	室外网球场	18311	4690	257	1676	6752
10	乒乓球房	37510	514	269	5170	6270
11	体育场	5307	1203	264	2669	4195
12	三人制篮球场	11215	247	127	3442	3867
13	篮球房	4915	259	124	3024	3474
14	综合房	12447	857	153	2130	3290
15	健身房	19658	408	139	1716	2500
16	足球场	3431	434	130	1662	2275
17	羽毛球房	6914	246	104	1653	2080
18	体育馆	2944	501	69	1011	1624
19	室外五人制足球场	2760	181	34	1107	1341
20	室外七人制足球场	1564	95	31	862	1006
21	室外游泳池	8317	298	27	555	964
22	游泳馆	4939	192	16	418	664
23	体操房	1452	154	40	418	648
24	室外门球场	11099	227	24	267	618
25	摔跤、柔道、拳击、跆拳道等	2185	79	18	336	521
26	棋牌房	17643	43	11	282	404
27	武术房	864	77	9	169	303

（续表）

序号	场地类型	城市体育场地数量	城市学校体育场地数量			
			高等院校数量	中专中技数量	中小学数量	其他类型学校数量
28	排球房	385	35	6	213	258
29	沙滩排球场	478	106	3	115	226
30	台球房	11547	59	12	101	202
31	地掷球场	1071	62	13	88	164
32	城市健身步道	10869	21	8	109	154
33	室外轮滑场	555	72	3	50	130
34	举重房	253	7	6	83	101
35	射击房	321	17	9	74	101
36	室外人工攀岩场	239	60	4	19	91
37	田径房	148	24	4	57	89
38	网球房	644	42	3	39	89
39	室外手球场	99	21	0	60	81
40	室外射箭场	197	12	14	50	77
41	击剑房	139	5	1	66	73
42	户外活动营地	571	17	4	24	54
43	高尔夫球场	620	34	0	4	39
44	棒垒球场	85	16	1	17	35
45	室外曲棍球场	62	0	0	22	22
46	室外射击场	115	4	3	12	20
47	室内射箭场	85	0	1	15	18
48	攀岩馆	52	13	0	2	15
49	室外人工速滑场	52	6	0	9	15
50	门球房	283	3	0	7	15
51	手球房	44	2	0	10	13
52	室外跳水池	48	5	2	3	10
53	室内轮滑场	395	3	0	5	10
54	登山步道	1070	6	1	3	10

（续表）

序号	场地类型	城市体育场地数量	城市学校体育场地数量			
			高等院校数量	中专中技数量	中小学数量	其他类型学校数量
55	保龄球房	204	3	1	3	9
56	木球场	9	2	0	6	8
57	水上运动场	170	4	1	3	8
58	板球场	6	2	0	4	6
59	室外人工冰球场	18	3	0	2	5
60	橄榄球场	16	0	1	1	3
61	跳水馆	34	3	0	0	3
62	卡丁车赛车场	69	0	1	1	3
63	沙滩手球场	7	0	0	1	2
64	室内马术场	18	0	1	1	2
65	海上运动场	21	0	1	1	2
66	室内五人制足球场	39	0	0	2	2
67	自行车赛车场	61	0	0	2	2
68	沙狐球房	62	2	0	0	2
69	室外人工滑雪场	128	2	0	0	2
70	航空运动机场	21	0	0	1	1
71	汽车赛车场	32	0	0	1	1
72	壁球房	114	0	0	1	1
73	室外马术场	119	0	0	1	1
74	天然游泳池	190	0	0	1	1

由于学校体育场馆配置资源执行的是按照教育部制定和颁发的有关规定，省、市、自治区城市学校体育场馆资源类型在整体数量上无明显差距，但在具体的体育场馆类型上有所不同。由于气候等原因，北方省份室内场地相对较多，南方省份则室外场地较多；轮滑场、攀岩场、网球房等休闲、时尚的体育场馆资源主要分布在高等院校中。

第五节　我国城市学校体育场馆资源共享现状

一、城市学校体育场馆资源共享概况

共享是将一件物品或者信息的使用权或知情权与其他所有人共同拥有。2013年第六次全国体育场地调查显示，我国城市学校体育场馆数量和场地面积分别占城市体育场地的43.43%、55.13%。因此，如何在保证学校正常体育教学、训练、竞赛、课外体育活动及学校其他各项工作需要的前提下，按照规范、有序、安全、公益的要求，利用课余时间、节假日等时段，有序地推进学校体育场馆资源共享，为群众健身活动提供服务，成为社会关注的热点话题之一。

根据2013年第六次全国体育场地调查标准，体育场馆资源对外开放包括：全天对外开放（每天8小时以上）、部分时段对外开放、不对外开放3种类型。调查显示（表4–6），2013年我国城市学校体育场馆资源开放率（全天及部分时段对外开放的体育场馆占体育场馆资源总数的比例）为31.91%，低于全国体育场馆资源开放率33.84个百分点，其中，高等院校、中职中专、中小学、其他教育系统的体育场馆资源开放率分别为43.39%、29.14%、31.10%、39.83%。与2003年第五次全国体育场地普查我国学校体育场馆资源开放率29.20%相比，10年来在政府的大力推动下，虽然逐步加大了学校体育场馆资源向社会开放的力度，但效果仍不理想。

表4–6　城市学校体育场馆资源开放情况一览表

类型	不开放		部分开放		全天开放	
	数量 / 个	占比 / %	数量 / 个	占比 / %	数量 / 个	占比 / %
高等院校	10240	56.61	3854	21.31	3993	22.08
中专中技	7575	70.86	2313	21.64	802	7.50
中小学	187375	68.90	67122	24.68	17468	6.42
其他教育	3214	60.17	1207	22.60	920	17.23
城市学校	208404	68.09	74496	24.34	23183	7.57

二、城市学校体育场馆资源共享的区域分布

为了推进学校体育场馆资源共享，我国北京市、上海市、江苏省、浙江省、福建省、广州市、杭州市、深圳市、厦门市、青岛市、温州市等省、市先后出台了区域性学校体育场馆资源向社会开放的相关政策，并不断加以修正完善，如《北京市关于学校体育设施向社会开放的指导意见》（2007）、《北京市学校体育场地设施向社会开放考核评估办法》（2016）、《广东省学校体育场馆向社会开放实施办法》（2015）、《上海市关于进一步加强本市学校体育场馆向社会开放工作的实施意见》（2019）、《山东省关于进一步做好学校体育设施向社会开放工作实施意见》（2013）、《温州市中小学校体育场地设施向社会开放的实施意见（试行）》（2014）、《青岛市中小学体育场地设施向社会公众开放工作实施方案》（2016）、《深圳市学校体育设施对外开放管理规定》（2002）、《常州市中小学校体育设施向社会开放实施办法》（2019）、《厦门市人民政府关于印发进一步推动学校体育设施开放实施方案的通知》（2016）、《厦门市人民政府关于进一步推进学校体育场地设施向社会开放工作的通知》（2019）等。在政策的驱动下，相关省、市学校体育场馆资源共享取得良好成效。

2013年第六次全国体育场地调查显示（表4-7），我国有12个省、市、自治区城市学校体育场馆资源开放率高于全国31.91%的平均水平；其中，上海市、安徽省、重庆市以60.73%、59.68%、56.08%的开放率位居前3位，新疆维吾尔自治区、云南省和青海省以7.98%、7.33%、6.07%的开放率位居后3位。从区域分布来看，经济较为发达的东部地区城市学校体育场馆资源开放率为31.57%；其中上海市、海南省、浙江省以60.73%、47.37%、45.28%的开放率位居前3位，福建省、河北省和天津市以16.53%、15.51%和10.47%的开放率位居后3位。经济次发达的中部地区城市学校体育场馆资源开放率为30.35%；其中安徽省、河南省、湖南省以59.68%、38.83%、37.39%的开放率位居前3位，黑龙江省、吉林省和内蒙古自治区以21.82%、14.93%、13.96%的开放率位居后3位。经济欠发达的西部地区城市学校体育场馆资源开放率为23.35%；其中重庆市、四川省、贵州省以56.08%、54.95%、32.41%的开放率位居前3位，新疆维吾尔自治区、云南省和青海省以7.98%、7.33%、6.07%的开放率位居后3位。综上，我国城市学校体育场馆资源开放率与区域经济发展具有一定的相关性，呈现东部高、西部低的态势，但深层次的原因可能还与地

方政府、学校在执行国家政策过程中政治效益、经济效益、社会效益间的博弈有关。

表4-7 城市学校体育场馆资源共享的区域分布一览表

区域	不开放		部分开放		全天开放		开放率/%
	数量/个	占比/%	数量/个	占比/%	数量/个	占比/%	
安徽省	5697	40.32	7168	50.73	1265	8.95	59.68
北京市	1862	64.63	853	29.61	166	5.76	35.37
福建省	9826	83.47	1552	13.18	394	3.35	16.53
甘肃省	3694	78.86	692	14.77	298	6.36	21.14
广东省	20609	65.42	8153	25.88	2742	8.70	34.58
广西壮族自治区	13934	90.21	1137	7.36	376	2.43	9.79
贵州省	5166	67.59	1922	25.15	555	7.26	32.41
海南省	1292	52.63	583	23.75	580	23.63	47.37
河北省	8738	84.49	865	8.36	739	7.15	15.51
河南省	9989	61.17	4049	24.79	2292	14.04	38.83
黑龙江省	4800	78.18	843	13.73	497	8.09	21.82
湖北省	10770	68.10	3235	20.45	1811	11.45	31.90
湖南省	7748	62.61	3022	24.42	1605	12.97	37.39
吉林省	3932	85.07	549	11.88	141	3.05	14.93
江苏省	14799	60.15	9021	36.67	782	3.18	39.85
江西省	9538	68.82	3156	22.77	1165	8.41	31.18
辽宁省	8772	80.08	1925	17.57	257	2.35	19.92
内蒙古自治区	4900	86.04	624	10.96	171	3.00	13.96
宁夏回族自治区	1900	86.72	276	12.60	15	0.68	13.28
青海省	1469	93.93	81	5.18	14	0.90	6.07
山东省	13563	78.35	2818	16.28	929	5.37	21.65
山西省	4448	76.56	813	13.99	549	9.45	23.44
陕西省	5543	69.07	1746	21.76	736	9.17	30.93
上海市	2003	39.27	2974	58.31	123	2.41	60.73
四川省	6435	45.05	6494	45.46	1356	9.49	54.95
天津市	2387	89.53	247	9.26	32	1.20	10.47

（续表）

区域	不开放		部分开放		全天开放		开放率/%
	数量/个	占比/%	数量/个	占比/%	数量/个	占比/%	
西藏自治区	618	83.06	70	9.41	56	7.53	16.94
新疆维吾尔自治区	3691	92.02	116	2.89	204	5.09	7.98
云南省	7650	92.67	229	2.77	376	4.55	7.33
浙江省	8654	54.72	6188	39.13	973	6.15	45.28
重庆市	3977	43.92	3095	34.18	1984	21.91	56.08
总计	208404	68.09	74496	24.34	23183	7.57	31.91

第六节　我国城市学校体育场馆资源共享效益

一、城市学校体育场馆资源共享效益概况

《中华人民共和国教育法》第三十一条规定，学校及其他教育机构中的国有资产属于国家所有。学校体育场馆资源的公共物品属性，决定了其社会共享可测量的效益指标主要体现在到学校体育场馆参加健身的人次。2013年第六次全国体育场地调查显示，全国城市学校对外开放的94679个体育场地中，平均每周接待健身人次在500人以下的有75245个，占77.03%；平均每周接待健身人次在501～2500人的有16299个，占16.69%；平均每周接待健身人次在2501人以上的有6135个，占6.28%（表4-8）。学校开放的体育场馆资源主要以田径场、小运动场、篮球场等室外场地为主。不同类型的学校，校园管理、校园位置、校园氛围，以及体育场馆的数量、类型、质量、面积等，都影响着到校园参与健身的人次；但各类学校平均每周接待健身人次都以500人以下为主，高等学校平均每周接待501～2500人的占比最高，达29.88%。

表4–8 城市学校开放体育场馆平均每周接待健身人次

城市学校	500人次以下/周		501～2500人次/周		2501～5000人次/周		5001～1000人次/周		10000人次以上/周	
	数量/个	占比/%	数量/个	占比/%	数量/个	占比/%	数量/个	占比/%	数量/个	占比/%
高等院校	4360	55.56	2345	29.88	766	9.76	257	3.28	119	1.52
中专中技	2310	74.16	558	17.91	165	5.30	51	1.64	31	0.99
中小学	66903	79.09	13056	15.44	3115	3.68	1006	1.19	510	0.60
其他	1672	78.61	340	15.98	92	4.33	15	0.70	8	0.38
合计	75245	77.03	16299	16.69	4138	4.24	1329	1.36	668	0.68

二、城市学校体育场馆资源共享效益的区域分布

区域城市学校体育场馆资源共享效益既与城市学校体育场馆数量、种类有关，同时也与城市学校体育场馆资源开放政策及执行情况有关。从理论上说，城市居民健身意识强、健身氛围浓厚、学校体育场馆资源丰富、开放程度高、管理规范等，学校体育场馆资源社会共享效益也越高。从表4–9可见，我国50.00%以上的城市学校体育场馆资源每周接待健身人次在500人以下，14个省、市、自治区学校体育场馆高于全国77.03%的平均水平，其中西藏自治区、宁夏回族自治区、江苏省以92.93%、92.10%、87.89%位居前3位，新疆维吾尔自治区、内蒙古自治区、云南省以60.00%、54.59%和50.41%的比例位居后3位。位居前10的省、市、自治区中，东部、中部、西部分别占比50.00%、10.00%和40.00%。我国城市学校有35.00%以下的体育场地每周接待健身人次为501～2500人，其中，云南省、内蒙古自治区和新疆维吾尔自治区以34.38%、31.57%和30.63%位居前3位，位居前10的省、市、自治区中，东部、中部、西部分别占比20.00%、30.00%和50.00%。

表4-9 城市学校体育场馆资源共享效益区域分布一览表

区域	500人以下		501～2500人次		2501～5000人次		5001～10000人次		10000人次以上	
	数量/个	占比/%	数量/个	占比/%	数量/个	占比/%	数量/个	占比/%	数量/个	占比/%
安徽省	7409	87.86	856	10.15	127	1.51	27	0.32	14	0.16
北京市	746	73.21	191	18.74	56	5.50	17	1.67	9	0.88
福建省	1655	85.05	223	11.46	32	1.64	29	1.49	7	0.36
甘肃省	673	67.98	220	22.22	64	6.46	22	2.23	11	1.11
广东省	7954	73.01	2289	21.01	444	4.07	136	1.25	72	0.66
广西壮族自治区	1254	82.88	204	13.48	40	2.64	14	0.93	1	0.07
贵州省	2042	82.44	347	14.01	57	2.30	23	0.93	8	0.32
海南省	944	81.17	177	15.22	29	2.49	8	0.69	5	0.43
河北省	1080	67.33	399	24.88	81	5.05	26	1.62	18	1.12
河南省	3887	61.30	1224	19.30	1004	15.83	183	2.89	43	0.68
黑龙江省	1005	75.00	274	20.45	46	3.43	11	0.82	4	0.30
湖北省	3686	73.05	1000	19.82	213	4.22	93	1.84	54	1.07
湖南省	3466	74.91	855	18.48	203	4.39	64	1.38	39	0.84
吉林省	554	80.29	75	10.87	35	5.07	11	1.59	15	2.18
江苏省	8616	87.89	1049	10.70	105	1.07	20	0.21	13	0.13
江西省	2944	68.13	1026	23.74	243	5.63	70	1.62	38	0.88
辽宁省	1818	83.32	281	12.88	47	2.15	32	1.47	4	0.18
内蒙古自治区	434	54.59	251	31.57	37	4.66	35	4.40	38	4.78
宁夏回族自治区	268	92.10	17	5.84	2	0.69	4	1.37	0	0
青海省	78	82.10	14	14.74	3	3.16	0	0	0	0
山东省	2689	71.76	729	19.46	206	5.50	91	2.43	32	0.85
山西省	856	62.85	360	26.43	88	6.46	36	2.64	22	1.62
陕西省	1744	70.27	518	20.87	163	6.57	39	1.57	18	0.72
上海市	2711	87.53	335	10.82	35	1.13	13	0.42	3	0.10
四川省	6303	80.29	1048	13.35	289	3.68	112	1.43	98	1.25

（续表）

区域	500人以下		501～2500人次		2501～5000人次		5001～10000人次		10000人次以上	
	数量/个	占比/%	数量/个	占比/%	数量/个	占比/%	数量/个	占比/%	数量/个	占比/%
天津市	206	73.83	51	18.28	19	6.81	2	0.72	1	0.36
西藏自治区	92	73.02	27	21.43	4	3.17	3	2.38	0	0
新疆维吾尔自治区	192	60.00	98	30.63	21	6.56	9	2.81	0	0
云南省	305	50.41	208	34.38	62	10.25	21	3.47	9	1.49
浙江省	6174	86.22	766	10.70	135	1.88	58	0.81	28	0.39
重庆市	3460	68.13	1187	23.37	248	4.88	120	2.36	64	1.26
总计	75245	77.03	16299	16.69	4138	4.24	1329	1.36	668	0.68

本章小结

学校体育是实现立德树人根本任务、提升学生综合素质的基础性工程，是加快推进教育现代化、建设教育强国和体育强国的重要工作。学校体育场馆资源是学校体育教育的基本条件和保障，学校体育场馆资源配置不仅直接影响着学校体育教育质量，而且在很大程度上影响着周边社区百姓的健身意识与行为。基于学校与城市社区在地域空间、人流特征等方面的结构性互补，以及学校体育场馆的属性特征，世界上许多发达国家要求或扶持学校体育场馆向公众开放。改革开放以来，我国学校体育场馆数量和质量得到明显改善，但随着城市化进程加速、健身需求持续升温，体育场馆资源紧缺成为制约市民体育锻炼、社会交流的桎梏。学校体育场馆资源如何有序地向社会开放，提高使用效率成为社会普遍关注的话题。为推动学校体育场馆资源向社会开放，国家和相关部委先后出台了相关政策，不断规范、细化共享政策。在共享政策的推动下，许多城市进行了实践性探索，取得了阶段性成果，但由于种种主观和客观因素的影响，学校体育场馆资源共享政策执行难、落地难、成效低的现象仍然较为普遍。

我国城市学校体育场馆资源占据了城市体育场馆资源的半壁江山，城市学校体育场馆资源配置，与城市人口规模、人口结构、经济发展水平、教育发展水平、体育发展水平等息息相关。以财政资金为主、其他资金为辅的学校体育场馆资源建设投资来源结构，既显现出政府公共服务的主导作用及学校体育场馆资源的属性特征，也显现出社会对教育的普遍关注和支持。篮球场、乒乓球场、羽毛球场、排球场、田径场等是城市学校体育场馆资源类型的主体。城市学校体育场馆资源以其分布的便民性、类型的普惠性、使用的免费性、活动空间的稳定性，成为城市社区公共体育设施的重要补充，成为城市居民常态化健身活动的主要场所。我国城市学校体育场馆资源开放率仅为31.91%，远远低于全国平均水平。有序推进城市中小学体育场馆资源共享，是有效缓解“到哪儿健身”的主要途径之一。城市学校体育场馆资源开放率虽然与区域经济发展具有一定的相关性，但开放率的高低，深层次的原因可能还与地方政府、学校在执行国家政策过程中政治效益、经济效益、社会效益间的博弈有关。

第五章　我国城市学校体育场馆资源共享困境的质性研究

虽然随着我国学校体育场馆资源共享出台了一系列公共政策，并取得了一定成效，但从总体上，在许多地方仍然是举步艰难，这些背后的困境有哪些？深层次的逻辑是什么？本章采用质性研究方法，对学校体育场馆资源共享困境的主要利益群体进行访谈调查等，并对其资料进行整理分析，以揭示其困境的要素、结果及其内在逻辑关系。

第一节 问题的提出

改革开放以来，为了推进学校体育场馆资源共享，我国先后在《学校体育工作条例》（1990）、《关于加强城市社区体育工作的意见》（1997）、《公共文化体育设施条例》（2003）、《全民健身条例》（2009）、《关于进一步加强学校体育工作的若干意见》（2012）、《全民健身计划 》（2011、2016）、《“健康中国2030”规划纲要》（2016）、《体育强国建设纲要》（2019）等法律法规、规章及规范性文件中提出，鼓励和支持学校体育设施对社区居民开放、有条件的学校体育场馆在课余时间向社会开放。教育部、国家体育总局也先后下发了《关于假期、公休日学校体育场地向学生开放的通知》（1999）、《全国学校体育场馆向社会开放试点工作方案》（2006）、《关于推进学校体育场馆向社会开放的实施意见》（2017）等专门性政策，北京市、浙江省、山东省、上海市、广东省、江苏省、杭州市、南京市、厦门市、深圳市等依据国家政策也出台了区域性政策，学校体育场馆资源共享取得了一定成效，但许多地方仍然是举步维艰或应付了事。那么，我们不禁要问，为何有的地方能较好地从“不共享”转变为“支持共享”，而有的地方仍然“置之不理”？这些背后的困境有哪些？深层次的逻辑是什么？近几年来，学者们对制约学校体育场馆资源共享困境或制约因素进行了积极探讨，陈广旭等认为学校体育场馆开放有政策、安全、观念、经费等方面的障碍[1]；刘璐等认为政策刚性不足、政府监管不力、学校落实困难、经费来源不足是学校体育场馆开放的困境[2]；徐磊认为学校体育场馆共享存在场馆资源不均衡、学校管理保障制度不健全、社会信任平台缺失、场馆运行成本较高、政府包办的管理思想导致学校缺乏社会共享理念创新等困境[3]；张炜等认为学校体育场馆开放困境

[1] 陈广旭，张承毅. 公共服务视角下我国学校体育场馆对外开放的障碍及优化策略［J］. 沈阳体育学院学报，2013，32（1）：58-61.

[2] 刘璐，李峰. 学校体育场地设施向社会开放的困境与现实路向研究［J］. 沈阳体育学院学报，2016，35（3）：30-35.

[3] 徐磊. 我国学校体育场馆资源社会共享的困境与对策［J］. 体育文化导刊，2017（7）：110-113；119.

是传统观念、安全、经济及管理等因素[1]；贾洪洲认为学校体育场馆开放困境是开放时间不确定性、健身类器材缺乏、传统思想观念禁锢、宣传主体单一性等因素[2]；郭希等认为决策者的开放意识、资金、组织管理、安全、服务内容与质量是学校体育场馆开放的影响因子[3]。但共享困境或制约因素的调查，对象不全面、方法较单一、视角较有限。为此，本研究拟采用质性研究方法，对学校体育场馆资源共享困境的主要利益群体进行调查，以期为后续学校体育场馆资源共享的利益诉求、利益博弈、困境消解等系列研究奠定基础。

第二节　质性研究及理论基础

质性研究又称为质的研究，是一种对相关材料进行解释和分析的科学研究方法，即质性研究方法。不同的学者对质性研究有不同的定义。学者陈向明的定义为，质的研究是以研究者本人为研究工具，在自然情境下采用多种资料收集方法对社会现象进行整体性探究，使用归纳分析资料和形成理论，通过与研究对象互动对其行为和意义建构获得解释性理解的一种活动[4]。李晓凤、佘双好结合一些学者的观点，从质性研究方法形式特征出发，认为质性研究方法是指与量化研究方法相对应的研究方法，它较不依赖量化的资料与方法，是对于现象的性质直接进行描述与分析的方法[5]。

质性不是来自一种哲学、研究传统或一个社会理论，而是受到不同领域、思潮、理论和方法的影响，起源于很多不同的学科，跨越于人文科学、社会科学和物理科学，具有多重面向与多种焦点的特色，具备多元理论基础，不同的质性研究方法具有不同的理论基础及各自的研究步骤。陈向明认为质性研究的理论基础包括实证主义、后实证主义、批判理论、建构主义（后三者合称“另类范式”），其理论范式主要是在本体论、认识论和方法论3个方面对社会科

[1] 张炜，蒋祎宁，徐娜. 学校体育场馆对外开放困境及策略研究——以常州市为例［J］. 城市建设理论研究（电子版），2019（1）：14.

[2] 贾洪洲. 学校体育场馆可持续开放的困境与对策研究［J］. 体育文化导刊，2014（5）：141-144.

[3] 郭希，刘昕. 城市中小学体育场馆对外开放影响因子研究——以广东省为例［J］. 体育科学研究，2014，18（1）：18-22.

[4] 陈向明. 质的研究方法与社会科学研究［M］. 北京：教育科学出版社，2000：12-13.

[5] 李晓凤，佘双好. 质性研究方法［M］. 武汉：武汉大学出版社，2006：5-6；95.

学研究一些重要的问题进行探讨[1]。李晓凤、佘双好的质性研究理论基础主要介绍诠释学观点的质性研究、扎根理论研究法、象征互动论与语言的社会涵义、实践取向的研究方法，其主要模式是循环式建构主义、批判理论或生态式、各种互动模式等对不同学术领域进行研究设计[2]。文军、蒋逸民的质性研究的理论基础包括实证主义、解释学、人种学、现象学、建构主义、批判理论、女性主义等，以了解主观意义、解释人类行为与社会生活的丰富内涵为宗旨，主张对调查资料的诠释和社会现象的“批判与解构”，强调对事物的复杂性和过程性进行长期深入的考察与体悟[3]。

第三节　资料分析软件选择与资料来源

一、资料分析软件选择

资料分析是根据扎根理论进行资料归纳与分析[4]，采用澳大利亚餐饮品牌国际（QSR）公司的NVivo 12软件进行资料处理。NVivo 12软件是一个功能强大的质性分析软件，通过一个强大的智能应用程序将质的分析和观察带到一个全新的局面。能够有效地分析多种不同的数据，适用于团体讨论、访谈、调查、录像、音频、社交媒体等非数量信息的处理，可对大量的逐字稿文字、影像图形、声音和录像带数据进行分析，能够管理、定型和分析任何语言的任何信息。

二、资源来源

（一）田野调查

参考我国第六次全国体育场地普查学校体育场馆开放数据，选择全国东、

[1] 陈向明. 质的研究方法与社会科学研究［M］. 北京：教育科学出版社，2000：12-13.
[2] 李晓凤，佘双好. 质性研究方法［M］. 武汉：武汉大学出版社，2006：5-6；95.
[3] 文军，蒋逸民. 21世纪社会系列教材·质性研究概论［M］. 北京：北京大学出版社，2010：23.
[4] Juliet Corbin，Anselm Strauss. Basics of Qualitative Research：Techniques and Procedures for Developing Grounded Theory［M］. Los Angeles：Sage Publications，2008.

南、西、北4个区域的城市，深入北京市海淀区、安徽省合肥市、浙江省金华市、上海市宝山区、福建省厦门市、辽宁省沈阳市、重庆市南岸区、山西省巢湖市、新疆维吾尔自治区石河子市等地区学校进行现场观察，初步了解学校体育场馆资源共享现状，并做详细记录。

（二）个别访谈

依据田野观察结果，以立意取样（purposive sampling）方式选择访谈对象，进行一对一的半结构式访谈，了解教育部门、学校、社会等对学校体育场馆管理的看法，取得与研究主题有关的重要元素，帮助解析学校体育场馆资源共享存在的现实问题与困境。

（三）焦点团体访谈

焦点团体访谈对象是针对本研究所关心的群体，受访者之间可以在互动与相互博弈的情境中，产生更加多元的思路与观点，进而挖掘受访者更深层的主观感受，以增加资料的丰富性与完整性。研究者在全国多地与体育场馆管理者、运营者探讨当前体育场馆资源共享的管理、安全、资金等方面问题。

（四）问卷调查法

针对“我国城市学校体育场馆资源共享困境”设计2份开放式问卷，调查对象分别为教育行政部门管理者和学校管理者，内容包括调查对象的基本情况和2个开放式问题，学校管理者问卷增加了调查对象所在学校体育场馆资源共享概况内容。利用学术会议、工作会议、校长培训等在全国范围内向北京市、安徽省、浙江省、上海市、福建省、吉林省、辽宁省、江苏省、重庆市等24个省份教育行政部门管理者和学校管理者发放开放式问卷550份，回收问卷349份，有效回收率63.45%；有效问卷261份，有效率74.79%，其中21份为教育行政部门管理者，240份为学校管理者。

三、资料分析

首先，由两位研究者单独将逐字稿进行开放式编码（opening coding），寻找与本研究相关的主题，如安全如何保证、学校管理责任重。其次，以主轴编码（axial coding）找出关联性的主题，将相似的概念合并成低阶主题，如安全制度、管理主体。再次，提取高阶主题的核心概念，如组织管理。研究将片段式的词语意义单元重组、分类，逐步解析资料的抽象层级，直到资料内容达到理论饱和为止[1]。最后，提出资料诠释的意义，让资料形成具有高度逻辑性的链接，以此形成自下而上的构建学校体育场馆资源共享困境核心类属理论体系。

四、资料信核

为保证研究的严谨性，本研究在逐字稿初步分析后，将意义单元、关键字汇整，通过邮件发送给原受访者进行核对。此外，除了科学设计访谈步骤以提高研究的内在效度外，研究也以资料来源的三角检核（triangulation）来提高研究信效度，研究资料收集方式包括田野调查、个人访谈、焦点团体访谈等，所有资料可交互比对。

第四节　我国城市学校体育场馆资源共享困境要素

一、开放式编码：析出共享困境构成要素的自由节点

开放式编码是对收集到的材料进行试探性研究，明确资料所代表的意义，提炼出精确、有价值的概念，并进一步将指代同一现象或事件的概念重新归类，是将原始资料编码成自由节点的过程，其目的在于形成初步的概念[2]。开放式编码包括为材料的每个词、句子或片段命名的初始阶段和使用最重要的或频繁出现的初始代码，对大部分数据进行综合整理，以能充分分析资料的聚焦阶段[3]。本研究对访谈和问卷记录，取逐词、逐句、逐行、逐段的编码方式，分析出能反映我国城市学校体育场馆资源共享困境构成要素的句子、词

[1] Juliet Corbin, Anselm Strauss. Basics of Qualitative Research: Techniques and Procedures for Developing Grounded Theory [M]. Los Angeles: Sage Publications, 2008.

[2] 马红宇，高记，章崇会. 对重大赛事主场优势形成过程的质性研究 [J]. 体育科学，2010，30（6）：30-37.

[3] 张梦真. 全民健身品牌赛事的构成要素研究 [D]. 福建：福建师范大学，2014：25-33.

语，进行试探性编码，寻找相关的主题（自由节点）。编码的信度检验采用同意度百分比与K系数（Kappa coefficient）作为信度分析的方法。同意度百分比（信度）=相互同意的编码数量/（相互同意的编码数量+相互不同意的编码数量）。同意度百分比（信度）>70%，说明信度较好[1]。由笔者和另1名研究者对访谈资料和调查问卷进行独立编码，初次编码同意度百分比是78.25%，为了达到更高的效率，两人对相互不一致的编码进行协商调整，最终同意度百分比达到93.58%，说明具有良好的编码信度。这些编码为自由节点的提取，相同或相近的文本内容编码到同一个自由节点；编码不能确定其所属哪个自由节点，则标注至备忘录，以此类推，最终分析出有价值的自由节点45个（表5-1）。

表 5-1　我国城市学校体育场馆资源共享困境构成要素的自由节点一览表

自由节点	文件（材料来源）	参考点数	自由节点	文件（材料来源）	参考点数
政府购买保险	136	165	宣传推广	55	57
开放条件	125	151	特殊人群低收费	45	48
赔偿制度	136	147	改造提升	30	39
安全措施	136	145	平台建设	36	34
责任担当	125	138	资源短缺	36	30
公共财政补助	125	132	评优评先	25	25
锻炼者安全	89	130	预约式开放	22	22
出入管理	100	126	多渠道融资	14	14
运动伤害	89	124	特殊人群免费	12	12
专业组织管理	89	121	本校学生	11	11
场馆隔离	88	114	学校自主管理	7	7
应急预案	89	102	社区学校共同管理	6	6
分时段开放	100	102	学区内学生	6	6
学校专门机构管理	85	88	周边社区居民	6	6
体彩公益金补助	76	86	社会组织	4	4
学校经费	76	82	室外场地	3	3

[1] 郭玉霞，刘世闵，王为国，等. 质性研究资料分析：NVivo8 活用宝典［M］. 台北：台湾高等教育出版社，2009.

（续表）

自由节点	文件（材料来源）	参考点数	自由节点	文件（材料来源）	参考点数
委托管理	70	79	室内场馆	3	3
收费标准	74	79	全社会人群	3	3
绩效奖励	75	76	老年人、残疾人	3	3
教育部门经费	78	75	全免费	1	1
节假日共享	50	66	自由出入	1	1
身份认定	55	58	高危型场馆	1	1
课余时间开放	50	57			

二、关联式编码：归纳共享困境构成要素的树状节点

关联式编码又称主轴编码，主要任务是发现和建立概念类属之间的各种关系，以表现资料中各个部分之间的有机关联[1]。这些关联之间的关系可以是因果关系、时间先后关系、语义关系、情景关系、相似关系、差异关系、对等关系、类型关系、结构关系、功能关系、过程关系、策略关系等[2]。借助NVivo 12软件发现资料的相似性和变异性的功能来分析学校体育场馆资源共享困境构成要素的资料，通过对45个自由节点的分析、思考、比较、归类，找出节点间的共性和所属类别，并将自由节点归类到某个树状节点下，最终合并成10个低阶主题，即10个并联式编码（主轴编码）（表5-2）。

表5-2　城市学校体育场馆资源共享困境构成要素主轴编码一览表

关联式（主轴）编码（总节点/%）	开放式编码（自由节点）
安全制度（1102/39.74）	政府购买保险（165）、开放条件（151）、赔偿制度（147）、安全措施（145）、责任担当（138）、锻炼者安全（130）、运动伤害（124）、应急预案（102）

[1] 任义科，樊永瑞. 农民工返乡创业行为的影响机制［J］. 甘肃行政学院学报，2012（4）：86-88.
[2] 陈向明. 扎根理论的思路和方法［J］. 教育研究与实验，1999（4）：58-63.

（续表）

关联式（主轴）编码（总节点/%）	开放式编码（自由节点）
经费来源（389/14.03）	公共财政补助（132）、体彩公益金补助（86）、学校经费（82）、教育部门经费（75）、多渠道融资（14）
管理主体（301/10.85）	专业组织管理（121）、学校专门机构管理（88）、委托管理（79）、学校自主管理（7）、社区学校共同管理（6）
开放时间（247/8.91）	分时段开放（102）、节假日共享（66）、课余时间开放（57）、预约式开放（22）
场馆建设（217/7.83）	场馆隔离（114）、改造提升（39）、平台建设（34）、资源短缺（30）
准入方式（185/6.67）	出入管理（126）、身份认定（58）、自由出入（1）
宣传考核（158/5.70）	绩效奖励（76）、宣传推广（57）、评优评先（25）
收费管理（140/5.05）	收费标准（79）、特殊人群低收费（48）、特殊人群免费（12）、全免费（1）
开放对象（27/0.97）	周边社区居民（6）、本校学生（11）、社会组织（4）、全社会人群（3）、老年人、残疾人（3）
场馆类型（7/0.25）	室内场馆（3）、室外场地（3）、高危型场馆（1）

三、核心式编码：凝练共享困境构成要素的核心体系

核心式编码也称选择式编码，是在关联式编码的基础上，通过分析比较，找出核心类属，将其系统的和其他类属予以联系的复杂水平上的编码，即将主轴编码形成的类属之间可能的关系变得具体化[1]。通过核心式编码，对10个关联式编码进行分析，凝练城市学校体育场馆资源共享困境构成要素的核心类

[1] 张梦真. 全民健身品牌赛事的构成要素研究［D］. 福州：福建师范大学，2014：25-33.

属为组织管理、基础保障、开放办法3个高阶主题（图5–1）。组织管理包括安全制度、管理主体、收费管理、宣传考核4个主轴编码和20个开放式编码。基础保障包括场馆建设、经费来源、场馆类型3个主轴编码和12个开放式编码。开放办法包括开放对象、开放时间和准入方式3个主轴编码和13个开放式编码。

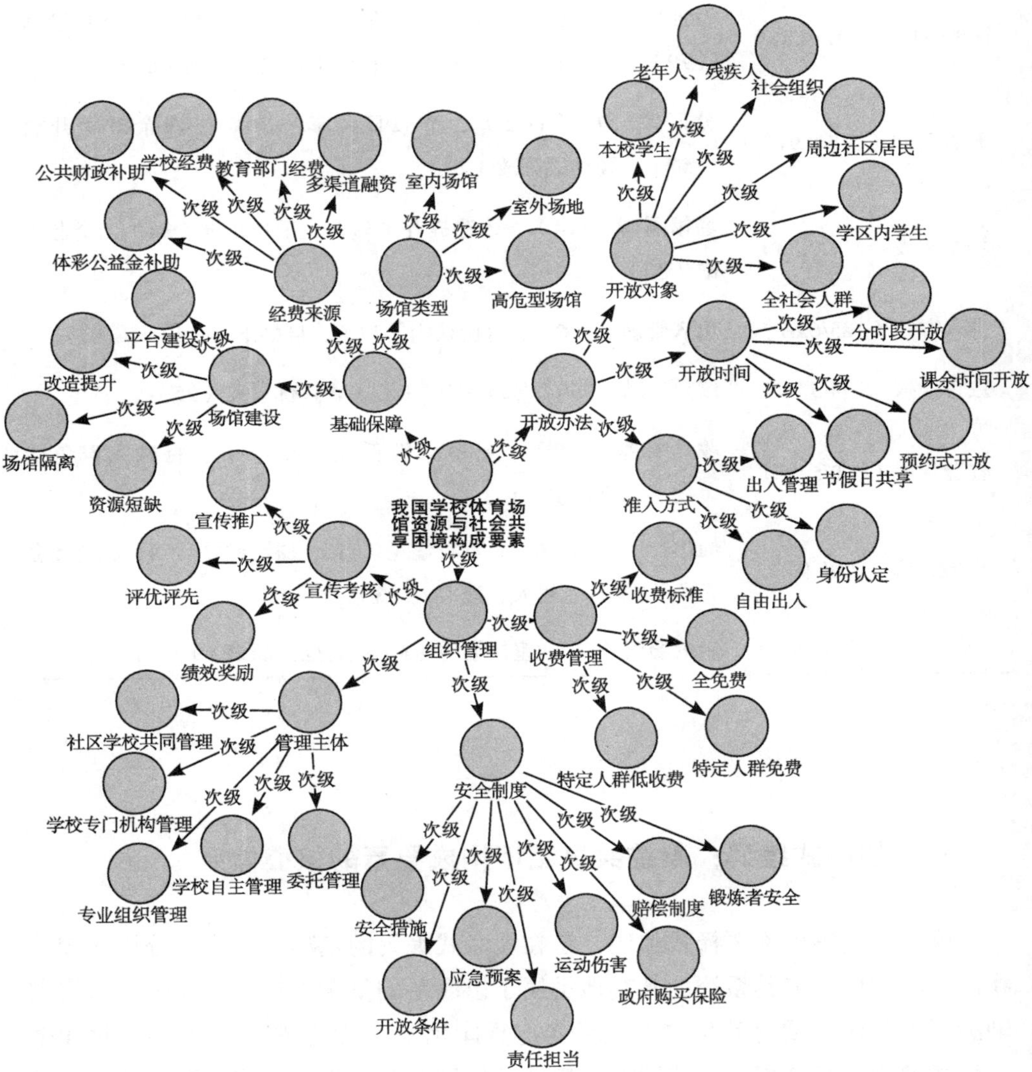

图5–1　我国城市学校体育场馆资源共享困境构成要素的核心类属体系图

四、共享困境构成要素结构

城市学校体育场馆资源共享困境要素由组织管理、基础保障、开放办法3个核心类属构成。组织管理涉及管理机构的建立和制度的建设，是学校体育场馆资源共享运行的重要组成部分，保证体育场馆资源共享的规范性，对共享运行起关键性作用。基础保障涉及共享过程中的资源供给和资金支持，是体育场馆共享资源的根本保障，保证体育场馆资源共享运行的顺畅性，为共享提供支撑支持。开放办法涉及学校体育场馆资源共享性和容积量，是体育场馆资源共享的基本条件，保证体育场馆的践行性，为场馆资源共享提供坚实的基础。组织管理为基础保障和开放办法提供规范性管理，基础保障为组织管理和开放办法提供资金支持和物质保障，开放办法为组织管理和基础保障提供践行条件。3大核心类属相互作用，相互制约，贯穿了学校体育场馆资源共享的全过程，任何一个的问题没有解决好，都影响体育场馆资源共享的推进（图5–2）。

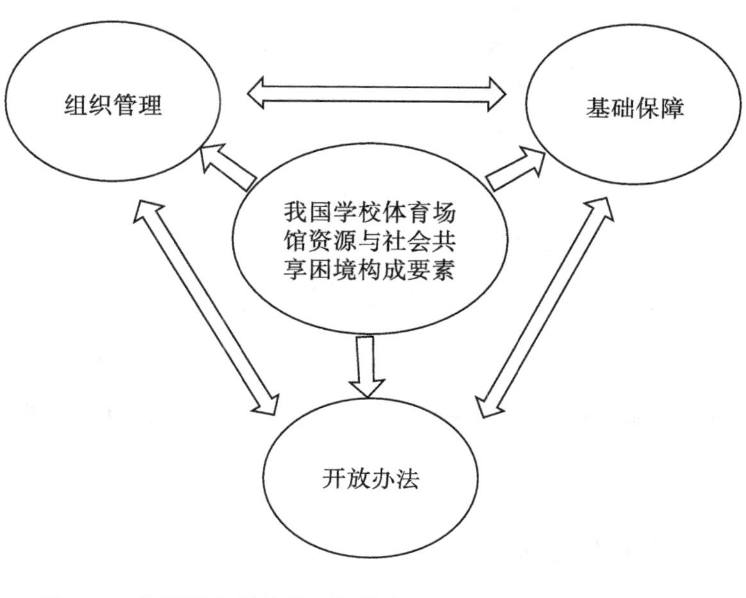

图5–2　我国城市学校体育场馆资源共享困境构成要素结构图

第五节　我国城市学校体育场馆资源共享困境要素分析

一、组织管理困境要素分析

组织工作是管理的第二项职能，其目的是建立一种能产生有效分工协作关系的结构[1]。组织管理困境要素包括管理主体、安全制度、收费管理、宣传考核4个方面。管理主体应当按安全制度、收费管理、宣传考核要求进行管理和宣传推广；安全制度和收费管理为管理主体提出管理指南，可作为宣传考核的指标；宣传考核对管理主体、安全制度、收费管理进行监督考核和宣传；4个方面相辅相成，形成完整的组织管理体系（图5-3）。组织管理在困境体系中占61.34%的比重，说明组织管理困境要素能否消除，是推行学校体育场馆资源共享的关键。

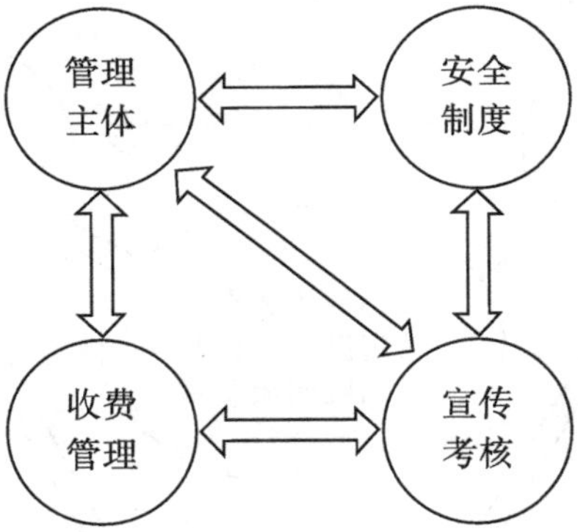

图5-3　我国城市学校体育场馆资源共享组织管理困境要素关系图

（一）管理主体困境分析

管理主体是指在管理活动中，承担和实施管理职能的人或组织，即由谁来

[1] 王凤彬，李东. 管理学 [M]. 6版. 北京：中国人民大学出版社，2021：129.

管理的问题[1]。学校体育场馆作为准公共体育产品，具有非竞争性和不完全非排他性的准公共产品特征，决定了学校体育场馆资源共享的非营利性，管理主体不能从准公共产品获得直接的经济利益，管理的好坏与管理主体没有直接的利害关系，又没有相应的监管制度，导致管理的缺失。调查显示，大部分地区学校体育场馆资源以学校为管理主体。一方面，学校作为教育活动的组织机构，学校的主要责权是与教育活动相关，以学校为主体对体育场馆资源共享进行管理，管理责任重大，管理责任部门化、党政领导同责制、追责制度模糊化、校长全面负责制导致各级部门及学校推进体育场馆资源共享的内生动力不足[2]。就目前而言，无论是在高等学校还是在中小学校中，学校体育场馆资源的管理机构多数为后勤管理部门或体育组，而从事管理学校体育场馆的人员，大多数是学校指定的体育教师或者相关领导及聘用的临时工组成的临时管理机构，这些管理机构不仅缺乏管理制度建设，而且大多数管理者普遍缺乏专业的管理知识和管理技能，致使当前学校体育场馆资源管理过于单一和简单化，且问题百出，从而使作为管理主体的学校存在勉为其难，并陷入困难重重的现实处境。另一方面，社会的快速发展和不断变革，使学校体育场馆资源不仅具有社会公益属性，也具有商品属性。学校体育场馆资源的商品属性需要通过市场化运营管理，才能发挥体育场馆资源的社会效益和经济效益[3]，以学校为管理主体已无法满足日益发展的管理需求。为此，及时寻求专业化的社会组织协助，引入社会资本参与学校体育场馆资源共享管理，可以全方位、多角度、深层次的为居民提供人性化体育服务，符合目前党中央对构建服务型政府的管理理念[4]。

（二）安全风险防控困境分析

安全制度是保证学校体育场馆资源共享顺利推进，减少安全风险的规章制度。学校体育场馆资源共享的安全风险因素主要是物、人、制度和环境

[1] 钟开斌. 国家应急管理体系：框架构建、演进历程与完善策略 [J]. 改革，2020（6）：5-18.

[2] 任慧涛，许月云. 我国校园体育场地开放“反公地悲剧”的治理研究——以F省LY市为个案 [J]. 武汉体育学院学报，2020，54（7）：42-47.

[3] 郝薇薇. 体育场地管理的重要性及发展前景 [J]. 辽宁体育科技，2003，25（6）：98.

[4] 邓亚男. 基于 SWOT-PEST 模型的济南市学校与社区体育设施共享发展研究 [D]. 山东：山东体育学院，2019.

等。物包括运动场地和器材设施；人包括锻炼者、管理者和其他人员；制度包括学校体育管理制度和后勤保障制度；环境包括社会环境和自然环境[1]。诚然，学校体育场馆资源共享过程中，体育场馆资源运行风险的承担者已不是强大的政府，而是由学校自身承担。调查显示，"安全制度"相关的参考点数达到1102个，占39.74%，近4成的比例，为10个二级节点中比重最高。物主要反映场地器材的维护维修不及时和数量不足；人主要反映锻炼者的锻炼不科学、管理者的管理不规范、其他人员不可预测的失误；制度主要反映日常管理不到位，学校和学生安全无法得到保障，保险、安全措施及应急等制度不完善；环境主要反映学校部分师生排外、校外不良风气、运动自身风险和自然不可抗风险等。安全风险防控有待进一步加强，安全风险防控体系应当健全。

（三）收费管理制度困境分析

学校体育场馆资源作为准公共产品，具有有限的非竞争性或有限的非排他性，准公共产品的供给，在理论上应采取政府和市场共同分担的原则[2]。学校体育场馆资源属于准公共产品，其公益性表现在非竞争性和正外部效应。随着"放管服"改革工作的不断深化，政府进行简政放权、放管结合、优化服务改革，学校体育场馆服务大众是"放管服"改革社会服务的一项重要内容，允许在政策范围内采取必要激励机制，鼓励符合开放条件的学校对体育场馆进行运营管理，鼓励向学生及特殊人群免费或优惠开放。然而，目前大多数学校对自身体育场馆资源缺乏详尽的规划，即体育场馆如何使用、使用的时候如何收费、收取费用后如何管理和使用、哪些项目该收费、收取多少费用等。可见，缺乏完善的财务制度和合理的收费方式、缺乏相关政策的照顾和支持，这些都是困扰当前学校场馆资源实行收费所面临的各种难题。

（四）宣传考核机制困境分析

一方面，准公共产品外部性收益是人们的基本需求，安全得到保障，风

[1] 彭英，唐刚，位可娜. 学校体育场地设施对社会开放的安全风险规避研究［J］. 北京体育大学学报，2017，40（2）：79-86.

[2] 印巧云，田华静. 我国高等教育收费理论依据探析——基于高等教育市场化、国际化发展趋势［J］. 扬州大学学报（高教研究版），2013，17（6）：12-16.

险得以避免[1]。而学校体育场馆资源共享要获得外部性收益，就应当加强对政策、管理制度、科学健身、安全防范等方面的宣传。调查显示，目前学校体育场馆资源共享的宣传力度不大、宣传方式少、宣传平台建设不足。另一方面，改革开放以来，国家出台一系列规章制度及规范性文件等政策，明确提出有条件的学校体育场馆资源应向社会开放。然而，很多政策的要求没有落地、落细，特别以法律形式要求达到基本条件标准的学校在课余、假期时间硬性向社区居民开放，配套不履行规定并未有处罚管理措施，缺乏相应的配套实施细则和评价监督考核机制，政府对共享运作绩效的考核有待提高，考核机制有待完善。

二、基础保障困境要素分析

保障是支撑和支持的意思，基础保障是最基本的支撑和支持。基础保障困境要素包括场馆建设、经费来源和场馆类型3个方面，它们关系密切，不可分割（图5-4）。场馆建设既有室外场地的建设，又有室内场馆的建设，场馆建设需要一定的经费来源。场馆类型进行共享是经费来源的另一渠道。经费来源涉及体育场地设置的供给和管理资金的问题，为学校体育场馆资源共享的支撑，是学校体育场馆资源共享困境体系的重要组成部分。

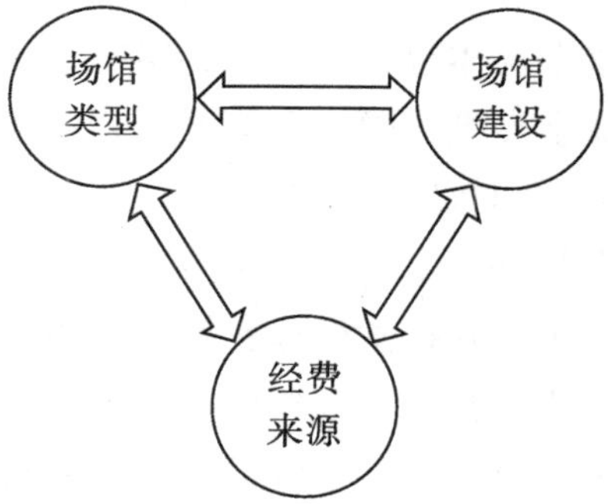

图5-4　我国城市学校体育场馆资源共享基础保障困境要素关系图

（一）场馆建设困境分析

学校体育场馆资源共享的前提条件必须是拥有一定数量的体育场馆资源，

[1] 罗恒. 准公共产品视角下公共科技创新平台建设的问题与对策——以广东佛山为例［J］. 顺德职业技术学院学报，2014，12（4）：78-81.

且校内设施能够有效满足正常的体育教学活动。调查显示，随着招生规模的不断扩大，有的学校体育场馆设施数量规模总体不足、种类也比较单一，广大师生和教职工体育需求难以得到完全满足，还要拿出部分场地（时段）向社会开放，自然导致羽毛球、篮球、乒乓球等室内场馆一片难求，夜间田径场摩肩接踵，在这种背景下，推进学校体育场馆资源共享政策就会遭到学校层面的不满和抵触。此外，由于历史原因，早期大部分学校规划建设的体育场馆布局和教学区域布局并未考虑动静隔离空间因素。鉴于当前学校体育场馆资源共享困境核心聚焦点为安全管理问题，由此体育场地设施与学校教学区的物理隔离成为学校体育场馆资源共享的建设困境。因此，为更好地促进学校体育场馆资源共享发展成果，满足居民的体育设施需求以及提高满意度，使城市体育设施公共服务体系健康发展，政府就势必要进行科学有效的财政预算和加大经费总量投入。

（二）经费来源渠道困境分析

学校体育场馆资源作为国有资产，具有社会公共资源的属性，也具有准公共产品的经济特性，应当服务于社会和大众的公益性特征，这就决定了学校体育场馆建设、运行、发展与维护等资金主要来源于各级政府的财政投入[1]；学校体育场馆资源的共享涉及体育场馆管理、维护、修缮，以及管理人员的培训、补贴，需要大量的资金提供保障，大部分资金由学校自筹。调查显示，学校体育场馆建设和共享经费主要依靠政府财政投入和学校自筹，渠道较为单一，政府财政投入不足是阻碍学校体育场馆资源共享的主要原因[2]。就政府而言，各级政府很少，甚至没有把学校体育场馆资源共享管理及维护费用列入到财政预算中。而且现阶段学校体育场馆资源共享发展都是以试点进行，不可避免地造成注入资金来源总量不足和来源渠道单一的短板，不稳定性很强，因而直接影响共享的长效性和持久性。

三、 开放办法困境要素分析

开放办法是指学校体育场馆资源共享工作的具体做法和要求。开放办法困

[1] 曹春宇. 学校体育场馆资源社会化的法律透视［J］. 首都体育学院学报，2008（2）：9-11；17.
[2] 徐磊. 我国学校体育场馆资源社会共享的困境与对策［J］. 体育文化导刊，2017（7）：110-113；119.

境要素包括开放时间、开放对象和准入方式3个方面。3个方面有一定的联系（图5–5），开放时间为开放对象和准入方式提供践行时间，准入方式和开放对象必须在开放时间内进行；开放对象和准入方式相互关联，准入方式是由开放对象制定的，开放对象必须按准入方式要求进行行动。

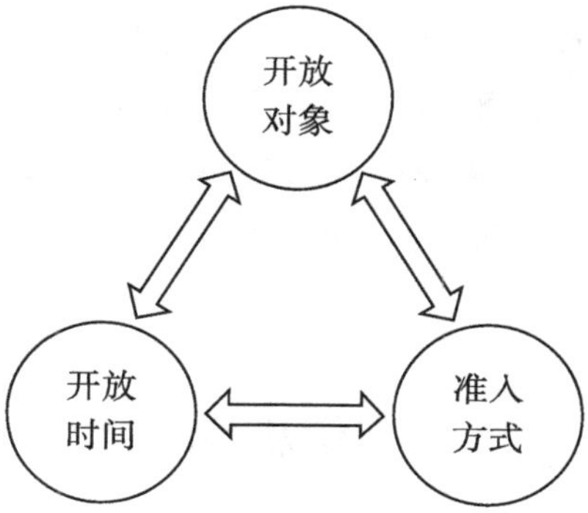

图5–5　我国城市学校体育场馆资源共享开放办法困境要素关系图

（一）开放时间困境分析

我国政策规定，具备学校体育场馆资源开放条件的学校要积极推进体育场馆开放，并应当明确开放时间。由于学校办学性质、开放条件、管理特点、资源配置不同，学校体育场馆开放的时间也必将存在很多差异性。如不具备完全开放的寄宿学校及场馆没有物理隔离的学校只能在节假日、寒暑假开放，而具备完全开放条件的学校，则包括有偿开放和无偿开放的类别。如有偿开放的室内体育馆开放的时间是晚上、节假日和寒暑假，而无偿开放的室外体育场馆则开放时间比较灵活，在平日的清晨、傍晚、节假日、寒暑假均可开放等。另外，由于学校的许多活动、考试、工作等各种原因，临时关闭对外开放体育场馆也时有发生。综上，这些错综复杂的事实，给学校体育场馆资源共享的开放时间带来很多不确定性。

（二）准入方式和开放对象困境分析

准入方式是针对开放对象规定的，为此，把准入方式和开放对象两个方面合并为一个分析框架。学校体育场馆资源具有有限的非竞争性或有限的非排他性，体育场馆资源的有限性，说明学校体育场馆资源的开放对象也是有限的，不可能无限对所有人进行开放，也就是说开放对象必须有所选择，必须根据体育场馆的容量来确定开放对象的人数。我国《全民健身条例》第四条提出，公民有依法参加全民健身活动的权利。然而，开放过程中出现对校外人员身份、职业识别困难的情况，校园安全环境存在不安全因素，使得学校体育场馆资源共享的过程中如何选择开放对象、应该选择什么样的开放对象成为难题。为了排除安全隐患，落实防范措施，很多学校采取持证入校健身、网上预约入校、网上实名认证，以及购买保险后方可预约入校等方式。但由于手续烦琐，造成一些市民对入校锻炼比较抵触，特别是一些不会使用现代网络管理系统的老年人。

本章小结

质性研究是研究者参与到自然情境之中，通过各种方法充分收集资料，对社会现象进行整体性的探究，采用归纳而非演绎的思路来分析资料和形成理论，通过与研究对象的实际互动来理解他们的行为。本章通过质性研究方法来探讨学校体育场馆资源共享的困境，以一对一半结构式访谈、焦点团体访谈和问卷调查等资料收集的方法，分别对我国24个省（市）的教育行政部门管理者、学校管理者及部分社会人员3个利益主体进行访谈。访谈和问卷资料以内容分析法加以归纳，利用扎根理论形成1个多阶层的概念，然后在上述3个利益主体的观点中分别找出具有意义的3个高阶主题——“组织管理”“基础保障”和“开放办法”，作为3大核心类属。其中“组织管理”包括管理主体、安全制度、收费管理、宣传考核；“基础保障”包括体育场馆建设、资金来源、场馆类型；“开放办法”包括开放时间、准入方式、开放对象。研究认为，管理主体单一化、安全风险防控不健全、收费管理不规范、宣传考核机制不完善、场馆建设相对薄弱、经费来源渠道单一、开放办法的规定理解不透彻等是我国学校体育场馆资源共享困境的主要因素。

诚然，社会建设的宏大叙事最终以良性运行和协调作为根基。基于以上困境，研究认为，学校体育场馆资源共享之所以出现这样或那样的问题，与各利益主体自身诉求各异紧密相关。为此，深入了解多元主体的多重利益诉求，对其进行利益诉求的内容及问题的调查和分析显得尤为必要。

第六章　我国城市学校体育场馆资源共享困境的利益诉求

利益诉求是利益相关者为获得自身在生存、发展和心理上的满足，追求对自身有益处的物质或情感的行为。我国学校体育场馆资源共享因涉及诸多利益相关者，各利益主体的利益诉求不一致，因此遭遇诸多的矛盾和瓶颈。鉴于此，本章基于前文我国城市学校体育场馆资源共享困境的质性分析要素结果，设计了利益相关者诉求调查问卷并进行调查，以探明各利益主体的诉求程度、核心困窘和博弈痛点。

第一节　问题的提出

满足广大城市居民公益性体育服务需求已经成为当今城市体育一个突出主题或标志性特征[1]。为了保障城市居民享有基本体育公共服务，政府需要通过公共财政投入，以保障居民所需的公共体育物品和服务。中小学校体育场馆资源应本着“取之于人民、服务于社会”的理念向社会开放。学校体育场馆作为社会公共体育资源的一部分，可以满足不同经济收入层次人群的健身需要，完全有条件为社区居民提供优良的健身环境。目前，我国许多城市已经积极地推行相关政策，鼓励学校体育场馆对外开放，但总体而言，我国学校体育场馆资源共享因涉及诸多利益相关者，在开放的对象、时长以及形式等要素执行过程中，各利益主体的利益诉求不一致，遭遇诸多的矛盾和瓶颈。为此，许多学者都对此展开了深入探索，如刘静等立足于学校体育场馆对外开放的社会“公益性”这一社会属性的基点定位，在充分发掘市民体育运动需求与学校体育场馆资源开放的互利多赢性特质基础上，提出学校体育场馆开放的动力机制，即在平衡和满足相关主体自身利益需求的基础上，有效地平衡政府、学校、市民三者的利益关系；厘清“公益性”与“主体利益”的辩证关系，树立“互惠互利、包容共赢”的公益性基点和开放理念[2]。王玫等对高校体育场馆对外开放现状及管理情况进行了分析，提出制定配套扶持政策，建立高校体育场馆发展基金，实行合理的对外开放政策，开发高校无形资产，培养体育经营专门人才等解决高校体育场馆开放的建议[3]。郝海亭等对部分学校体育场馆面向社会开放的困境和经验进行梳理与概括，并对比分析国外和国内学校体育场馆面向社会开放的经验，从第三方参与管理、学校体育场馆中教学区与体育运动区进行改造、地方政府财政投入与有偿使用、增设特定人群场地以及把握移动互联网信息技术变革的契机等5个方面提出了学校体育场馆面向社会开放的对策[4]。

[1] 单明明. 浅析我国公益性体育设施的管理与服务 [J]. 中小企业管理与科技，2011（1）：36.

[2] 刘昕，刘静. 城市居民体育运动与中小学校体育场馆资源共享的多赢性社会学研究 [J]. 山东体育学院学报，2011，27（11）：17-20.

[3] 王玫，刘昕，刘守君. 我国高校体育场馆对外开放研究 [J]. 体育文化导刊，2012（10）：74-77.

[4] 郝海亭，郇昌店，徐晓敏. 我国部分学校体育场馆面向社会开放的管理机制研究 [J]. 首都体育学院，2019，31（3）：221-225.

可见，我国学校体育场馆资源共享存在错综复杂利益主体的诉求关系，以上研究成果大部分聚焦于单一利益主体角度提出一些有益的解决措施，而如何照应多方利益相关者的利益诉求，厘析利益主体间复杂交织的利益诉求关系，维护利益相关者多方利益，消除他们之间的利益冲突，既是解决这些矛盾和瓶颈的内在需要，也是推动学校体育场馆资源共享机制体制良性发展的必然需要。为此，基于前文我国城市学校体育场馆资源共享困境的质性分析，围绕高阶主题涵盖的管理主体、安全制度、收费管理、宣传考核、场馆建设、资金来源、场馆类型、开放时间、准入方式、开放对象等10个方面的内容，设计了利益相关者诉求调查问卷，根据诉求强烈程度进行内在原因分析，探寻我国城市学校体育场馆资源共享各利益相关者的核心困窘和博弈痛点，为开放政策措施优化、开放方式方法改善等提供指导性实践依据。

第二节　利益相关者的确定

一、利益相关者的范围

要从利益相关者角度对我国城市学校体育场馆资源共享利益诉求进行研究，就必须先弄清楚谁是“利益相关者”。我国城市学校体育场馆资源共享利益相关者理论的界定，就是把利益相关者理论在我国城市学校体育场馆资源共享领域中的运用进行梳理。学者对相关概念的界定较为相似，有学者认为城市社区与学校体育场地共享模式核心部门有教育行政部门或学校、街道管理委员会、社区管理部门、政府部门[1]；有学者指出学校体育场馆资源共享的利益相关者有学校领导、国家体育总局、省（市）体育局、市教育局、街道、社区[2]；还有学者认为，学校领导、政府部门、社区是我国城市学校体育场馆资源共享的利益相关者[3]。因此，在我国城市学校体育场馆资源共享这个场

[1] 李骁天，王凯珍，彭程. 我国城市社区与学校体育场地设施共享模式研究［J］. 体育文化导刊，2012，（10）：70–73.

[2] 辛双双，陈林会. 学校体育场馆向社会开放的现状及对策研究［J］. 西安体育学院学报，2007，24（6）：37–39.

[3] 许贵福. 我国城市学校体育场地开放现状与发展对策研究［J］. 体育与科学，2011，32（6）：110–114.

域中，运用利益相关者“影响与被影响”理论，再结合前人研究成果及我国城市学校体育场馆资源共享现状，对我国城市学校体育场馆资源共享进行实地调研与访谈调查，从而确定我国城市学校体育场馆资源共享利益相关者图谱。如图6-1所示，其利益相关者包括社区内的体育社会组织、社区内的体育企业、社区内的社会体育指导员、市场监督管理部门、居民、学校、体育部门、教育部门、社区所在的派出所、卫生部门等利益体。这些利益体对我国城市学校体育场馆资源共享的发展都会产生积极或消极影响。

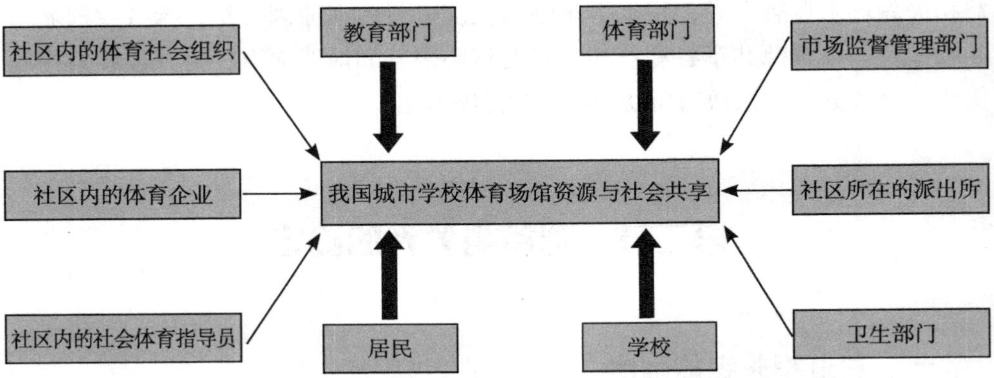

图6-1　我国城市学校体育场馆资源共享利益相关者图谱

二、确定核心利益相关者

核心利益相关者是指直接从我国城市学校体育场馆资源共享的规划、执行与经营管理中获得经济和社会利益的个人及群体。它们对我国城市学校体育场馆资源共享的执行与发展起着决定性作用。基于调查和访问的结果，本研究确定居于核心地位的利益相关者为居民、学校、体育部门和教育部门（图6-2）。由于这4类的利益诉求关系到我国城市学校体育场馆资源共享的规划、执行与经营管理利益均衡的最终实现，所以被纳入利益相关者的核心层。居民、学校、体育部门和教育部门在我国城市学校体育场馆资源共享中扮演不同角色，承担着各自的责任和义务，因此需要通盘考虑和分析利益诉求的相同和不同。分析之前，本研究对这4类核心利益相关者概念加以界定，有助于明确各自的地位和出发点。

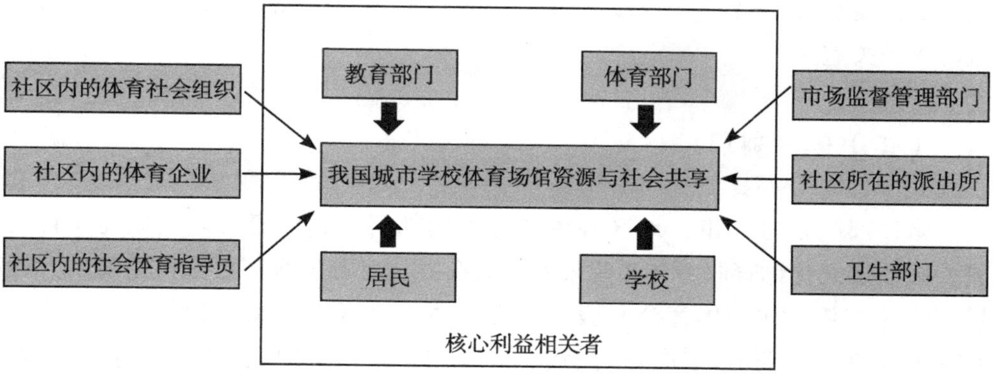

图 6-2　我国城市学校体育场馆资源共享核心利益相关者图谱

（一）居民

一般认为，居民指的是长期共同生活居住在一定区域内的群体。随着我国经济社会的快速发展，居民健身意识不断增强，对体育场馆的需求也日渐增长。国家顺应居民的需求，采取了诸多政策措施，以推动全民健身事业发展。比如“15分钟健身圈”理念，提供辐射居民住所周边的学校体育场地，以方便居民就近健身。不过目前大多数居民虽然有需求，但体育消费意识不强，他们或许对身边的学校体育场馆更为青睐。由于学校体育场馆具有方便快捷、安全性能高等优势，所以能够在满足需求的同时将危险系数降至最低，让居民最大程度地实现其健身诉求。

（二）学校

学校是指教育者有计划、有组织地对受教育者进行系统教育活动的组织机构。我国目前的学校体育管理工作主要由教育部和国家体育总局指导管理，各级体育和教育部门共同管理[1]。学校有权配合体育和教育部门拟定配套的管理法规和政策，对校园进行规划、保护和统一管理等。学校体育场地对外开放是以学校体育场地为依托向社会公众提供健身场地服务的生产过程，属于准公

[1] 郭立涛，贾文彤. 我国青少年体育发展政策研究［J］. 成都体育学院学报，2013（9）：14.

共产品共享势在必行[1]。因此，城市学校体育场馆资源共享过程中学校的利益诉求至关重要。

（三）体育部门

体育部门指省、市、地区各级体育管理部门，其负责协调区域性体育发展，推动多元化体育服务体系建设及体育公共服务与管理。在全民健身的大背景下，体育部门作为体育公共服务管理主体，有责任和义务为居民提供合理便利的体育场地资源。体育部门负有对学校体育场地的监管职责，促使体育场地资源开发和利用，使体育公共资源得以下放。体育部门作为推进学校体育场馆向社会开放的重要单位，是我国城市学校体育场馆资源共享核心利益相关者。

（四）教育部门

教育部门指学校的直属管理部门，其有权为学校体育场馆资源共享提供政策支持与资金保障。教育部门作为上层管理者与推动者，需协调处理各方矛盾，共同监督和指导学校体育场馆资源共享相关工作的开展；在国家政策的引领下，与体育部门共同为学校提供专业技术支持。由教育部和国家体育总局联合印发的《关于推进学校体育场馆向社会开放的实施意见》成为重要的纲领性文件。因此，教育部门也是我国城市学校体育场馆资源共享的核心利益相关者。

第三节　利益相关者诉求的调查

一、调查问卷的编制

基于前文对我国城市学校体育场馆资源共享困境的质性分析，发现困境包含组织管理、基础保障、开放办法3个高阶主题（图6-3）。本研究围绕高阶主

[1] 张朋，郑小凤. 学校体育场地对外开放的利益补偿分析［J］. 体育研究与教育，2014，29（1）：29-32.

题涵盖的管理主体、安全制度、收费管理、宣传考核、场馆建设、资金来源、场馆类型、开放时间、准入方式、开放对象等10个方面（表6-1），设置非常同意、同意、不一定、不同意、非常不同意等五级评价方式，针对不同的利益相关者（居民、学校、体育部门、教育部门）进行利益诉求的问卷设计。

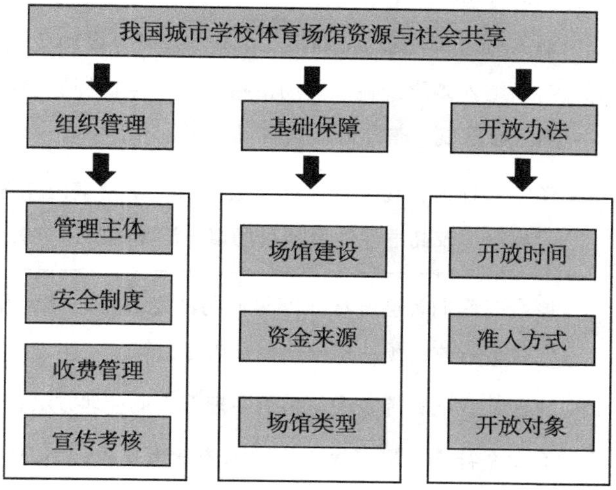

图 6-3　我国城市学校体育场馆资源共享核心利益识别树

表6-1　调查问卷编制纲目

一级纲目	二级纲目	三级纲目
组织管理	管理主体	学校教学机构；学校成立专门的体育场馆管理机构；引入专业运营管理机构；委托社会组织；社区居委会（企事业及社会组织）与学校合作
	安全制度	向社会开放基本条件；开放安全问题的责任区分办法；开放的安全应急预案；开放的安全防范措施；损坏和破坏赔偿制度；政府为开放学校购买专项责任保险；锻炼者个人购买运动伤害类保险；签署运动人群安全责任书
	收费管理	全部免费向社会开放；仅向青少年学生、老年人、残疾人免费开放；经物价局核准运营收取费用；特定人群（青少年学生、老年人、残疾人）采取优惠、低收费，其余按物价核准收费
	宣传考核	加大学校体育场馆开放宣传力度；制定学校体育场馆开放绩效奖励制度；把学校体育场馆开放纳入群众体育先进集体和个人评审范畴

（续表）

一级纲目	二级纲目	三级纲目
基础保障	场馆建设	增加学校体育场馆的数量和类型；提升学校体育场馆的质量；加强学校教学区与场馆开放区的隔离改造与建设；建设学校体育场馆开放信息化管理平台
	资金来源	纳入教育部门经费预算；纳入公共体育设施免费、低收费补助范畴；纳入体彩公益金补助范畴；纳入学校经费预算；通过投资、冠名、合伙制、捐赠等形式融资
	场馆类型	学校室外体育场地设施向社会开放；学校室内体育场馆设施向社会开放；学校高危性体育项目场馆（游泳馆等）向社会开放
开放办法	开放时间	课余时间向社会开放；寒暑假与法定节日向社会开放；定时、定段向社会开放；预约式向社会开放等方式
	准入方式	身份证登记管理方法；采用办理准入证管理方法；自由进入
	开放对象	面向全社会人群开放；面向本校学生开放；面向学区内学生开放；面向学校周边社区居民开放；面向社会组织开放；仅向老年人、残疾人开放

二、问卷信效度

（一）问卷的信度

调查问卷的信度检验采用内部一致性信度法。这种方法适用于态度、意见式问卷的信度分析。Cronbach α 信度系数是最常用的信度系数，其公式为：$\alpha = k/(k-1) * 1-(\sum Si^{\wedge 2})/ST^{\wedge 2}$ 其中，K为量表中题项的总数，$Si^{\wedge 2}$为第i题得分的题内方差，$ST^{\wedge 2}$为全部题项总得分的方差。从公式中可以看出，α 系数评价的是量表中各题项得分间的一致性，属于内在一致性系数。该方法一般不适用于事实性问卷（如年龄与性别无法相比），本问卷的事实问题主要目的是保障问卷的真实性，所以未加入检验。查看SPSS的分析结果，可靠性统计资料的Cronbach的 α 系数大于或等于0.9表明量表的信度较好；0.8～0.9表明信度可接受；0.7～0.8表明部分项目需要修订；小于0.7表明量表中部分项目需要剔除。本调查的结果表明，居民、学校、体育部门和教育部门的问卷信度较好（表6-2）。

表6-2　问卷信度检验的相关α系数表

调查对象	α系数	基于标准化项的α系数	项数
居民	0.933	0.936	45
学校	0.923	0.926	45
体育部门	0.902	0.915	45
教育部门	0.913	0.934	45

（二）问卷的效度

问卷的效度主要采用专家评定的方法，问卷设计后，经该领域专家学者进行论证，然后根据专家意见修改问卷，以确保调查及调查问卷的有效性。对学校体育学15名教授进行调查，其中14人表示赞同（表6-3）。量表的内容完善度达93%，说明量表内容效度较好。

表 6-3　问卷信度效度检验专家调查表

学校	人数 / 人	职称	态度		
			同意	不确定	不同意
泉州师范学院	8	教授	8	0	0
福建师范大学	7	教授	6	1	0

三、调查样本基本情况

（一）各核心利益主体调查情况

《我国城市学校体育场馆资源共享利益诉求调查问卷（居民）》问卷的发放主要是发动学生、校友、同学等利用假期时间等，对福建省、浙江省等6个沿海省份及江西省、贵州省等5个内陆地区的城市（城镇）学校附近近百个社区的居民进行调查，男女比例均衡。采用被调查者自行填写与帮助问答填写的方式，即发即收，综合调查11个省份。发放问卷2000份，回收1682份，回收率84%，有效问卷1318份，有效率为78%（表6-4）。

表 6-4　居民调查问卷样本情况表

省份	城市	发放数量/份	回收数量/份	回收率/%	有效数量/份	有效率/%	省份	城市	发放数量/份	回收数量/份	回收率/%	有效数量/份	有效率/%
浙江省	宁波	50	48	96	35	73	江苏省	盐城	39	33	85	28	85
	台州	40	35	88	22	63		连云港	40	34	85	23	68
	嘉兴	40	36	90	25	69		南通	33	29	88	21	72
	温州	58	46	79	29	63		苏州	50	42	84	33	79
	总计	188	165	88	111	67		总计	162	138	85	105	76
安徽省	宿州	45	34	76	32	94	山东省	东营	40	30	75	28	93
	宣城	49	40	82	25	63		烟台	45	37	82	25	68
	马鞍山	35	33	94	28	85		威海	38	33	87	29	88
	黄山	60	50	83	42	84		青岛	53	43	81	38	88
	总计	189	157	83	127	81		总计	176	143	81	120	84
江西省	景德镇	41	31	76	27	87	贵州省	贵阳	50	42	84	30	71
	赣州	42	37	88	26	70		遵义	37	28	76	26	93
	上饶	40	34	85	25	74		铜仁	38	29	76	25	86
	南昌	54	41	76	35	85		毕节	39	31	79	30	97
	总计	177	143	81	113	79		总计	164	130	79	111	85
河北省	秦皇岛	50	42	84	35	83	辽宁省	沈阳	49	43	88	35	81
	唐山	37	28	76	22	79		葫芦岛	37	27	73	26	96
	张家口	40	30	75	23	77		丹东	38	29	76	25	86
	石家庄	60	45	75	34	76		大连	39	30	77	26	87
	总计	187	145	78	114	79		总计	340	129	38	112	87
河南省	郑州	52	41	79	32	78	广东省	广州	55	52	95	34	65
	信阳	35	31	89	22	71		中山	36	33	92	24	73
	驻马店	36	33	92	27	82		湛江	40	38	95	25	66
	开封	40	39	98	29	74		汕头	50	42	84	22	52
	总计	327	144	44	110	76		总计	181	165	91	105	64

（续表）

省份	城市	发放数量/份	回收数量/份	回收率/%	有效数量/份	有效率/%	省份	城市	发放数量/份	回收数量/份	回收率/%	有效数量/份	有效率/%
福建省	福州	60	54	90	45	83							
	泉州	35	30	86	25	83							
	莆田	45	40	89	35	88							
	宁德	45	40	89	32	80							
	厦门	65	59	91	53	90							
	总计	250	223	89	190	85							

《我国城市学校体育场馆资源共享利益诉求调查问卷（学校管理者）》问卷的发放，借助体育学院学生、校友等利用假期时间对未开放学校的管理者进行调查。主要针对60所学校校长、分管领导及场馆管理者进行问卷发放。其中，福建省以福州、泉州、厦门等5个沿海城市学校为主，共涉及17所学校，其中中学9所、小学8所。采用即发即收，共发放问卷400份。受现实的不确定因素情况影响，实际回收329份，回收率82%，有效问卷238份，有效率为72%（表6–5）。

表6–5　学校管理者调查问卷样本情况表

省份	城市	发放数量/份	回收数量/份	回收率/%	有效数量/份	有效率/%	省份	城市	发放数量/份	回收数量/份	回收率/%	有效数量/份	有效率/%
浙江省	宁波	12	10	83	6	60	江苏省	盐城	10	8	80	5	63
	台州	9	8	89	5	63		连云港	8	7	88	5	71
	嘉兴	9	8	89	6	75		南通	9	7	78	5	71
	温州	8	7	88	5	71		苏州	8	7	88	6	86
	总计	38	33	87	22	67		总计	35	29	83	21	72
安徽省	宿州	8	7	88	5	71	山东省	东营	9	7	78	5	71
	宣城	7	6	86	5	83		烟台	7	5	71	3	60
	马鞍山	10	9	90	5	56		威海	7	5	71	4	80
	黄山	14	12	86	8	67		青岛	13	11	85	8	73
	总计	39	34	87	23	68		总计	36	28	78	20	71

（续表）

省份	城市	发放数量/份	回收数量/份	回收率/%	有效数量/份	有效率/%	省份	城市	发放数量/份	回收数量/份	回收率/%	有效数量/份	有效率/%
江西省	景德镇	8	7	88	5	71	贵州省	贵阳	7	6	86	4	67
	赣州	7	6	86	3	50		遵义	6	4	67	4	100
	上饶	8	6	75	5	83		铜仁	6	5	83	3	60
	南昌	14	11	79	8	73		毕节	7	6	86	5	83
	总计	37	30	81	21	70		总计	26	21	81	16	76
河北省	秦皇岛	9	5	56	4	80	辽宁省	沈阳	8	6	75	4	67
	唐山	7	4	57	3	75		葫芦岛	6	3	50	2	67
	张家口	7	5	71	4	80		丹东	6	4	67	3	75
	石家庄	10	8	80	6	75		大连	8	7	88	4	57
	总计	33	22	67	17	77		总计	28	20	71	13	65
河南省	郑州	8	7	88	5	71	广东省	广州	12	10	83	7	70
	信阳	6	5	83	3	60		中山	8	7	88	5	71
	驻马店	5	5	100	3	60		湛江	9	8	89	5	63
	开封	7	5	71	3	60		汕头	8	6	75	5	83
	总计	26	22	85	14	64		总计	37	31	84	22	71
福建省	福州	13	12	92	11	92							
	泉州	9	8	89	7	88							
	莆田	10	9	90	7	78							
	宁德	15	13	87	10	77							
	厦门	18	17	94	14	82							
	总计	65	59	91	49	83							

《我国城市学校体育场馆资源共享利益诉求调查问卷（体育部门相关人员）》问卷的发放依托部分省份的会议对体育部门相关人员进行调查，即发即收。因会议人员流动性大且日程安排紧凑，发放问卷量与回收量均较低。但参与调查的体育部门相关人员具有较好的代表性，可以了解学校体育场馆向社会开放的具体事宜。共发放问卷320份，其中福建省发放53份，其余省份均为18～32份。共计回收232份，回收率73%，有效问卷198份，有效率为85%（表6–6）。

表 6-6　体育部门相关人员调查问卷样本情况表

省份	城市	发放数量/份	回收数量/份	回收率/%	有效数量/份	有效率/%
浙江省	宁波	9	7	78	6	86
	台州	7	5	71	4	80
	嘉兴	6	4	67	3	75
	温州	7	4	57	3	75
	总计	29	20	69	16	80
安徽省	宿州	8	6	75	5	83
	宣城	8	5	63	5	100
	马鞍山	7	5	71	4	80
	黄山	9	6	67	5	83
	总计	32	22	69	19	86
江西省	景德镇	7	5	71	3	60
	赣州	7	6	86	5	83
	上饶	7	6	86	6	100
	南昌	10	7	70	7	100
	总计	31	24	77	21	88
河北省	秦皇岛	7	4	57	3	75
	唐山	6	3	50	3	100
	张家口	6	4	67	4	100
	石家庄	10	8	80	7	88
	总计	29	19	66	17	89
河南省	郑州	4	3	75	2	67
	信阳	3	2	67	2	100
	驻马店	4	3	75	2	67
	开封	7	5	71	4	80
	总计	18	13	72	10	77
福建省	福州	10	9	90	8	89
	泉州	9	7	78	6	86
	莆田	9	6	67	5	83
	宁德	12	9	75	8	89
	厦门	13	10	77	9	90
	总计	53	41	77	36	88
江苏省	盐城	7	5	71	5	100
	连云港	6	4	67	3	75
	南通	7	5	71	4	80
	苏州	8	7	88	6	86
	总计	28	21	75	18	86
山东省	东营	6	5	83	5	100
	烟台	8	6	75	5	83
	威海	7	6	86	5	83
	青岛	9	6	67	5	83
	总计	30	23	77	20	87
贵州省	贵阳	7	5	71	4	80
	遵义	3	2	67	2	100
	铜仁	3	3	100	2	67
	毕节	6	3	50	3	100
	总计	19	13	68	11	85
辽宁省	沈阳	5	4	80	4	100
	葫芦岛	4	3	75	3	100
	丹东	5	3	60	3	100
	大连	7	5	71	3	60
	总计	21	15	71	13	87
广东省	广州	10	7	70	6	86
	中山	6	4	67	3	75
	湛江	7	5	71	4	80
	汕头	7	5	71	4	80
	总计	30	21	70	17	81

《我国城市学校体育场馆资源共享利益诉求调查问卷（教育行政部门相关人员）》问卷的发放借助外出调研、会议、培训的契机，对11个省、市、地区的教育部门相关人员进行调查，每个省份向4～5个代表性城市发放，每个城市发放2～10份问卷。采用即发即收的方式，共发放问卷230份，其中福建省共计发放45份。回收186份，回收率81%，有效问卷154份，有效率为83%（表6–7）。

表 6–7　教育部门相关人员调查问卷样本情况表

省份	城市	发放数量/份	回收数量/份	回收率/%	有效数量/份	有效率/%	省份	城市	发放数量/份	回收数量/份	回收率/%	有效数量/份	有效率/%
浙江省	宁波	6	6	100	5	83	江苏省	盐城	5	4	80	3	75
	台州	4	4	100	4	100		连云港	6	5	83	4	80
	嘉兴	4	3	75	3	100		南通	4	3	75	3	100
	温州	4	2	50	2	100		苏州	6	5	83	4	80
	总计	18	15	83	14	93		总计	21	17	81	14	82
安徽省	宿州	5	4	80	3	75	山东省	东营	5	4	80	3	75
	宣城	5	4	80	3	75		烟台	5	4	80	3	75
	马鞍山	5	4	80	3	75		威海	5	5	100	3	60
	黄山	7	5	71	4	80		青岛	8	7	88	6	86
	总计	22	17	77	13	76		总计	23	20	87	15	75
江西省	景德镇	4	3	75	3	100	贵州省	贵阳	5	3	60	2	67
	赣州	5	4	80	3	75		遵义	3	3	100	2	67
	上饶	5	3	60	3	100		铜仁	3	3	100	3	100
	南昌	7	6	86	4	67		毕节	4	3	75	3	100
	总计	21	16	76	13	81		总计	15	12	80	10	83
河北省	秦皇岛	5	4	80	4	100	辽宁省	沈阳	5	4	80	3	75
	唐山	4	2	50	2	100		葫芦岛	4	3	75	3	100
	张家口	4	3	75	2	67		丹东	3	2	67	2	100
	石家庄	6	4	67	3	7		大连	3	2	67	2	100
	总计	19	13	68	11	85		总计	15	11	73	10	91

（续表）

省份	城市	发放数量/份	回收数量/份	回收率/%	有效数量/份	有效率/%
河南省	郑州	4	3	75	2	67
	信阳	3	3	100	3	100
	驻马店	2	2	100	2	100
	开封	3	2	67	2	100
	总计	12	10	83	9	90
福建省	福州	10	9	90	7	78
	泉州	9	8	89	6	75
	莆田	9	8	89	6	75
	宁德	9	9	1.00	8	89
	厦门	8	7	88	6	86
	总计	45	41	91	33	80
广东省	广州	6	5	83	4	80
	中山	4	3	75	3	100
	湛江	4	3	75	2	67
	汕头	5	3	60	3	100
	总计	19	14	74	12	86

（二）调查问卷样本总体情况

调查共发放问卷2950份，其中居民2000份，学校400份，体育部门320份，教育部门230份。各核心利益相关者的问卷回收率和有效率均在0.70以上（表6-8），整体效率较好，基本能够反映各利益相关主体的主张。

表6-8　调查问卷样本总体情况表

省份	居民					学校					体育部门					教育部门				
	发放数量/份	回收数量/份	回收率/%	有效数量/份	有效率/%	发放数量/份	回收数量/份	回收率/%	有效数量/份	有效率/%	发放数量/份	回收数量/份	回收率/%	有效数量/份	有效率/%	发放数量/份	回收数量/份	回收率/%	有效数量/份	有效率/%
福建省	250	223	89	190	85	65	59	91	49	83	53	41	77	36	88	45	41	91	33	80
江苏省	162	138	85	105	76	35	29	83	21	72	28	21	75	18	86	21	17	81	14	82
安徽省	189	157	83	127	81	39	34	87	23	68	32	22	69	19	86	22	17	77	13	76
山东省	176	143	81	120	84	36	28	78	20	71	30	23	77	20	87	23	20	87	15	75
江西省	177	143	81	113	79	37	30	81	21	70	31	24	77	21	88	21	16	76	13	81
贵州省	164	130	79	111	85	26	21	81	16	76	19	13	68	11	85	15	12	80	10	83

（续表）

省份	居民					学校					体育部门					教育部门				
	发放数量/份	回收数量/份	回收率/%	有效数量/份	有效率/%	发放数量/份	回收数量/份	回收率/%	有效数量/份	有效率/%	发放数量/份	回收数量/份	回收率/%	有效数量/份	有效率/%	发放数量/份	回收数量/份	回收率/%	有效数量/份	有效率/%
河北省	187	145	78	114	79	33	22	67	17	77	29	19	66	17	89	19	13	68	11	85
辽宁省	163	129	79	112	87	28	20	71	13	65	21	15	71	13	87	15	11	73	10	91
河南省	163	144	88	110	76	26	22	85	14	64	18	13	72	10	77	12	10	83	9	90
广东省	181	165	91	105	64	37	31	84	22	71	30	21	70	17	81	19	14	74	12	86
浙江省	188	165	88	111	67	38	33	87	22	67	29	20	69	16	80	18	15	83	14	93
总计	2000	1682	84	1318	78	400	329	82	238	72	320	232	73	198	85	230	186	81	154	83

第四节　利益相关者诉求的比较分析

一、开放建设诉求比较

开放建设主要是指学校体育场馆资源建设，包含增加学校体育场馆的数量和类型、提升学校体育场馆的质量、加强学校教学区与场馆开放区的隔离改造与建设、建设学校体育场馆开放信息化管理平台。体育是在社会化大生产基础上产生并为其服务的，体育的社会化是我国体育场地由封闭体制向全社会开放体制的转变过程[1]。《利益论》认为，“人的需要永远不会停留在同一水平上，具有无限发展性；人的需要是多方面的，具有无限丰富性。[2]”

调查结果显示（表6-9），居民—学校、居民—体育部门、学校—体育部门、学校—教育部门对增加学校体育场馆数量和类型、提升学校体育场馆质量的诉求均存在差异。诉求的强烈程度依次是学校、体育部门、教育部门、居民。当前学校体育场馆的配置主要按照国家有关规定执行，田径场（小运动场）、篮球场、排球场等基本硬件保障了学校体育常规的教学、训练、竞赛的需求，但场馆数量、类型仍然无法满足学校体育高质量发展的需求。因此，学

[1] 舒萍. 加强场馆设施建设 努力开创学校体育新局面 [J]. 体育函授通讯，2001，17（2）：19-20.
[2] 王伟光. 利益论 [M]. 北京：中国社会科学出版社，2010.

校、体育部门和教育部门对增加学校体育场馆数量和类型、提升学校体育场馆质量的呼声反映迫切，其中学校更为强烈。

表6–9　开放建设的利益诉求比较一览表

利益诉求题项	利益诉求主体	卡方	自由度	渐进显著性
增加学校体育场馆数量和类型	居民—学校	40.324	4	0.000
	居民—体育部门	10.510	4	0.033
	居民—教育部门	6.045	4	0.196
	学校—体育部门	30.183	2	0.000
	学校—教育部门	11.908	2	0.003
	体育部门—教育部门	3.061	2	0.216
提升学校体育场馆的质量	居民—学校	38.675	4	0.000
	居民—体育部门	16.617	4	0.002
	居民—教育部门	17.362	4	0.002
	学校—体育部门	11.746	2	0.003
	学校—教育部门	6.049	2	0.049
	体育部门—教育部门	3.746	2	0.154
加强学校教学区与场馆开放区的隔离改造与建设	居民—学校	38.675	4	0.000
	居民—体育部门	16.095	4	0.003
	居民—教育部门	31.287	4	0.000
	学校—体育部门	3.715	3	0.294
	学校—教育部门	8.458	3	0.077
	体育部门—教育部门	3.787	3	0.155
建设学校体育场馆开放信息化管理平台	居民—学校	37.953	4	0.000
	居民—体育部门	15.342	4	0.004
	居民—教育部门	7.506	4	0.111
	学校—体育部门	3.025	3	0.388
	学校—教育部门	8.680	4	0.096
	体育部门—教育部门	7.061	4	0.133

调查结果显示（表6–10），居民—学校、居民—体育部门、居民—教育部门、学校—教育部门、体育部门—教育部门对加强学校教学区与场馆开放区的隔离改造与建设、建设学校体育场馆开放信息化管理平台的诉求也存在差

异，诉求强烈程度依次是教育部门、学校、体育部门、居民。学校体育场馆资源共享可能面对一系列风险，如财产损失风险、人身伤害风险、责任风险[1]。一旦出现安全问题纠纷，不但对学校的正常教学秩序产生严重影响，还要承担相应的责任，严重制约学校场馆的开放力度[2]。实施学校教学区与场馆开放区的隔离改造与建设，加快学校体育场馆向社会开放的信息化管理平台建设，是学校体育场馆资源共享的重要安全防范措施，对于加强人员流动的安全规范管理具有重要的作用。为此，教育部门、学校、体育部门有强烈的诉求在情理之中。现阶段居民作为使用者，从自身健身的便利性角度对建设学校体育场馆向社会开放的信息化管理平台的诉求虽然不如学校、教育部门、体育部门强烈，但随着人们对健身服务品质需求的不断增长、体育场馆智能化改造的提升，居民对此需求将必定有所提升。

表6-10　开放建设利益诉求五级评价得分占比表 / %

利益诉求	利益诉求主体	非常同意	同意	不一定	不同意	非常不同意
增加学校体育场馆数量和类型	居民	49.8	42.2	5.6	1.4	1.0
	学校	71.0	27.3	1.7	0.0	0.0
	体育部门	48.0	41.9	10.1	0.0	0.0
	教育部门	56.5	37.0	6.5	0.0	0.0
提升学校体育场馆的质量	居民	45.9	45.8	7.1	1.1	0.1
	学校	73.1	25.6	1.3	0.0	0.0
	体育部门	57.6	40.9	1.5	0.0	0.0
	教育部门	63.0	33.1	3.9	0.0	0.0
加强学校教学区与场馆开放区的隔离改造建设	居民	41.5	44.9	11.2	2.2	0.2
	学校	62.6	31.5	5.5	0.4	0.0
	体育部门	56.6	33.3	8.6	1.5	0.0
	教育部门	60.4	39.0	0.3	0.3	0.0
建设学校体育场馆开放信息化管理平台	居民	40.7	45.9	10.7	2.2	0.5
	学校	61.8	31.1	6.7	0.4	0.0
	体育部门	54.0	38.9	6.6	0.5	0.0
	教育部门	42.9	50.6	5.8	0.1	0.6

[1] 李亚莉，刘亚云. 管理、安全与物耗：学校体育场馆向社会开放的三大难题［J］. 湖南工业大学学报（社科版），2010，15（6）：126-129.

[2] 王力. 北京市城区中小学体育场馆开放问题研究［D］. 北京：北京体育大学，2012.

二、开放安全制度诉求比较

开放安全制度方面指的是学校体育场馆安全管理与运营条例，即制定学校体育场馆向社会开放基本条件、开放安全问题的责任区分办法、开放安全应急预案、开放安全防范措施、损坏与破坏赔偿制度、政府为开放学校购买专项责任保险、锻炼者个人购买运动伤害类保险、签署运动人群安全责任书。调查结果如下（表6-11和表6-12）。

表6-11　开放安全制度的利益诉求比较一览表

利益诉求题项	利益诉求主体	卡方	自由度	渐进显著性
制定学校体育场馆向社会开放基本条件	居民—学校	82.497	4	0.000
	居民—体育部门	42.060	4	0.000
	居民—教育部门	23.053	4	0.000
	学校—体育部门	7.398	3	0.060
	学校—教育部门	8.455	3	0.083
	体育部门—教育部门	3.213	3	0.360
制定学校体育场馆开放安全问题的责任区分办法	居民—学校	64.446	4	0.000
	居民—体育部门	35.572	4	0.000
	居民—教育部门	22.666	4	0.000
	学校—体育部门	10.666	3	0.014
	学校—教育部门	11.105	3	0.011
	体育部门—教育部门	2.898	3	0.408
制定学校体育场馆开放的安全应急预案	居民—学校	53.139	4	0.000
	居民—体育部门	36.333	4	0.000
	居民—教育部门	17.669	4	0.001
	学校—体育部门	9.828	3	0.020
	学校—教育部门	16.517	3	0.001
	体育部门—教育部门	3.102	2	0.391

（续表）

利益诉求题项	利益诉求主体	卡方	自由度	渐进显著性
制定学校体育场馆开放的安全防范措施	居民—学校	58.871	4	0.000
	居民—体育部门	45.175	4	0.000
	居民—教育部门	18.623	3	0.001
	学校—体育部门	7.931	3	0.047
	学校—教育部门	13.402	3	0.004
	体育部门—教育部门	3.332	2	0.355
制定学校体育场馆损坏与破坏赔偿制度	居民—学校	113.853	4	0.000
	居民—体育部门	45.813	4	0.000
	居民—教育部门	40.884	3	0.000
	学校—体育部门	17.484	3	0.001
	学校—教育部门	13.943	3	0.003
	体育部门—教育部门	3.848	2	0.278
政府为开放学校购买专项责任保险	居民—学校	85.390	4	0.000
	居民—体育部门	19.632	4	0.001
	居民—教育部门	12.750	4	0.013
	学校—体育部门	15.261	3	0.002
	学校—教育部门	14.095	3	0.003
	体育部门—教育部门	0.541	3	0.910
锻炼者个人购买运动伤害类保险	居民—学校	91.547	4	0.000
	居民—体育部门	4.111	4	0.391
	居民—教育部门	8.844	4	0.065
	学校—体育部门	38.655	3	0.000
	学校—教育部门	19.757	4	0.001
	体育部门—教育部门	5.571	4	0.234
签署运动人群安全责任书	居民—学校	85.721	4	0.000
	居民—体育部门	6.498	4	0.165
	居民—教育部门	9.035	4	0.060
	学校—体育部门	31.711	4	0.000
	学校—教育部门	23.264	4	0.000
	体育部门—教育部门	6.041	4	0.196

表6-12　开放安全制度利益诉求五级评价得分占比表 / %

利益诉求	利益诉求主体	非常同意	同意	不一定	不同意	非常不同意
制定学校体育场馆向社会开放基本条件	居民	35.8	47.6	12.9	3.3	0.4
	学校	66.0	30.7	2.5	0.8	0.0
	体育部门	55.6	41.9	2.5	0.0	0.0
	教育部门	50.6	45.5	2.6	1.3	0.0
制定学校体育场馆开放安全问题的责任区分办法	居民	39.2	47.2	10.2	3.1	0.3
	学校	66.4	29.8	2.9	0.9	0.0
	体育部门	56.1	42.9	1.0	0.0	0.0
	教育部门	53.2	44.8	0.7	1.3	0.0
制定学校体育场馆开放的安全应急预案	居民	43.4	44.4	9.6	1.8	0.8
	学校	67.6	29.4	1.7	1.3	0.0
	体育部门	60.6	39.4	0.0	0.0	0.0
	教育部门	50.0	48.1	0.0	1.9	0.0
制定学校体育场馆开放的安全防范措施	居民	42.6	45.3	9.0	2.5	0.6
	学校	68.5	28.6	1.7	1.2	0.0
	体育部门	64.1	35.9	0.0	0.0	0.0
	教育部门	53.2	44.8	0.0	1.9	0.1
制定学校体育场馆损坏与破坏赔偿制度	居民	34.2	49.0	12.8	3.0	1.0
	学校	70.6	25.2	3.4	0.8	0.0
	体育部门	54.5	43.4	2.1	0.0	0.0
	教育部门	56.5	41.6	0.6	1.3	0.0
政府为开放学校购买专项责任保险	居民	40.1	41.8	14.3	2.8	1.0
	学校	72.3	20.2	6.7	0.8	0.0
	体育部门	55.1	35.9	7.6	1.4	0.0
	教育部门	53.9	35.1	9.1	1.7	0.2
锻炼者个人购买运动伤害类保险	居民	32.9	43.4	17.9	4.7	1.1
	学校	64.7	27.9	6.2	1.2	0.0
	体育部门	36.4	41.9	18.7	3.0	0.0
	教育部门	44.2	38.3	13.6	2.6	1.3
签署运动人群安全责任书	居民	34.1	43.4	17.5	4.1	0.9
	学校	65.1	27.7	5.5	1.7	0.0
	体育部门	40.4	41.9	14.6	1.5	1.6
	教育部门	42.2	42.2	9.1	5.2	1.3

在制定学校体育场馆资源共享基本条件方面：居民—学校、居民—体育部门、居民—教育部门、学校—教育部门存在差异，且四方的诉求按强烈程度依次是体育部门、学校、教育部门、居民。一般认为，学校体育场馆开放后，学生在校园里发生人身伤害事故，法律责任该如何划分，是学校开放过程中最为担忧的问题[1]。解决安全问题，首先是建立完善的安全管理制度体系，并且建立合理严格的安全管理体系，包括正确、安全、合理的操作保障体系，器材定期维护保养体系等。

制定学校体育场馆资源共享安全问题的责任区分办法方面，居民—学校、居民—体育部门、居民—教育部门、学校—体育部门、学校—教育部门存在差异。制定学校体育场馆开放的安全应急预案和安全防范措施方面：居民—学校、居民—体育部门、学校—体育部门、学校—教育部门存在差异。以上3个方面的诉求按强烈程度依次是体育部门、教育部门、学校、居民。

制订学校体育场馆资源共享过程中的损坏与破坏赔偿制度，以及政府为开放学校购买专项责任保险方面：居民与学校、体育部门、教育部门，学校与体育部门、教育部门存在差异。损坏与破坏赔偿制度的诉求强烈程度是教育部门、体育部门、学校、居民；而专项责任保险方面的诉求强烈程度是学校、体育部门、教育部门、居民。

在锻炼者个人购买运动伤害类保险和签署运动人群安全责任书方面：居民与学校，学校与体育部门、教育部门存在差异，且四方的诉求按强烈程度是学校、教育部门、体育部门、居民。

开放安全制度方面，各利益相关者都偏向积极诉求，但主要存在两类诉求差别：一是学校、体育部门、教育部门较居民对制定学校体育场馆向社会开放基本条件、制定学校体育场馆资源共享安全问题的责任区分办法、开放安全应急预案、开放安全防范措施、损坏与破坏赔偿制度、购买专项责任保险、运动伤害类保险、签署运动人群安全责任书等诉求更强烈；二是学校较体育部门、教育部门、居民在以上6个方面更强烈。

学校、体育部门、教育部门之所以在开放安全制度方面的诉求如此强烈，是因为大部分学校是国家地方政府及教育部门主管的独立事业单位，普遍实行安全工作责任制，一旦校园内出现重大安全事故，“尽职不免责”的惩处机制

[1] 谭仲秋. 学校体育场馆开放后学生伤害事故第三人侵权法律责任 [J]. 南京体育学院学报，2010，24（1）：93-97.

将追究校长、教育局局长乃至地方党政领导的主体责任。根据以往案例处理结果，促使学校、体育部门及教育部门对学校体育场馆资源共享的安全问题倍加重视。

三、开放经费诉求比较

开放经费主要指开放管理运营经费的来源。纳入教育部门经费预算，纳入公共体育设施免费低收费补助范畴，纳入体彩公益金补助范畴，纳入学校经费预算，通过投资、冠名、合伙制、捐赠等形式融资。调查结果如下（表6-13、表6-14）。

表6-13　开放经费的利益诉求比较一览表

利益诉求	利益诉求主体	卡方	自由度	渐进显著性
纳入教育部门经费预算	居民—学校	72.196	4	0.000
	居民—体育部门	15.076	4	0.005
	居民—教育部门	62.084	4	0.000
	学校—体育部门	21.829	4	0.000
	学校—教育部门	19.957	4	0.001
	体育部门—教育部门	23.492	4	0.000
纳入公共体育设施免费低收费补助范畴	居民—学校	83.970	4	0.000
	居民—体育部门	33.601	4	0.000
	居民—教育部门	27.969	4	0.001
	学校—体育部门	17.578	4	0.001
	学校—教育部门	12.828	4	0.012
	体育部门—教育部门	9.277	4	0.055
纳入体彩公益金补助范畴	居民—学校	98.655	4	0.000
	居民—体育部门	6.744	4	0.150
	居民—教育部门	17.017	4	0.002
	学校—体育部门	30.035	3	0.000
	学校—教育部门	19.126	3	0.000
	体育部门—教育部门	4.026	3	0.259

（续表）

利益诉求	利益诉求主体	卡方	自由度	渐进显著性
纳入学校经费预算	居民—学校	46.398	4	0.000
	居民—体育部门	10.670	4	0.031
	居民—教育部门	64.597	4	0.000
	学校—体育部门	41.987	4	0.000
	学校—教育部门	25.379	4	0.000
	体育部门—教育部门	30.969	4	0.000
通过投资、冠名、合伙制、捐赠等形式融资	居民—学校	14.087	4	0.007
	居民—体育部门	8.757	4	0.067
	居民—教育部门	12.214	4	0.016
	学校—体育部门	13.265	4	0.010
	学校—教育部门	12.885	4	0.012
	体育部门—教育部门	13.334	4	0.010

表6-14　开放经费利益诉求五级评价得分表 / %

利益诉求	利益诉求主体	非常同意	同意	不一定	不同意	非常不同意
纳入教育部门经费预算	居民	34.1	49.8	12.7	2.5	0.9
	学校	56.7	22.7	12.2	6.3	2.1
	体育部门	47.5	40.9	9.1	2.5	0.0
	教育部门	39.6	36.4	7.1	11.7	5.2
纳入公共体育设施免费低收费补助范畴	居民	33.8	46.9	14.9	4.0	0.4
	学校	64.7	28.6	4.6	2.1	0.0
	体育部门	46.0	42.4	5.6	5.5	0.5
	教育部门	48.1	40.3	5.8	5.2	0.6
纳入体彩公益金补助范畴	居民	33.6	46.7	15.3	3.7	0.7
	学校	67.2	25.6	4.6	2.6	0.0
	体育部门	46.3	45.9	5.2	2.6	0.0
	教育部门	46.1	46.1	5.8	2.0	0.0
纳入学校经费预算	居民	33.2	44.0	16.0	5.4	1.4
	学校	47.5	21.8	17.6	10.2	2.9
	体育部门	37.4	49.5	8.1	4.5	0.5
	教育部门	35.7	33.8	5.8	18.2	6.5

（续表）

利益诉求	利益诉求主体	非常同意	同意	不一定	不同意	非常不同意
通过投资、冠名、合伙制、捐赠等形式融资	居民	34.6	43.1	16.7	3.9	1.7
	学校	46.2	34.9	13.9	4.6	0.4
	体育部门	33.3	51.5	12.1	3.1	0.0
	教育部门	32.5	42.2	13.0	9.7	2.6

纳入教育部门经费和学校经费预算方面，居民、学校、体育部门、教育部门两两之间存在差异。纳入教育部门经费预算的诉求强烈程度依次是体育部门、居民、学校、教育部门；纳入学校经费预算的诉求强烈程度依次是教育部门、学校、体育部门、居民。学校体育场馆资源共享离不开经费支持，体育场地及设施的维护、管理、更新等都需要经费，学校体育场馆作为准公共产品，开放经费需要确定出资方。国家体育总局颁布的《关于推进学校体育场馆向社会开放的实施意见》（以下简称《意见》）指出，各地教育部门、体育部门要根据实际情况，安排必要的资金，支持学校体育场馆对外开放。

纳入公共体育设施免费低收费补助和体彩公益金补助范畴方面，居民—学校、居民—体育部门、居民—教育部门、学校—体育部门、学校—教育部门存在差异，诉求强烈程度依次是学校、体育部门、教育部门、居民。通过投资、冠名、合伙制、捐赠等形式融资方面，居民—学校、居民—教育部门、学校—体育部门、学校—教育部门、体育部门—教育部门存在差异，诉求强烈程度依次是教育部门、学校、体育部门、居民。居民与学校、体育部门、教育部门在纳入教育部门经费预算、公共体育设施免费低收费补助、体彩公益金补助、学校经费预算等范畴存在差异。通过投资、冠名、合伙制、捐赠等形式融资方面，居民则与学校、教育部门存在差异。

居民是学校体育场馆资源共享的受益者，从居民角度来看其关注点开放与否，至于学校体育场馆开放经费的来源并非重要诉求。纳入教育部门经费预算方面，体育部门的诉求大于学校和教育部门，虽然学校体育场馆对外开放由体育部门发起，教育部门提供部分经费来扶持学校体育场馆资源共享也至关重要；在纳入公共体育设施免费低收费补助和体彩公益金补助范畴方面，学校较体育部门和教育部门诉求更强烈。学校体育场馆资源共享需要的开放经费较多，多途径筹集经费必不可少。《意见》中也指出，可利用彩票公益金加大对开放学校的补贴。在纳入学校经费预算和通过投资、冠名、合伙制、捐赠等形式融资方面，教育部门的诉求大于学校和体育部门。教育部门也在纳入教育部门经费预算、学校经费预算以及通过投资、冠名、合伙制、捐赠等形式融资三方的诉求表现得比体育部门强烈。

四、开放管理主体诉求比较

开放管理主体方面是指采用何种资质、类型的管理单位作为管理主体。涵盖以学校教学机构作为管理主体、以学校成立专门的体育场馆管理机构作为管理主体、引入专业运营管理机构作为管理主体、委托社会组织作为管理主体、社区居委会（企事业及社会组织）与学校合作作为管理主体。调查结果如下（表6–15和表6–16）。

表6–15　开放管理主体的利益诉求比较一览表

利益诉求	利益诉求主体	卡方	自由度	渐进显著性
以学校教学机构作为管理主体	居民—学校	28.418	4	0.000
	居民—体育部门	44.298	4	0.000
	居民—教育部门	154.233	4	0.000
	学校—体育部门	17.115	4	0.002
	学校—教育部门	23.079	4	0.000
	体育部门—教育部门	26.387	4	0.000
以学校成立专门的体育场馆管理机构作为管理主体	居民—学校	23.753	4	0.000
	居民—体育部门	21.458	4	0.000
	居民—教育部门	58.904	4	0.000
	学校—体育部门	12.015	4	0.017
	学校—教育部门	14.642	4	0.006
	体育部门—教育部门	16.069	4	0.003
引入专业运营管理机构作为管理主体	居民—学校	7.494	4	0.112
	居民—体育部门	21.599	4	0.000
	居民—教育部门	22.799	4	0.000
	学校—体育部门	5.535	4	0.237
	学校—教育部门	8.448	4	0.076
	体育部门—教育部门	6.469	4	0.167

（续表）

利益诉求	利益诉求主体	卡方	自由度	渐进显著性
委托社会组织作为管理主体	居民—学校	18.002	4	0.001
	居民—体育部门	29.526	4	0.000
	居民—教育部门	48.640	4	0.000
	学校—体育部门	16.308	4	0.003
	学校—教育部门	11.581	4	0.021
	体育部门—教育部门	7.838	4	0.098
社区居委会与学校合作作为管理主体	居民—学校	10.076	4	0.039
	居民—体育部门	25.256	4	0.000
	居民—教育部门	55.158	4	0.000
	学校—体育部门	22.758	4	0.000
	学校—教育部门	20.199	4	0.000
	体育部门—教育部门	10.588	4	0.032

表6–16　开放管理主体利益诉求五级评价得分占比表（%）

利益诉求	利益诉求主体	非常同意	同意	不一定	不同意	非常不同意
以学校教学机构作为管理主体	居民	42.4	43.6	11.4	2.3	0.4
	学校	38.7	37.0	15.5	6.7	2.1
	体育部门	24.2	46.0	23.7	6.1	0.0
	教育部门	22.7	33.8	19.5	18.8	5.2
以学校成立专门的体育场馆管理机构作为管理主体	居民	33.2	50.5	12.7	3.1	0.5
	学校	39.9	38.7	12.2	7.6	1.6
	体育部门	29.3	50.5	15.2	5.0	0.0
	教育部门	23.4	48.1	12.3	11.0	5.2
引入专业运营管理机构作为管理主体	居民	29.0	47.1	18.5	3.8	1.6
	学校	33.2	38.2	21.0	5.9	1.7
	体育部门	27.3	36.4	27.3	8.6	0.4
	教育部门	22.1	40.9	22.7	11.0	3.3
委托社会组织作为管理主体	居民	25.4	39.8	23.2	9.1	2.5
	学校	24.8	32.4	21.4	16.8	4.6
	体育部门	15.2	31.8	35.9	15.7	1.4
	教育部门	13.6	28.6	28.6	25.3	3.9

（续表）

利益诉求	利益诉求主体	非常同意	同意	不一定	不同意	非常不同意
社区居委会与学校合作作为管理主体	居民	25.4	41.9	20.3	8.7	3.7
	学校	29.8	37.8	14.7	13.0	4.7
	体育部门	15.7	35.4	30.3	15.7	2.9
	教育部门	16.2	32.5	19.5	27.9	3.9

以学校教学机构、学校成立专门的体育场馆管理机构和社区居委会与学校合作作为管理主体方面，居民、学校、体育部门和教育部门两两之间存在差异。学校教学机构作为管理主体的诉求强烈程度是居民、学校、体育部门、教育部门；学校成立专门的体育场馆管理机构作为管理主体的诉求强烈程度依次是体育部门、学校、教育部门、居民；社区居委会与学校合作作为管理主体的诉求强烈程度依次是学校、居民、体育部门、教育部门。

引入专业运营管理机构作为管理主体方面，居民—学校、居民—体育部门、居民—教育部门存在差异；委托社会组织作为管理主体方面，居民—学校、居民—体育部门、居民—教育部门、学校—体育部门、学校—教育部门存在差异。以上两方面的诉求强烈程度依次均为居民、学校、体育部门、教育部门。

随着市场经济的开放，体育场地管理由供给型转向经营型，其地位与重要性在整个体育系统中日益凸显[1]。学校体育场馆资源共享的过程中学校体育场馆管理主体的选择至关重要。居民与学校、体育部门、教育部门在以学校教学机构、学校成立专门的体育场馆管理机构作为管理主体（居民与体育部门无差异）、引入专业运营管理机构、委托社会组织、社区居委会与学校合作等作为管理主体5个方面都存在差异。与开放经费不同，居民在以学校教学机构、引入专业运营管理机构、委托社会组织、社区居委会与学校合作等作为管理主体方面的诉求较为强烈。

学校和体育部门、教育部门仅在引入专业运营管理机构作为管理主体方面无差异；体育、教育部门在以学校教学机构、以学校成立专门的体育场馆管理机构、社区居委会与学校合作作为管理主体方面存在差异。以学校教学机构、成立专门的体育场馆管理机构作为管理主体，学校的诉求并不高。原因在于，

[1] 郝薇薇. 体育场地管理的重要性及发展前景［J］. 辽宁体育科技，2003，25（6）：98.

目前我国学校体育教师师资配置不足。由学校委派专人管理则会影响正常的教学秩序，引入专业运营管理机构、委托社会组织、社区居委会与学校合作等作为管理主体方面，学校诉求较高。

五、开放准入方式诉求比较

开放准入是指进入学校体育场馆的人员管理方式。采用身份证登记管理方法、采用办理准入证管理方法、自由进入。调查结果如下（表6-17和表6-18）。

表6-17　开放准入方式的利益诉求比较一览表

利益诉求	利益诉求主体	卡方	自由度	渐进显著性
采用身份证登记管理方法	居民—学校	43.772	4	0.000
	居民—体育部门	5.376	4	0.251
	居民—教育部门	2.662	4	0.616
	学校—体育部门	18.542	4	0.001
	学校—教育部门	12.716	4	0.013
	体育部门—教育部门	1.202	4	0.878
采用办理准入证管理方法	居民—学校	49.339	4	0.000
	居民—体育部门	9.241	4	0.055
	居民—教育部门	5.755	4	0.281
	学校—体育部门	34.778	4	0.000
	学校—教育部门	16.722	4	0.002
	体育部门—教育部门	11.025	4	0.026
自由出入	居民—学校	103.359	4	0.000
	居民—体育部门	51.489	4	0.000
	居民—教育部门	84.759	4	0.000
	学校—体育部门	14.307	4	0.006
	学校—教育部门	9.848	4	0.043
	体育部门—教育部门	9.859	4	0.039

表6-18 开放准入方式利益诉求五级评价得分占比表 / %

利益诉求	利益诉求主体	非常同意	同意	不一定	不同意	非常不同意
采用身份证登记管理方法	居民	34.4	44.4	15.9	3.9	1.4
	学校	55.9	29.0	8.8	4.2	2.1
	体育部门	37.4	44.4	11.6	6.1	0.5
	教育部门	38.3	40.9	13.6	5.8	1.4
采用办理准入证管理方法	居民	29.1	46.5	17.8	5.2	1.4
	学校	47.5	35.3	6.7	6.7	3.8
	体育部门	26.8	42.9	19.7	10.1	0.5
	教育部门	29.9	52.6	10.4	5.2	1.9
自由出入	居民	19.5	25.5	23.1	22.7	9.2
	学校	10.5	8.4	16.4	40.3	24.4
	体育部门	5.6	15.7	24.2	37.4	17.1
	教育部门	3.9	14.9	13.0	44.2	24.0

采用身份证登记管理方法方面，居民—学校、学校—体育部门、学校—教育部门存在差异，诉求强烈程度依次是学校、体育部门、教育部门、居民。采用办理准入管理证方法方面：居民—学校、学校—体育部门、学校—教育部门、体育部门—教育部门存在差异，诉求强烈程度依次是学校、教育部门、居民、体育部门。自由出入方面，居民、学校、体育部门、教育部门两两之间存在差异，诉求强烈程度依次是居民、体育部门、学校、教育部门。

校园恶性案件发生频率较高，上至教育管理部门下至校级保卫处都强调严格学校门卫制度，学校体育设施对外开放后，安全隐患问题更是不容忽视[1]。对入校人员的有效管理是防范安全事故的关键环节，学校重视程度高，对开放准入采用身份证登记和办理准入证管理方法诉求尤为强烈。诸多学者在研究学校对外开放问题时将关注点放在入校人员的自我管理能力上，绝大部分人员入校是为了健身，但有少部分人群利用学校开放机会盗取财物、破坏公物，给学校师生的生命财产安全带来隐患[2]。自由出入方面，4个利益主体

[1] 李广周. 学校体育设施对外开放的瓶颈及新思路［J］. 教学与管理，2010：21-22.

[2] 刘璐，李峰. 学校体育场地设施向社会开放的困境与现实路向研究［J］. 沈阳体育学院学报，2016，35（3）：30-35.

都持反对态度，仅有部分居民表示同意，可能过多烦琐的准入制度也会消耗居民进校参加体育锻炼的积极性，所以选择有效的准入方法极其重要。

六、开放场馆类型诉求比较

开放场馆是指何种类型的体育场馆向社会开放。学校室外体育场地设施向社会开放、学校室内体育场馆设施向社会开放、学校高危性体育项目场馆（游泳馆等）向社会开放。调查结果如下（表6–19和表6–20）。

表6–19　开放场馆类型利益诉求比较一览表

利益诉求题项	利益诉求主体	卡方	自由度	渐进显著性
学校室外体育场地设施向社会开放	居民—学校	13.011	4	0.011
	居民—体育部门	22.695	4	0.000
	居民—教育部门	15.009	4	0.005
	学校—体育部门	30.189	4	0.000
	学校—教育部门	6.223	4	0.183
	体育部门—教育部门	36.041	4	0.000
学校室内体育场馆设施向社会开放	居民—学校	64.986	4	0.000
	居民—体育部门	16.296	4	0.003
	居民—教育部门	72.827	4	0.000
	学校—体育部门	22.789	4	0.000
	学校—教育部门	9.855	4	0.043
	体育部门—教育部门	31.960	4	0.000
学校高危性体育项目场馆向社会开放	居民—学校	43.182	4	0.000
	居民—体育部门	30.755	4	0.000
	居民—教育部门	89.477	4	0.000
	学校—体育部门	12.278	4	0.015
	学校—教育部门	11.972	4	0.018
	体育部门—教育部门	33.500	4	0.000

表6-20　开放场馆类型利益诉求五级评价得分占比表（%）

利益诉求	利益诉求主体	非常同意	同意	不一定	不同意	非常不同意
学校室外体育场地设施向社会开放	居民	32.2	45.1	14.6	6.3	1.8
	学校	27.3	45.0	13.0	12.6	2.1
	体育部门	42.4	49.0	5.6	2.0	1.0
	教育部门	18.2	53.9	14.9	9.7	3.3
学校室内体育场馆设施向社会开放	居民	27.0	44.2	19.3	7.5	2.0
	学校	21.0	28.6	29.0	15.2	6.2
	体育部门	20.7	41.4	31.3	5.1	1.5
	教育部门	13.6	25.3	34.4	20.8	5.9
学校高危性体育项目场馆向社会开放	居民	24.1	33.8	22.8	13.7	5.6
	学校	12.6	23.1	30.7	23.1	10.5
	体育部门	9.1	33.3	36.4	14.6	6.6
	教育部门	6.5	16.9	26.6	34.4	15.6

学校室外体育场馆资源共享方面，居民—学校、居民—体育部门、居民—教育部门、学校—体育部门、体育部门—教育部门存在差异；诉求强烈程度依次是体育部门、居民、学校、教育部门。对外开放的主要是室外场地，如田径场、足球场、室外篮球场等。2017年，教育部、国家体育总局在《关于推进学校体育场馆向社会开放的实施意见》中提到，“确定开放场馆名录。学校室外场地设施，如操场、球场、田径场跑道等要先行开放”。文件发布后，体育部门在学校室外体育场馆资源共享方面的诉求也相对于居民、学校、教育部门最高。

学校室内体育场馆设施和学校高危性体育项目场馆共享方面，居民、学校、体育部门、教育部门两两存在差异；室内体育场馆设施向社会开放的诉求强烈程度依次是居民、学校、体育部门、教育部门；学校高危性体育项目场馆向社会开放的诉求强烈程度依次是居民、体育部门、学校、教育部门。

《关于推进学校体育场馆向社会开放的实施意见》指出，“室内场馆设施开放由各校提出并报上级教育行政部门确定。对于高危险性体育项目场地，由县级人民政府根据当地实际制定开放名录。”居民对学校室内体育场馆资源共享，以及学校高危性体育项目场馆共享的诉求较高，其原因在于，社会上的室内与高危性体育项目场馆，尤其是游泳馆普遍以盈利为主，价格相对较高。同等价格下，学校场馆质量高于社会场馆，故居民在这两方面的诉求较高。而学校和教育部门则不然，其主要原因在于游泳场馆的经营具有高风险、高事故、高伤害的特性。经营过程中一旦出现意外溺亡事故，不仅严重影响学校教学，也会带来长期的负面影响[1]。学校的游泳教学，在教师的保护下尚且存在风险，更何况是面向社会开放，事故发生的责任认定与赔偿损失无法确定，作为校方与受害者双方如何解决高危险性体育项目场馆共享成为一个亟待解决的问题[2]。

七、开放对象诉求比较

开放对象是指学校体育场馆开放的受众人群，主要包括面向全社会人群开放，面向本校学生开放，面向学区内学生开放，面向学校周边社区居民开放，面向社会组织开放，仅向老年人、残疾人开放。调查结果如下（表6-21和表6-22）。

表6-21　开放对象利益诉求比较一览表

利益诉求	利益诉求主体	卡方	自由度	渐进显著性
面向全社会人群开放	居民—学校	27.298	4	0.000
	居民—体育部门	7.869	4	0.096
	居民—教育部门	27.367	4	0.000
	学校—体育部门	28.156	4	0.000
	学校—教育部门	15.185	4	0.004
	体育部门—教育部门	26.383	4	0.000
面向本校学生开放	居民—学校	27.581	4	0.000
	居民—体育部门	2.454	4	0.653
	居民—教育部门	27.001	4	0.000
	学校—体育部门	17.563	4	0.002
	学校—教育部门	13.499	4	0.009
	体育部门—教育部门	18.752	3	0.000

[1] 孙兴平. 探究游泳教学伤害事故的法律责任与对策［J］. 体育科技文献通报，2010，36（2）：38-40.

[2] 寇健忠. 我国游泳场馆溺死问题研究进展与思考［J］. 三明学院学报，2010，28（2）：21-23.

（续表）

利益诉求	利益诉求主体	卡方	自由度	渐进显著性
面向学区内学生开放	居民—学校	3.226	4	0.521
	居民—体育部门	7.375	4	0.117
	居民—教育部门	21.103	4	0.000
	学校—体育部门	4.710	4	0.318
	学校—教育部门	11.562	4	0.021
	体育部门—教育部门	5.038	3	0.169
面向学校周边社区居民开放	居民—学校	47.747	4	0.000
	居民—体育部门	12.329	4	0.015
	居民—教育部门	45.691	4	0.000
	学校—体育部门	12.715	4	0.013
	学校—教育部门	17.388	4	0.002
	体育部门—教育部门	16.018	4	0.003
面向社会组织开放	居民—学校	16.039	4	0.003
	居民—体育部门	12.337	4	0.015
	居民—教育部门	29.111	4	0.000
	学校—体育部门	4.654	4	0.325
	学校—教育部门	7.961	4	0.093
	体育部门—教育部门	8.981	4	0.062
仅向老年人、残疾人开放	居民—学校	5.466	4	0.243
	居民—体育部门	28.858	4	0.000
	居民—教育部门	16.234	4	0.003
	学校—体育部门	13.144	4	0.011
	学校—教育部门	10.824	4	0.029
	体育部门—教育部门	6.585	4	0.160

表6-22　开放对象利益诉求五级评价得分占比表 / %

利益诉求	利益诉求主体	非常同意	同意	不一定	不同意	非常不同意
面向全社会人群开放	居民	28.8	37.5	20.9	10.5	2.3
	学校	24.8	26.9	27.7	13.9	6.7
	体育部门	26.3	45.5	20.7	7.1	0.4
	教育部门	11.0	39.6	27.9	16.9	4.6

（续表）

利益诉求	利益诉求主体	非常同意	同意	不一定	不同意	非常不同意
面向本校学生开放	居民	37.4	44.4	13.1	4.4	0.7
	学校	51.3	42.4	4.6	1.3	0.4
	体育部门	37.9	45.5	11.1	5.5	0.0
	教育部门	35.7	61.0	2.6	0.7	0.0
面向学区内学生开放	居民	36.2	46.0	13.5	3.5	0.8
	学校	35.6	47.5	11.1	5.0	0.8
	体育部门	29.8	50.5	13.6	6.1	0.0
	教育部门	22.1	61.7	9.7	6.5	0.0
面向学校周边社区居民开放	居民	31.6	44.5	19.2	3.8	0.9
	学校	27.7	42.4	14.3	14.7	0.9
	体育部门	25.3	54.5	14.1	6.1	0.0
	教育部门	12.3	57.7	15.7	11.7	2.6
面向社会组织开放	居民	31.5	37.3	21.1	8.0	2.1
	学校	22.3	37.8	22.7	14.7	2.5
	体育部门	20.7	46.0	21.7	10.6	1.0
	教育部门	11.7	44.2	26.6	13.6	3.9
仅向老年人、残疾人开放	居民	13.7	20.8	27.5	27.4	10.6
	学校	12.6	19.3	29.0	32.4	6.7
	体育部门	4.5	13.6	37.9	36.4	7.6
	教育部门	3.2	24.0	33.1	31.8	7.9

面向全社会人群和本校学生开放方面，居民—学校、居民—教育部门、学校—体育部门、学校—教育部门、体育部门—教育部门存在差异；面向全社会人群开放的诉求强烈程度依次是体育部门、居民、学校、教育部门；面向本校学生开放的诉求强烈程度依次是教育部门、学校、体育部门、居民。

面向学区内学生开放方面，居民—教育部门、学校—体育部门、体育部门—教育部门存在差异；诉求强烈程度依次是学校、教育部门、居民、体育部门。面向学校周边社区居民开放方面；居民、学校、体育部门、教育部门两两之间存在差异；诉求强烈程度依次是体育部门、居民、学校和教育部门。

面向社会组织开放方面，居民—学校、居民—体育部门、居民—教育部门存在差异，诉求强烈程度依次是居民、体育部门、学校、教育部门。仅向老年人、残疾人开放方面，居民—体育部门、居民—教育部门、学校—体育部门、学校—教育部门存在差异；诉求强烈程度依次是居民、学校、教育部门、体育部门。

体育部门在面向全社会人群开放和学校周边社区居民开放诉求最高，这同样是学校体育场馆资源共享体育部门所期望的结果。享有体育场地是居民的诉求目标，继而希望成为学校的开放对象。无论是对本校还是学区内学生开放，教育部门和学校的诉求都较高。一方面，学校场地本质上是提供给学生训练和锻炼；另一方面，学生比社会人群更具可控性，安全隐患相对较低。余学锋等调查上海市后发现，学校对本校学生、社会、周边晨晚练等群体开放，对共建单位举办运动会、社区街道居委会组织的体育活动、本校学生家长共同参与的活动、体育组织进行专门训练、本校举办体育培训班等活动开放[1]。刘宝亮指出，开放有5种类型，分别为本校学生、本校教职工、学校周围居民、社会个人、社会团体[2]。许贵福调查发现，大部分的学校体育场地只对本校学生与教师开放[3]。学校根据自身情况决定是否面对社会组织开放。仅向老年人、残疾人开放方面，体育部门的诉求最低，这主要是由于大部分学校体育场地未达到无障碍设施的标准，一旦发生运动损伤，承担的风险较大。

八、开放时间诉求比较

开放时间指课余时间向社会开放、寒暑假与法定节日向社会开放、定时定段向社会开放、预约式向社会开放等方式。调查结果如下（表6–23和表6–24）。

[1] 余学锋，沈建华. 学校体育活动场所开放现状的研究［J］. 成都体育学院学报，2000（4）：37–40.

[2] 刘宝亮. 福建省学校体育场馆向社会开放的研究［D］. 福州：福建师范大学，2010.

[3] 许贵福. 我国城市学校体育场地开放现状与发展对策研究［J］. 体育与科学，2011，32（6）：110–114.

表6-23　开放时间利益诉求比较一览表

利益诉求	利益诉求主体	卡方	自由度	渐进显著性
课余时间向社会开放	居民—学校	28.918	4	0.000
	居民—体育部门	15.429	4	0.004
	居民—教育部门	31.688	4	0.000
	学校—体育部门	13.630	4	0.009
	学校—教育部门	3.693	4	0.449
	体育部门—教育部门	20.152	4	0.000
寒暑假与法定节假日向社会开放	居民—学校	6.443	4	0.168
	居民—体育部门	25.670	4	0.000
	居民—教育部门	3.700	4	0.448
	学校—体育部门	9.858	4	0.043
	学校—教育部门	3.490	4	0.479
	体育部门—教育部门	15.884	4	0.003
定时定段向社会开放	居民—学校	7.273	4	0.122
	居民—体育部门	16.378	4	0.003
	居民—教育部门	11.703	4	0.020
	学校—体育部门	6.490	4	0.165
	学校—教育部门	10.178	4	0.038
	体育部门—教育部门	5.837	4	0.212
预约式向社会开放	居民—学校	2.576	4	0.631
	居民—体育部门	41.673	4	0.000
	居民—教育部门	25.476	4	0.000
	学校—体育部门	13.390	4	0.010
	学校—教育部门	11.371	4	0.023
	体育部门—教育部门	6.295	4	0.178

表6-24　开放时间利益诉求五级评价得分占比表 / %

利益诉求	利益诉求主体	非常同意	同意	不一定	不同意	非常不同意
课余时间向社会开放	居民	29.7	45.9	16.4	6.4	1.6
	学校	31.5	37.0	13.4	15.5	2.6
	体育部门	37.4	46.0	7.6	8.4	0.6
	教育部门	22.7	41.6	14.3	18.2	3.2

（续表）

利益诉求	利益诉求主体	非常同意	同意	不一定	不同意	非常不同意
寒暑假与法定节假日向社会开放	居民	32.5	50.1	12.4	3.2	1.8
	学校	36.1	50.4	8.0	4.6	0.9
	体育部门	47.0	47.0	4.2	1.8	0.0
	教育部门	29.2	57.1	8.4	3.2	2.1
定时定段向社会开放	居民	28.7	49.9	16.2	3.6	1.6
	学校	35.7	48.3	11.3	3.8	0.9
	体育部门	30.8	57.6	6.1	5.1	0.4
	教育部门	22.7	58.4	9.7	7.1	2.1
预约式向社会开放	居民	28.7	42.5	20.3	6.0	2.5
	学校	25.6	42.4	22.7	7.6	1.7
	体育部门	17.2	40.9	24.2	17.2	0.5
	教育部门	14.3	42.2	26.0	13.6	3.9

课余时间向社会开放方面，居民—学校、居民—体育部门、居民—教育部门、学校—体育部门、体育部门—教育部门存在差异；诉求强烈程度依次是居民、体育部门、学校、教育部门。预约式向社会开放方面，居民—体育部门、居民—教育部门、学校—体育部门、学校—教育部门存在差异；诉求强烈程度依次是居民、学校、体育部门、教育部门。

寒暑假与法定节假日向社会开放方面，居民—体育部门、学校—体育部门、体育部门—教育部门存在差异。定时定段向社会开放方面，居民—体育部门、居民—教育部门、学校—教育部门，体育部门—教育部门存在差异。以上两方面诉求强烈程度依次均为体育部门、学校、教育部门、居民。

学校和教育部门的出发点是为了避免学生和社会人员使用场地冲突，较居民和体育部门在课余时间向社会开放方面诉求稍弱。寒暑假与法定节假日和定时定段向社会开放方面居民的诉求较低，体育部门和学校的诉求较高。主要原因为寒暑假与法定节假日居民出门旅游、走亲访友等可能性大，定时定段开放制约居民随时健身的诉求，预约式开放更能满足居民运动需求。体育部门诉求目标即扩大开放范围，除预约式向社会开放方面的诉求较低外，其他方面的诉求都较高。学校作为开放过程的管理者，有利于场地管理方面的诉求较高，反之较低，故而寒暑假、法定节假日、预约式和定时、定段向社会开放方面诉求较高，课余时间向社会开放方面诉求较低。

九、开放收费诉求比较

开放收费是指收取使用场馆费用的方案。全部免费向社会开放；仅向青少年学生、老年人、残疾人免费开放；经物价局核准运营收取费用；特定人群（青少年学生、老年人、残疾人）采取优惠、低收费，其余按物价核准收费。调查结果如下（表6–25和表6–26）。

表6–25　开放收费利益诉求比较一览表

利益诉求	利益诉求主体	卡方	自由度	渐进显著性
全部免费向社会开放	居民—学校	69.541	4	0.000
	居民—体育部门	6.013	4	0.198
	居民—教育部门	34.453	4	0.000
	学校—体育部门	39.843	4	0.000
	学校—教育部门	11.247	4	0.024
	体育部门—教育部门	28.906	4	0.000
仅向青少年学生、老年人、残疾人免费开放	居民—学校	27.470	4	0.000
	居民—体育部门	92.296	4	0.000
	居民—教育部门	19.109	4	0.001
	学校—体育部门	25.949	4	0.000
	学校—教育部门	11.969	4	0.018
	体育部门—教育部门	34.894	4	0.000
经物价局核准运营收取费用	居民—学校	11.879	4	0.018
	居民—体育部门	85.570	4	0.000
	居民—教育部门	38.056	4	0.000
	学校—体育部门	32.829	4	0.000
	学校—教育部门	21.287	4	0.000
	体育部门—教育部门	6.805	4	0.147

（续表）

利益诉求	利益诉求主体	卡方	自由度	渐进显著性
特定人群（青少年学生、老年人、残疾人）采取优惠、低收费，其余按物价核准收费	居民—学校	17.199	4	0.002
	居民—体育部门	69.307	4	0.000
	居民—教育部门	51.438	4	0.000
	学校—体育部门	13.294	4	0.010
	学校—教育部门	13.741	4	0.008
	体育部门—教育部门	5.974	4	0.201

表6-26　开放收费利益诉求五级评价得分占比表 / %

利益诉求	利益诉求主体	非常同意	同意	不一定	不同意	非常不同意
全部免费向社会开放	居民	26.5	39.0	21.3	10.5	2.7
	学校	23.1	16.4	37.4	17.6	5.5
	体育部门	30.3	36.4	24.4	8.6	0.3
	教育部门	14.3	28.6	35.1	14.9	7.1
仅向青少年学生、老年人、残疾人免费开放	居民	21.3	39.2	21.8	13.4	4.3
	学校	13.9	29.8	35.3	14.7	6.3
	体育部门	9.6	18.2	40.9	29.8	1.5
	教育部门	7.8	41.6	24.0	19.5	7.1
经物价局核准运营收取费用	居民	22.3	46.4	20.6	7.4	3.3
	学校	21.8	37.4	23.9	10.5	6.4
	体育部门	6.6	34.8	30.8	24.2	3.6
	教育部门	5.2	45.5	27.3	16.2	5.8
特定人群（青少年学生、老年人、残疾人）采取优惠低收费，其余按物价核准收费	居民	28.9	45.9	16.2	6.4	2.6
	学校	23.9	39.9	19.3	11.3	5.6
	体育部门	15.7	33.8	25.8	20.7	4.0
	教育部门	9.7	42.9	24.3	16.9	6.2

全部免费向社会开放方面，居民—学校、居民—教育部门、学校—体育部门、学校—教育部门、体育部门—教育部门存在差异；诉求强烈程度依次是体育部门、居民、教育部门、学校。仅向青少年学生、老年人、残疾人免费开放

方面，居民、学校、体育部门、教育部门两两存在差异；诉求强烈程度依次是居民、教育部门、学校、体育部门。经物价局核准运营收取费方面，居民—学校、居民—体育部门、居民—教育部门、学校—体育部门、学校—教育部门存在差异；诉求强烈程度依次是居民、学校、教育部门、体育部门。特定人群（青少年学生、老年人、残疾人）采取优惠低收费，其余按物价核准收费方面：居民—学校、居民—体育部门、居民—教育部门、学校—体育部门、学校—教育部门存在差异；诉求强烈程度依次是居民、学校、体育部门、教育部门。

居民在开放收费的4个方面诉求都比较强烈，国家体育强国政策出台推动全民健身热潮进一步提升，居民消费健身意识不断提高，对学校体育场馆对外开放需求迫切。体育部门倡导全民健身，积极落实《“健康中国”2030》，在全部免费向社会开放方面有强烈诉求。而学校对全部免费向社会开放方面诉求最低，经费是学校体育场地正常使用和维护的基本保障，全部免费开放后场地的维护更新、人工成本及管理费用等经费则相应增加，所以学校不倾向于全部免费开放。而经物价局核准运营收取费方面和特定人群（青少年学生、老年人、残疾人）采取优惠低收费，其余按物价核准收费方面诉求稍高，保障基本收费，确保场馆运营流畅。

十、开放宣传激励诉求比较

开放宣传激励是指加大学校体育场馆开放宣传力度、制定学校体育场馆开放绩效奖励制度、把学校体育场馆开放纳入群众体育先进集体和个人评审范畴。调查结果如下（表6–27和表6–28）。

表6–27　开放宣传激励利益诉求比较一览表

利益诉求	利益诉求主体	卡方	自由度	渐进显著性
加大学校体育场馆宣传力度	居民—学校	20.115	4	0.000
	居民—体育部门	24.539	4	0.000
	居民—教育部门	10.444	4	0.034
	学校—体育部门	23.474	4	0.000
	学校—教育部门	4.832	4	0.305
	体育部门—教育部门	26.030	4	0.000

（续表）

利益诉求	利益诉求主体	卡方	自由度	渐进显著性
制定学校体育场馆开放绩效奖励制度	居民—学校	20.782	4	0.000
	居民—体育部门	1.519	4	0.823
	居民—教育部门	16.829	4	0.002
	学校—体育部门	10.002	4	0.040
	学校—教育部门	9.432	4	0.051
	体育部门—教育部门	14.941	4	0.005
把学校体育场馆开放纳入群众体育先进集体和个人评审范畴	居民—学校	25.211	4	0.000
	居民—体育部门	3.353	4	0.501
	居民—教育部门	27.737	4	0.000
	学校—体育部门	22.697	4	0.000
	学校—教育部门	15.336	4	0.004
	体育部门—教育部门	21.210	4	0.000

表6-28　开放宣传激励利益诉求五级评价得分占比表 / %

利益诉求	利益诉求主体	非常同意	同意	不一定	不同意	非常不同意
加大学校体育场馆宣传力度	居民	32.5	50.1	13.6	2.8	1.0
	学校	35.3	41.6	13.0	6.7	3.4
	体育部门	47.5	45.5	5.1	1.9	0.0
	教育部门	26.6	51.3	13.0	7.1	2.0
制定学校体育场馆开放绩效奖励制度	居民	32.5	49.8	12.4	3.9	1.4
	学校	32.8	39.9	15.1	9.2	3.0
	体育部门	36.9	47.0	11.6	3.5	1.0
	教育部门	20.1	53.2	15.6	9.1	2.0
把学校体育场馆开放纳入群众体育先进集体和个人评审范畴	居民	34.7	44.4	14.8	3.7	2.4
	学校	33.2	32.4	21.8	8.0	4.6
	体育部门	35.9	48.0	12.6	2.5	1.0
	教育部门	19.5	48.7	18.2	11.0	2.6

在加大学校体育场馆宣传力度方面，居民—学校、居民—体育部门、居民—教育部门、学校—体育部门、体育部门—教育部门的诉求存在显著差异。在制定学校体育场馆开放绩效奖励制度方面，居民—学校、居民—教育部门、学校—体育部门、体育部门—教育部门的诉求存在显著差异。将学校体育场馆开放纳入群众体育先进集体和个人评审方面，居民—学校、居民—教育部门、学校—体育部门、学校—教育部门、体育部门—教育部门的诉求存在显著差异。由此可见，三者的诉求强烈程度均为体育部门、居民、教育部门、学校。

此外，有学者研究提出，"健全中小学体育场馆向社会开放的激励机制，完善中小学体育场馆向社会开放的奖励和处罚等法规制度。[1]"因此，体育部门在加大学校体育场馆宣传力度、制订开放绩效奖励制度、将学校体育场馆开放纳入群众体育先进集体和个人评审3方面有强烈诉求。而且，制订开放绩效奖励制度及纳入群众体育先进集体和个人评审等方式直接将学校体育场馆激励政策落到实处，最大程度地提高相关工作人员的积极性，推动学校体育场馆开放程度进一步提高。居民的诉求强烈程度居第2位的原因是，场地使用是居民的利益出发点，居民的诉求目标始终围绕提高场地开放。

第五节　利益相关者诉求的象限分析

象限分析法是一种规划企业产品组合的方法，主要用于分析市场均衡问题。本研究拟以问卷第一纲目为横轴，以第二纲目为纵轴，通过两个变量的组合构建4个象限模型，利益相关者为居民、学校、体育部门、教育部门（表6-29、表6-30）。其中，利益相关者第一象限为诉求十分强烈，第二象限为诉求强烈，第三象限为诉求一般，第四象限为诉求较弱。

[1] 施文忠，黄松峰. 全民健身视角下福建省中小学体育场馆向社会开放实证研究［J］. 福建师范大学学报（自然科学版），2010，26（5）：120-124.

表6-29 利益相关者诉求横轴第一纲目列表

序号	第一纲目	第二纲目数量（条）
1	开放建设	4
2	开放安全制度	8
3	开放经费	5
4	开放管理主体	5
5	开放准入	3
6	开放场馆	3
7	开放对象	6
8	开放时间	4
9	开放收费	4
10	开放宣传激励	3

表6-30 利益相关者诉求纵轴第二纲目列表

序号	第一纲目	编号	第二纲目
1	开放建设	1.1	增加学校体育场馆数量和类型
2		1.2	提升学校体育场馆的质量
3		1.3	加强学校教学区与场馆开放区的隔离改造与建设
4		1.4	建设学校体育场馆开放信息化管理平台
5	开放安全制度	2.1	制定学校体育场馆向社会开放基本条件
6		2.2	制定学校体育场馆开放安全问题的责任区分办法
7		2.3	制定学校体育场馆开放的安全应急预案
8		2.4	制定学校体育场馆开放的安全防范措施
9		2.5	制定学校体育场馆损坏与破坏赔偿制度
10		2.6	政府为开放学校购买专项责任保险
11		2.7	锻炼者个人购买运动伤害类保险
12		2.8	签署运动人群安全责任书
13	开放经费	3.1	纳入教育部门经费预算
14		3.2	纳入公共体育设施免费低收费补助范畴
15		3.3	纳入体彩公益金补助范畴
16		3.4	纳入学校经费预算
17		3.5	通过投资、冠名、合伙制、捐赠等形式融资

（续表）

序号	第一纲目	编号	第二纲目
18	开放管理主体	4.1	以学校教学机构作为管理主体
19		4.2	以学校成立专门的体育场馆管理机构作为管理主体
20		4.3	引入专业运营管理机构作为管理主体
21		4.4	委托社会组织作为管理主体
22		4.5	社区居委会（企事业及社会组织）与学校合作作为管理主体
23	开放准入	5.1	采用身份证登记管理方法
24		5.2	采用办理准入证管理方法
25		5.3	自由进入
26	开放场馆	6.1	学校室外体育场地设施向社会开放
27		6.2	学校室内体育场馆设施向社会开放
28		6.3	学校高危性体育项目场馆（游泳馆等）向社会开放
29	开放对象	7.1	面向全社会人群开放
30		7.2	面向本校学生开放
31		7.3	面向学区内学生开放
32		7.4	面向学校周边社区居民开放
33		7.5	面向社会组织开放
34		7.6	仅向老年人、残疾人开放
35	开放时间	8.1	课余时间向社会开放
36		8.2	寒暑假与法定节日向社会开放
37		8.3	定时、定段向社会开放
38		8.4	预约式向社会开放
39	开放收费	9.1	全部免费向社会开放
40		9.2	仅向青少年学生、老年人、残疾人免费开放
41		9.3	经物价局核准运营收取费用
42		9.4	特定人群（青少年学生、老年人、残疾人）采取优惠、低收费，其余按物价核准收费
43	开放宣传激励	10.1	加大学校体育场馆开放宣传力度
44		10.2	制定学校体育场馆开放绩效奖励制度
45		10.3	把学校体育场馆开放纳入群众体育先进集体和个人评审范畴

通过对城市学校体育场馆资源共享利益相关者的利益诉求进行比较分析，四大核心利益相关者在开放建设、安全制度、经费、管理主体、准入方式、场馆类型、对象、时间、收费、宣传激励等10个方面的开放利益诉求进行象限分析。根据分析，四大核心利益相关者的诉求项目可分为十分强烈、强烈、一般、较弱。

一、居民诉求象限分析

在开放管理主体方面，十分强烈诉求的是引入专业运营管理机构、委托社会组织作为管理主体。专业的运营团队拥有精准的服务管理措施与细节，可以在最大程度上满足居民使用场馆过程中良好的用户体验。诉求较弱的是学校成立专门的体育场馆管理机构，可能存在专业性较低、服务品质较专业机构差等问题。

在开放场馆方面，十分强烈诉求的是学校室内体育场馆设施、学校高危性体育项目场馆（游泳馆等）。社会上室内体育场馆与高危性体育场馆的运营成本高导致收费较高，居民健身消费意识较为薄弱，而学校此类场馆作为公共体育设施开放，亲民的收费价格成为居民首选。在开放对象方面，十分强烈诉求的是面向社会组织、仅向老年人与残疾人开放，诉求较弱的是面向本校学生与学区内学生开放。对居民而言，期许场馆开放最大受益者是社会群体，而学生原本就作为场馆使用者，场馆共享的重要性则不被凸显。

在开放时间方面，十分强烈诉求的是预约式向社会开放、课余时间向社会开放。居民体育健身的自由性强，灵活度大，预约式可以很大程度满足其时间调配，课余时间则不会造成锻炼高峰期。诉求较弱的是寒暑假、法定节日以及定时定段向社会开放。学校场馆在寒暑假、法定节日开放的时间较短，不能满足其锻炼的自主性。在开放收费方面，十分强烈诉求的是特定人群（青少年学生、老年人、残疾人）采取优惠、低收费，其余按物价核准收费，经物价局核准运营收取费用，仅向青少年学生、老年人、残疾人免费开放。在人文关怀的社会环境下，居民素养日益提高，对特定人群进行优惠和低收费，同时青睐于符合市场经济的收费标准。

在开放建设方面，诉求较弱的是增加场馆数量和类型，提升质量，加强教学区与开放区的隔离改造与建设，建设开放信息管理平台。开放建设归属于顶层设计的内容，对于居民而言不以其意志所转移。在开放安全制度的8个方面诉求均较弱，其原因在于居民健身安全意识薄弱，安全制度的建设与否并不影响其参与体育锻炼。在开放经费方面，诉求较弱的是纳入公共体育设施免费低收费，体彩公益金补助，学校经费预算等范畴，通过投资、冠名、合伙制、捐赠等形式融资。开放安全制度与开放经费来源问题均不在居民的考量范围。在开放准入方面诉求较弱的是采用身份证登记、办理准入证，虽可保证入校人员资质，但对于居民而言手续比较烦琐。

二、学校诉求象限分析

学校在开放建设方面，十分强烈诉求的是增加学校体育场馆的数量和类型并提升质量。有助于学校体育教学质量的提升，同时是作为学校硬件设施等级评定的重要指标。在开放安全制度方面，十分强烈诉求的是政府为开放学校购买专项责任保险、锻炼者个人购买运动伤害类保险、签署运动人群安全责任书。开放后校方安全管理复杂，一旦发生安全问题责任难以区分，校方承担责任风险较大。

在开放经费方面，十分强烈诉求的是纳入公共体育设施免费低收费与体彩公益金补助范畴。在开放收费方面，诉求较弱的是全部免费开放。开放后校方在场馆运营方面开销大，场馆维护、设备更新，需要稳定的经费来源及适当的收费补贴。在开放管理主体方面，十分强烈诉求的是社区居委会（企事业及社会组织）与学校合作作为管理主体。居民作为开放后的受众，学校可借助其居委会等力量实现对居民身份的精准识别。校方认为自身可实现对场馆的运营，最大限度地节约管理经费，故而在引入专业运营管理主体方面诉求较弱。为保证学校的教学秩序及对校内师生安全的考量，在开放准入方面，十分强烈诉求的是采用身份证登记与办理准入证管理方法。

在开放对象方面，诉求较弱的是面向学校周边社区居民开放、社会组织开放。外来人员入校增加校园环境的复杂性，居民入校健身增加责任安全风险，校内学生才是校方管理最便捷的人员。在开放时间方面，诉求较弱的是课余时间向社会开放，可能存在校内学生与校外人员共享场馆的情况，在一定程度上造成场馆使用压力，也存在着安全风险。在开放宣传激励方面，诉求较弱的是加大场馆开放宣传力度、制订场馆开放绩效奖励制度、把学校体育场馆开放纳入群众体育先进集体和个人评审范畴诉求较弱。对于校方而言，应最大限度避免场馆曝光度，保障学生的优先使用。

三、体育部门诉求象限分析

在开放经费方面，十分强烈诉求的是纳入教育部门经费预算作为固定的经费来源，减轻自身的资金压力。而诉求较弱的是通过投资、冠名、合伙制、捐赠等形式融资。在开放管理主体方面，十分强烈诉求的是以学校成立专门的体育场馆管理机构作为管理主体。实现管理主体的单一性，便于体育部门监管。诉求较弱的是引入专业运营管理机构、委托社会组织作为管理主体。

在开放准入方面，十分强烈诉求的是自由进入。体育部门期许最大限度开放体育场馆，为社会居民提供合理便利。诉求较弱的是采用身份证登记、准入证管理方法。在开放场馆方面，十分强烈诉求的是学校室外体育场地设施向社会开放。在开放时间方面，十分强烈诉求的是寒暑假、法定节日向社会开放。场馆利用率最大化，同时实现引流健身人群的目的。诉求较弱的是预约式向社会开放，预约式对场馆信息化及场馆管理安排要求较高，需要体育部门投入更大的经费与精力。

在开放宣传激励方面，诉求十分强烈的是加大场馆开放宣传力度、制订场馆开放绩效奖励制度、把学校体育场馆开放纳入群众体育先进集体和个人评审范畴。进一步落实惠民政策，同时增强开放体育场馆的学校以及相关管理者的积极性。在开放收费方面，诉求较弱的是仅向青少年学生、老年人、残疾人免费开放，经物价局核准运营收取费用，特定人群（青少年学生、老年人、残疾人）采取优惠、低收费，其余按物价核准收费等。开放经费是运营管理主体的考量范围，体育部门弱化开放收费问题。

四、教育部门诉求象限分析

在开放建设方面，十分强烈诉求的是加强学校教学区与场馆开放区的隔离改造与建设，保证学校的教学质量及校内师生安全。在开放经费方面，十分强烈诉求的是纳入学校经费预算，通过投资、冠名、合伙制、捐赠等形式融资。诉求较弱的是纳入教育部门经费预算。通过其他渠道获取资金来源，减轻教育部门的财政压力。在开放对象方面，十分强烈诉求的是面向本校学生开放，诉求较弱的是面向全社会人群，学校周边社区居民，社会组织开放，仅向老年人、残疾人开放。应保证学生的场馆使用权，实现“阳光体育”，做到每天锻炼1小时，健康工作50年。

在开放安全制度方面，诉求较弱的是锻炼者个人购买运动伤害类保险、签署运动人群安全责任书。在开放管理主体方面，诉求较弱的是以学校教学机构、专业运营管理机构、委托社会组织作为管理主体、社区居委会（企事业及社会组织）与学校合作。在开放准入方面，诉求较弱的是采用身份证登记管理方法、自由进入。在开放收费方面，诉求较弱的是特定人群（青少年学生、老年人、残疾人）采取优惠、低收费，其余按物价核准收费，经物价局核准运营收取费用。

在开放场馆方面，诉求较弱的是学校室内外体育场地场馆设施、学校高危性体育项目场馆（游泳馆等）等向社会开放。在开放时间方面，诉求较弱的是课余时间向社会开放，寒暑假、法定节日向社会开放，预约式向社会开放。在宣传激励方面，诉求较弱的是加大学校体育场馆开放宣传力度、制定开放绩效奖励制度。安全是教育部门考虑最多的问题，尽可能减少场馆设施开放，缩短开放时间，可将危险系数降到最低。

本章小结

基于前文总结的“组织管理”“基础保障”“开放办法”三大高阶主题，对我国城市学校体育场馆资源共享的各利益主体的诉求进行研究。通过对利益等相关概念进行界定，并梳理利益相关者理论后，识别出居民、学校、体育部门和教育部门四大核心利益相关者。针对四大核心利益相关者设计共享困境的利益诉求调查问卷，通过专家信效度检验及调查结果的梳理整合，从开放建设、安全制度、经费、管理主体、准入、场馆、对象、时间、收费、宣传激励等10个方面进行诉求比较，发现四大核心利益相关者之间在不同方面存在诉求差异，研究根据诉求强烈程度进行内在原因分析。通过象限分析发现，4个利益相关者其利益诉求存在较大差异，具体如下。

第一，利益主体居民对学校体育场馆资源共享的诉求十分强烈，第一象限主要聚焦在管理主体、开放场馆类型、开放时间和收费4个方面。诉求点主要为：管理主体应引入专业运营管理机构、委托社会组织；开放学校室内体育场馆设施（包括游泳馆）等，并至少要面向社会组织、老年人与残疾人开放；在开放时间上为课余时间，至少可采用预约式时间向社会开放；在开放收费上对青少年学生、老年人、残疾人特定人群采取优惠、低收费。

第二，利益主体学校对学校体育场馆资源共享的诉求十分强烈，第一象限主要聚焦学校体育场馆开放建设、安全管理、开放经费3个方面。诉求点主要为：体育场馆资源数量和类型的优化配置；购买安全保险及签署安全责任书；把开放经费纳入公共体育设施免费低收费与体彩公益金补助范畴。

第三，利益主体体育部门对学校体育场馆资源共享的诉求十分强烈，第一象限主要聚焦管理经费、管理主体、开放准入、开放场馆类型、宣传激励等5个方面。诉求点主要为：管理经费纳入教育部门经费预算；学校成立专门的体育场馆管理机构作为管理主体；在开放准入方面为自由进入；在开放场馆类型方面为学校室外体育场地设施；在开放时间方面为寒暑假、法定节日；在开放宣传激励方面加大场馆开放宣传力度、制订场馆开放绩效奖励制度。

第四，利益主体教育部门对学校体育场馆资源共享的诉求十分强烈，第一象限主要聚焦学校体育场馆开放建设、管理经费、开放对象3个方面。诉求点主要为：加强学校教学区与场馆开放区的隔离改造与建设；管理经费方面为纳入学校经费预算，通过投资、冠名、合伙制、捐赠等形式；开放对象方面主要为面向本校学生开放。

综上，围绕学校体育场馆资源共享困境要素利益诉求的调查和分析，由于各利益相关者对共享成本和共享收益的计算和预期都是从各自的利益出发的，他们都是从追求责任分摊成本的最小化和分享利益的最大化出发，各利益相关者间存在着广泛的冲突性质是一种现实存在。由此，学校体育场馆资源共享困境其实是各利益相关者根据其自身处境、目的、得失而展开的多重博弈、重复博弈和合作博弈的相互交错的结果，围绕学校体育场馆资源共享困境消解路径必将展开多种形式的博弈。

第七章 我国城市学校体育场馆资源共享困境的利益博弈

利益博弈是利益主体在利害关系发生冲突过程中，双方决策受对方制约的同时又对另一方产生制约，受到对方影响的同时又影响对方的活动。不同的利益相关者，由于其利益主体不同，其博弈方式也不同。当然，最佳博弈结果是利益各方，各自发挥特长，弥补不足，互惠共赢。本章一一厘析核心困境决策主体，并给予分类，且选择不同博弈模型进行博弈分析。

第一节 问题的提出

利益相关者是指能够影响一个组织目标的实现，或者受到一个组织实现其目标过程影响的所有个体和群体。我国城市学校体育场馆资源共享的利益相关者包括地方政府、发改部门、教育部门、体育部门、财政部门、公安部门、工信部门、学校、体育社会组织、社会体育指导员、体育企业、社区居民等，从利益获取和责任担当的视角，教育部门、体育部门、学校、社区居民是主要利益相关者，其基于政治效益、经济效益、社会效益等复杂交织的利益博弈，对学校体育场馆资源共享的政策执行和落实起着决定性作用。为此，揭示学校体育场馆资源共享困境主要利益相关者的利益博弈，是完善学校体育场馆资源共享政策，寻求消解学校体育场馆资源共享困境路径的基础性工作。

第二节 经典博弈模型

在博弈论中，诞生了许多经典博弈模型，如囚徒困境博弈模型、智猪博弈模型、胆小鬼博弈（又称斗鸡博弈）模型、鹰鸽博弈模型、协调博弈（又称猎鹿博弈）模型、小偷与守卫博弈模型等。

一、囚徒困境模型

1950年，美国兰德公司提出“囚徒困境”博弈模型，囚徒困境是经典非合作博弈之一，讲述的是两个嫌疑人面对警察隔离审讯策略选择问题。如果嫌疑人甲和乙都选择不坦白策略，两人同时被判1年刑期；如果两人都选择坦白策略，两人同时被判10年刑期；若有一人坦白并先一步供出同伙，将被判3个月，同伙重判20年。隔离审讯中，二者无法信任对方，因此推理嫌疑人甲、乙都会选择坦白，最终导致纳什均衡仅落在非合作策略。“囚徒困境”集中反映个人理性策略往往导致集体非理性策略，只要个体利益与集体利益相互冲突，“囚徒困境”将再次展现，如中小学生减负、虚拟社区知识共享、医患关系困境中，就存在“囚徒困境”论证现象。“囚徒困境”的相关研究，详见表7–1。

表7–1　“囚徒困境”相关实证文献

文献	出版刊物	作者	博弈困境	博弈主体	论证模型
中小学学生减负与“囚徒困境博弈”论[1]	教育科学	朱镜德、朱晓青	是否遵守减负规则	学生甲与学生乙	囚徒困境
虚拟社区知识共享的“囚徒困境”博弈分析——基于完全信息静态与重复博弈[2]	图书馆	李钢、卢艳强	知识共享收费	参与人1与参与人2	囚徒困境
基于社会交换视角的医患关系“囚徒困境”解析[3]	昆明理工大学学报	丁顺宏	医患关系	医方与患方	囚徒困境

二、智猪博弈模型

1950年，约翰·纳什提出“智猪博弈”模型，属于经典非合作博弈之一。该模型主要讲述的是猪圈里有一头大猪、一头小猪，因存在明显进食能力差异，产生的智斗策略。食槽一侧踏板被踩下会有10个单位的食物进槽，但需消耗2个单位的成本。如果小猪踩了踏板再回来吃食的话，大猪会吃掉9份，小猪只能吃1份；如果大猪去踩了踏板再回来吃食的话，大猪会吃掉6份，小猪吃4份；如果一起去踩踏板，回来一起吃食物的话，大猪吃7份，小猪吃3份。实际上小猪选择等待，让大猪去按控制按钮，等待还是要优于行动。可以看出，“智猪博弈”集中反映的是搭便车策略，只要博弈双方收益目标相同，并存在显著性行动能力，“智猪博弈”将再次展现，如环境治理困境、品牌建设、乡村治理中存在“智猪博弈”论证现象。“智猪博弈”的相关研究，详见表7–2。

[1] 朱镜德，朱晓青. 中小学学生减负与“囚徒困境博弈”论［J］. 教育科学，2002（4）：11–13.

[2] 李钢，卢艳强. 虚拟社区知识共享的“囚徒困境”博弈分析——基于完全信息静态与重复博弈［J］. 图书馆，2019（2）：92–96.

[3] 丁顺宏. 基于社会交换视角的医患关系“囚徒困境”解析［J］. 昆明理工大学学报（社会科学版），2019，19（3）：34–39.

表7-2 “智猪博弈”相关实证文献

文献	出版刊物	作者	博弈困境	博弈主体	论证模型
环境治理悖论中的地方政府与公民社会：一个智猪博弈的模型[1]	四川大学学报	陈桂生	环境治理	地方政府 公民	智猪博弈
“赣南脐橙”品牌建设中的“智猪博弈”困境分析及对策研究[2]	福建农林大学学报	曹文、涂传清、张会翰	县级政府间投资困境	政府甲 政府乙	智猪博弈
试论乡村治理中村民内部利益主体博弈策略——基于智猪博弈分析[3]	农业经济	张立芳、郭华夏	乡村治理困境	精英村民 普通村民	智猪博弈

三、胆小鬼博弈模型

胆小鬼博弈是博弈论中一个影响深远的模型，也称为斗鸡博弈，属于非合作博弈。该模型中，两名车手向对方驱车而行，谁最先让开的一方被耻笑为“胆小鬼”，让另一方胜出，但如果两人拒绝收掣，任由两车相撞，最终谁都无法得益。两者如果均选择“前进”，结果是两败俱伤，两者均获得-2的支付；如果一方“前进”，另外一方“后退”，前进者获得1的支付，赢得了面子，而后退者获得-1的支付，输掉了面子，但没有两者均“前进”受到的损失大；两者均“后退”，两者均输掉了面子，获得-1的支付，数字只是相对的值。这个博弈模型有两个纯策略纳什均衡：一方前进，另一方后退；或一方后退，另一方前进。“胆小鬼博弈”集中反映一方选择合作而另一方选择背叛，混合策略是纯纳什均衡解，但双方均选择合作却是该博弈的帕累托最优解。只要博弈双方为达到收益目标需进行心理斗争，体现有勇有谋、敲山震虎策略，“胆小鬼博弈（斗鸡博弈）”将再次展现，如人际冲突、商事审判调解中

[1] 陈桂生. 环境治理悖论中的地方政府与公民社会：一个智猪博弈的模型［J］. 四川大学学报（哲学社会科学版），2019（2）：85–93.

[2] 曹文，涂传清，张会翰. “赣南脐橙”品牌建设中的“智猪博弈”困境分析及对策研究［J］. 福建农林大学学报（哲学社会科学版），2014，17（4）：40–45.

[3] 张立芳，郭华夏. 试论乡村治理中村民内部利益主体博弈策略——基于智猪博弈分析［J］. 农业经济，2017（4）：68–70.

存在“胆小鬼博弈（斗鸡博弈）”论证现象。“斗鸡博弈”的相关研究，详见表7-3。

表7-3　“斗鸡博弈”相关实证文献

文献	出版刊物	作者	博弈困境	博弈主体	论证模型
基于斗鸡博弈视角的高校学生人际冲突分析[1]	科技广场	丁廷开	高校学生人际冲突困境	学生A 学生B	斗鸡模型
论商事审判调解中“胆小鬼博弈论”之运用[2]	甘肃联合大学学报	甘琳	商事审判调解困境	公司A 公司B	胆小鬼博弈模型

四、协调博弈模型

协调博弈是参与人对不同策略组合有相同偏好的博弈，如果其他人能够正确地预期，那么在多个纳什均衡中存在唯一解，即均衡选择依赖参与人之间对博弈进行有充分相似的信念。协调博弈就是存在多个能够进行帕累托排序纳什均衡的博弈。根据均衡选择时，参与人之间是相同行动的行为预期，还是不同行动的行为预期，把协调博弈分为对称协调博弈与非对称协调博弈[3]。我们可以通过一个简单的模型引入协调博弈。假设两个独立决策的参与人，同时具有A与B两个策略可以选择。当两者选择一致时，双方才能获得正收益，即得利来自双方的协调而不是冲突。此时存在两个A与B两个均衡。如果A均衡的上双方的收益均大于B均衡上的收盈，此时就可以对均衡进行帕累托排列。这就构成了一个协调博弈。博弈结果会落在哪一个均衡上是研究重点。

协调博弈集中反映博弈双方知晓存在最优的纳什均衡，但信心不足。只要博弈双方为达到共同利益目标呈现沟通共享信息、互通策略选择需求，协调博弈将再次展现，如校企合作、学术权力与行政权力协调、中国电信产业管制机构与反垄断机构的协调存在协调博弈论证现象。“协调博弈”的相关研究，详见表7-4。

[1] 丁廷开. 基于斗鸡博弈视角的高校学生人际冲突分析［J］. 科技广场，2014（1）：160-163.

[2] 甘琳. 论商事审判调解中“胆小鬼博弈论”之运用［J］. 甘肃联合大学学报（社会科学版），2012，28（1）：40-43.

[3] 张良桥. 协调博弈理论前沿研究新进展［J］. 经济前沿，2009.

表7-4　“协调博弈”相关实证文献

文献	出版刊物	作者	博弈困境	博弈主体	论证模型
协调博弈：创新校企合作机制的新视角[1]	中国职业技术教育	亓俊国、罗植、庞学光	校企合作协调困境	职业院校企业	协调博弈
学术权力与行政权力的协调博弈[2]	管理观察	刘晨光	学术权力与行政权力利益困境	学术权力行政权力	协调博弈
中国电信产业管制机构与反垄断机构的协调博弈分析[3]	经济与管理研究	王俊豪、王慧	两类机构的协调机制困境	反垄断机构管理机构	协调博弈

第三节　利益博弈模型的择取

一、核心困境决策主体择取与分类

（一）核心困境决策主体择取

我国城市学校体育场馆资源共享主要利益相关者为教育部门、体育部门、学校、居民，这四大利益相关者共同利益目标为实现我国城市学校体育场馆资源共享。由于在责任落实与风险管理过程中，各利益相关者出现相互推诿、不落实不担当等现象，无法实现各困境之间的绝对性合作，故应积极探寻各困境决策主体，为各困境博弈分析奠定基础。我国城市学校体育场馆资源共享主要核心困境为开放建设困境、开放安全困境、开放经费困境、开放管理主体困境、开放准入困境、开放场馆困境、开放对象困境、开放时间困境、开放收费困境、宣传激励困境。基于利益相关者利益诉求矩阵图，择取各困境决策主

[1] 亓俊国，罗植，庞学光. 协调博弈：创新校企合作机制的新视角［J］. 中国职业技术教育，2010（18）：47-53.

[2] 刘晨光. 学术权力与行政权力的协调博弈［J］. 管理观察，2015（19）：99-102.

[3] 王俊豪，王慧. 中国电信产业管制机构与反垄断机构的协调博弈分析［J］. 经济与管理研究，2014（8）：5-12.

体。首先对诉求十分强烈进行对比，如诉求十分强烈条目数量呈现明显排序，直接择取各困境前两位为决策主体；如诉求十分强烈呈现并列排序，对诉求强烈条目数量进行递加，择取递加数量前两位为作为决策主体。

在开放建设4条第二纲目中，诉求强烈水平前两位的为学校与教育部门，二者为此困境决策主体；在开放安全制度8条第二纲目中，诉求强烈水平前两位的为学校与体育部门，二者为此困境决策主体；在开放经费5条第二纲目中，诉求强烈水平前两位的为教育部门与学校，二者为此困境决策主体；在开放管理主体5条第二纲目中，诉求强烈水平前两位的为学校与居民，二者为此困境决策主体；在开放准入3条第二纲目中，诉求强烈水平前两位的为学校与体育部门，二者为此困境决策主体；在开放场馆3条第二纲目中，诉求强烈水平前两位的为居民与体育部门，二者为此困境决策主体；在开放对象6条第二纲目中，诉求强烈水平前两位的为学校与居民，二者为此困境决策主体；在开放时间4条第二纲目中，诉求强烈水平前两位的为居民与体育部门，二者为此困境决策主体；在开放收费4条第二纲目中，诉求强烈水平前两位的为居民与学校，二者为此困境决策主体；在开放宣传激励3条第二纲目中，诉求强烈水平前两位的为体育部门与居民，二者为此困境决策主体（表7-5）。通过我国城市学校体育场馆资源共享决策主体择取，归纳凝练出4类相对应决策主体，分别为体育部门与学校、体育部门与居民、教育部门与学校、学校与居民。

表7-5　核心困境诉求主体诉求水平表

困境	诉求十分强烈				诉求强烈			
	体育部门	教育部门	学校	居民	体育部门	教育部门	学校	居民
开放建设	0	1	2	0	0	0	0	0
开放安全制度	0	0	3	0	5	2	1	0
开放经费	1	2	2	0	0	0	2	1
开放管理主体	1	0	1	2	1	0	3	1
开放准入	1	0	2	0	0	0	0	1
开放场馆	1	0	0	2	1	0	1	1
开放对象	1	1	0	2	1	1	3	2
开放时间	1	0	0	2	2	0	2	0
开放收费	0	0	0	3	1	1	2	1
开放宣传激励	3	0	0	0	0	0	0	3

（二）基于决策主体属性核心困境的博弈模型分类

1. 体育部门与学校决策主体博弈模型类型选择

体育部门是城市学校体育场馆资源共享核心推动方，学校是城市学校体育场馆资源共享核心执行方，由于角色不同，体育部门、学校的共享权能、共享信息、共享志愿存在一定差异。体育部门负责推动群众体育发展，学校体育场馆资源共享是群众体育发展衍生问题，学校受管于教育部门，体育部门无法直接推动学校实施共享，学校无法进行自我共享，体育部门与学校都不具备直接共享权能。但体育部门与教育部门受管于当地人民政府，较多地区出现政府印发城市学校体育场馆资源共享实施办法，故体育部门的间接共享权能、共享信息、共享志愿水平远远大于学校，二者收益目标相同，但存在显著性行动能力，呈现大猪、小猪现象，为“智猪博弈”类似推理提供了可能。

开放安全困境、开放准入困境决策主体为体育部门与学校。网络新闻媒体对学校体育场馆资源共享关注度只增不减，表明社会环境迫切希望学校体育场馆资源共享。健康中国行动计划提出，到2022年和2030年，学校体育场地设施开放率要超过70%和90%。基于此，可以用“智猪博弈”模型探讨城市学校体育场馆资源共享中的开放安全困境与开放准入困境。

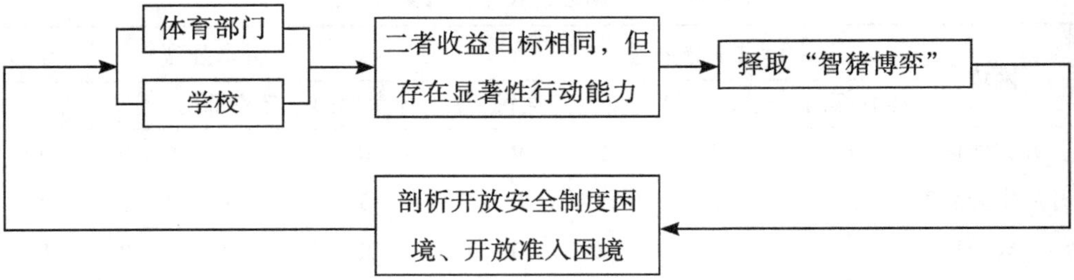

图7-1　体育部门与学校决策主体博弈模型类型选择图

2. 体育部门与居民决策主体博弈模型类型选择

我国城市学校体育场馆资源共享在推动过程中，涉及部门较多，利益相关群体较为复杂，体育部门举步维艰，共享策略不断探索、创新、实证、质疑、推翻、再建，而最终受益方为居民。由于角色不同，体育部门共享策略以大局观为主，居民共享策略以微观为主，但利益最终目标不存在明显差异。体育部门服务于居民，居民由个体组成，共享需求由个体需求组成，微观策略不可小觑。居民生活于社会大环境，自我利益与社会利益产生对立现象，应以社会利益为主，大局观策略也不容忽视。二者行为目标为促进大局观策略与微观策略的相互融合或选择，实现较高受益，达到共赢，不存在一方利益的增长伴随另一方利益的巨减现象，存在最优的纳什均衡，但举步维艰信心不足，呈现协调期望，为协调博弈类似推理提供了可能。

开放场馆困境、开放时间困境、宣传激励困境为体育部门与学校，体育部门作为核心推动方，居民作为核心受益方，二者利益基本一致，但存在微偏颇。利益来源于协调，而非冲突。基于此，我们试图用“协调博弈”模型探讨我国城市学校体育场馆资源共享中的开放场馆困境、开放时间困境、宣传激励困境。

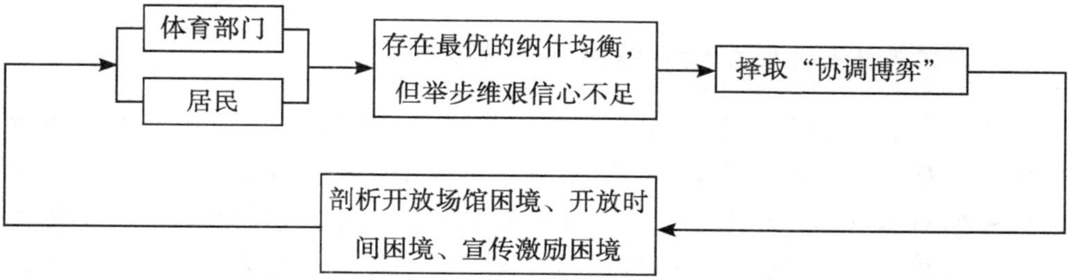

图7-2　体育部门与居民决策主体博弈模型类型选择图

3. 教育部门与学校决策主体博弈模型类型选择

教育部门与学校是上下级关系，学校归教育部门管辖。我国城市学校体育场馆资源共享教育部门并非核心推动方（学校为执行方），为促进群众体育发展，教育部门不得不成为“局中人”，且任重道远，执行方学校遇到的任何阻碍因素、困境与需求，教育部门必须进行统筹与应对。目前学校部分利益诉求大于教育部门统筹能力，学校众多，各学校因体育场馆资源不尽相同，开放实际情况错综复杂，教育部门策略与学校实际情况有所分歧，二者存在策略差异。基于上下级关系，教育部门与学校之间共享信息对等，存在最优的纳什均衡，但困境重重信心不足，呈现协调期望，为协调博弈类似推理提供了可能。

开放建设困境、开放经费困境为教育部门与学校，教育部门作为学校的管理方，二者行动目标一致，但存在策略差异。利益来源于协调，而非冲突。基于此，我们试图用“协调博弈”模型探讨我国城市学校体育场馆资源共享中的开放建设困境及开放经费困境（图7-3）。

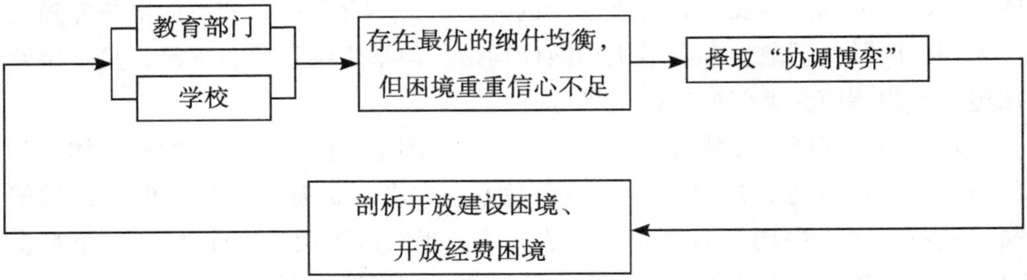

图7-3　教育部门与学校决策主体博弈模型类型选择图

4. 学校与居民决策主体博弈模型类型选择

2019年，国务院办公厅发布《关于促进全民健身和体育消费推动体育发展产业高质量发展的意见》，彰显国家对群众体育发展以及对消解群众锻炼体育场地不足困境高度重视。“共享”是国家层面的集体利益。在学校体育场馆资源共享探索阶段，学校承担开放主要责任，大部分学校选择“不共享”，“共享”是不现实的，“不共享”是学校的稳定均衡，个体利益与集体利益相互冲突。学校与居民之间的博弈应厘清博弈收益目标，国家重视水平不断提升，各学校将面临体育场馆“必须共享”“共享绩效考核”，学校层面收益目标由“不共享”转变为“共享”。自始至终，“共享”是居民层面的收益目标，故学校与居民之间一荣俱荣、一损俱损。学校与居民之间无沟通渠道，学校在政策制定与执行过程中，居民无法参与，二者信息并不对等，为“囚徒困境”博弈提供了可能。

开放管理主体困境、开放对象困境、开放收费困境为学校与居民，学校与居民信息不对等，个人最佳选择并非团体最佳选择，单方理性往往导致集体非理性。基于此，我们试图用“囚徒困境博弈”模型探讨我国城市学校体育场馆资源共享中的开放管理主体困境、开放对象困境、开放收费困境（图7-4）。

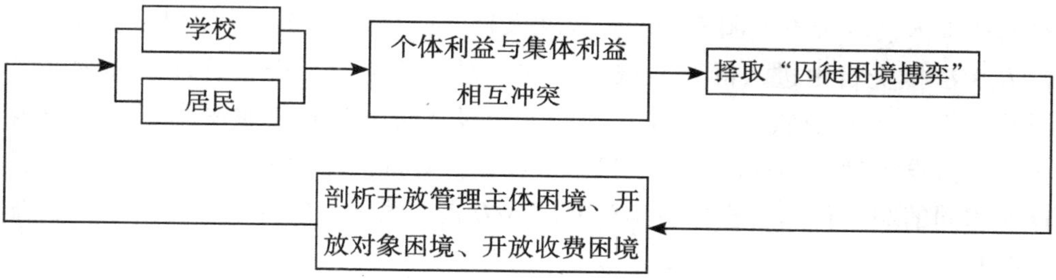

图7-4　学校与居民决策主体博弈模型类型选择图

第四节　我国城市学校体育场馆资源共享困境的利益博弈分析

一、城市学校体育场馆资源共享困境中的智猪博弈

（一）智猪博弈模型假设

体育部门、学校之间的相关困境我们都试图用“智猪博弈”模型探讨，涵盖开放安全制度困境、开放准入困境。体育部门职能涵盖群众体育发展中相关政策法规的制定与监控，保障城市学校体育场馆资源共享过程中群众生命安全，需建设全面安全开放制度，是体育部门必须执行的主要职能。学校各项工作的基本底线是保障学生安全，以往城市学校体育场馆资源共享，学校顾虑重重，迫切希望健全开放安全规章制度体系。体育部门以代表群众安全为主，学校以代表学校安全为主，二者对开放安全的防范措施与保障极为重视。开放安全制度困境，假设体育部门获益水平高于学校较为科学；假设大猪为体育部门，小猪为学校，体育部门与学校都为理性人，二者存在相同的利益目标，进行开放安全制度建设，根本目的为取得自身最大收益。

目前，城市学校体育场馆资源共享水平是衡量群众体育开展水平的重要标志，共享需求强烈，体育部门就担负起举足轻重的使命，保障开放准入便捷化、简易化，实现更多居民有权进入校园进行体育锻炼，消解群众体育发展过程中锻炼者体育场地的不足，故体育部门表现出诉求十分强烈现象。学校倡导严格的准入制度维护校园安全，开放准入越严谨，校园安全系数相对就越高，校方无法接受自由进入的开放准入方式，对采用身份证登记管理、办理准入证管理诉求十分强烈。开放准入困境，假设体育部门获益水平高于学校较为科学，假设大猪为体育部门，小猪为学校，体育部门与学校都为理性人，二者存在相同的利益目标，抉择科学开放准入方式，根本目的为取得自身最大收益（图7–5）。

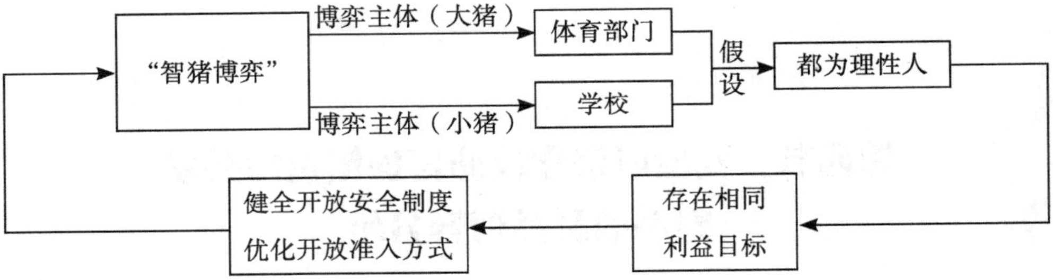

图7–5　“智猪博弈”模型假设图

（二）开放安全制度困境智猪博弈模型分析与启示

假设开放安全制度获益为10个单位，建设成本消耗2个单位，体育部门（大猪）获益大于学校（小猪）。如果体育部门、学校同时建设，体育部门获益7个单位，扣除成本最终获益5个单位，学校获益3个单位，扣除成本最终获益1个单位。如果只有体育部门建设，获益6个单位，扣除成本最终获益4个单位，此时学校选择不建设，可获益4个单位。如果只有学校建设，获益1个单位，扣除成本最终获得–1个单位，体育部门获益9个单位。对于学校而言，不建设“搭便车”策略为最优策略，当学校确定选择“搭便车”策略，体育部门不建设策略变为劣势策略，只能选择建设策略，博弈结果为体育部门应作为开放安全制度的主要建设部门（图7–6）。

开放安全制度建设应具备全面性与统一性。体育部门作为实现城市学校体育场馆资源共享服务部门，应完善学校群体、入校群体保护及监管制度，禁止有关破坏校园环境、影响学生健康、影响其他锻炼者等不良行为。建立城市学校体育场馆资源共享长效机制，加大不良行为查处力度，明确责任，建立共享机制，开展联合惩戒，运用安全开放制度消除安全隐患，充分发挥制度优势。

体育部门	学校	
	建设	不建设
建设	5，1	4，4
不建设	9，-1	0，0

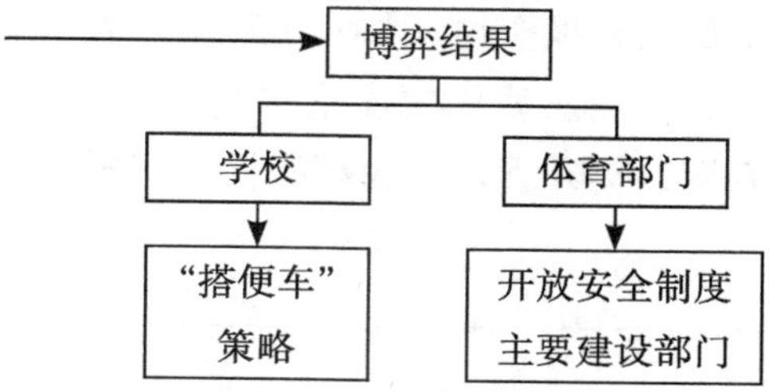

图7-6　开放安全制度“智猪博弈”模型与博弈结果图

开放安全制度层面，江苏省南通市围绕学校体育场馆开放“怎么做”，强化制度规范，形成有序长效机制。沈阳市在学校体育场面向社会开放前，积极调研、认真研究，制订了学校体育场面向社会开放管理办法等规章制度，对学校体育操场开放的区域、时间、对象及相关要求进行了明确，并通过新闻媒体向社会公布。走出“智猪博弈”困局的关键就在于寻求消弭困境的规则，以及建立在这些规则之上的制度协同。体育部门作为开放安全制度主要建设部门，应联合学校、居委会、教育部门、公安部门制订完善的规章制度、完善法律援助机制，建立突发事件的应急处理机制。

（三）开放准入困境智猪博弈模型分析与启示

假设开放准入模式抉择获益为10个单位，抉择成本消耗2个单位，体育部门（大猪）获益比大于学校（小猪）。如果体育部门、学校同时抉择，体育部门获益7个单位，扣除成本最终获益5个单位，学校获益3个单位，扣除成本最终获益1个单位。如果只有体育部门抉择，获益6个单位，扣除成本最终获益4个单位，此时学校不抉择，可获益4个单位。如果只有学校抉择，获益1个单位，扣除成本最终获得-1个单位，体育部门获益9个单位。对于学校而言，不抉择“搭便车”策略为最优策略，当学校确定“搭便车”策略，体育部门不抉择策略变为劣势策略，只能进行抉择，博弈结果为体育部门应作为主要部门抉择开放准入模式。

体育部门抉择开放准入模式，应以共享安全为基本前提，必须实现进入校园锻炼者信息可追溯，锻炼者运动损伤，可以在第一时间联系家人，降低风险；发现运动器械故意损坏行为，可以第一时间召回损坏人员，进行追责。确保锻炼者信息登记真实，增加紧急联系人信息，在突发情况下，可以通过紧急联系人了解当事人信息，提高突发时间处理速度。有条件地区准入模式应与公安部门积极探讨，如实名认证过程借鉴公安网，进行“刷脸”进校园。“智猪博弈”启示我们要注重“利益公平化”[1]，加强学校开放准入管理考核奖惩制度，提升管理行为积极性，将搭便车策略升华为主动作为策略（图7-7）。

体育部门	学校	
	抉择	不抉择
建设	5，1	4，4
不建设	9，-1	0，0

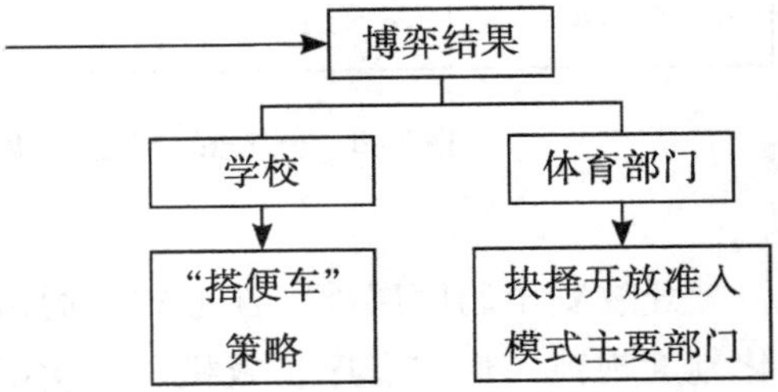

图7-7　开放准入“智猪博弈”模型与博弈结果图

开放准入层面，2019年，海滨市市民进入学校运动，需要下载“享动体育”App，通过人脸识别和身份证注册后，选择需要前去学校即可，再次到达所选学校通过人脸识别即可。2020年，厦门新增38所中小学体育场馆向社会开放，市民入校需要注册、刷脸。体育部门应积极倡导简约、安全式准入模式，通过线上进行身份证审核与准入证办理，线下融合“刷脸”模式提高通关准确率及通关速度。

二、城市学校体育场馆资源共享困境的协调博弈

（一）协调博弈模型假设

体育部门与居民、教育部门与学校之间的相关困境我们都试图用“协调博弈”模型探讨，涵盖开放安全制度困境、开放准入困境、开放场馆困境、开放时间困境、宣传激励困境。构建2×2对称博弈结构，假设协调博弈参与者为体育部门与居民或教育部门与学校，博弈参与者各为2个（i=1，2），体育部门（教育部门）、居民（学校）的策略变量为$e_i \in E$［0，E］，为体育部门（教育部门）、居民（学校）的行动边界，通过剔除、归纳、凝练，策略变量为2

［1］李云端. 博弈论与上下级和谐型相互领导关系构建［J］. 领导科学，2020（2）：54-57.

个，$e_1 \in s_i$，$e_2 \in s_i$，e_1代表体育部门（教育部门）、居民（学校）选择策略1，e_2代表体育部门（教育部门）、居民（学校）选择策略2。

假设体育部门（教育部门）、居民（学校）的收益函授为u_i（e_i，e_{-i}，θ_i）$-c_i$，e_{-i}为其他参与者策略变量，θ_i为环境参数，c_i为协调成本。我国城市学校体育场馆资源共享，各个困境涉及利益相关者极为繁杂，如政府部门相关人员、共享工作执行相关人员、共享收益相关人员等，为消解核心困境，假设其他参与人不采取策略。学校体育场馆资源共享体育部门（教育部门）、居民（学校）面临社会环境相同，θ_i相同。假设协调成本相同，集中进行策略本身收益分析。模型中a>0，b>0当体育部门（教育部门）、居民（学校）分别选择策略1与2，则无法实现体育场馆资源共享，依据国家愿景，必须实现体育场馆资源共享，因此本书所有协调博弈不分析混合策略，即（a，b）、（b，a），最终博弈结果为在博弈均衡策略中选择风险占优策略（表7–6）。

表7–6　共享困境协调博弈模型假设矩阵表

		居民（学校）	
		策略1	策略2
体育部门（教育部门）	策略1	u（e_1），u（e_1）	a，b
	策略2	b，a	u（e_2），u（e_2）

（二）开放场馆困境协调博弈模型分析与启示

体育部门与居民开放场馆困境诉求集中于开放场馆应开尽开策略，在保障大量室外体育场地开放基础上，大量开放室内场馆策略。开放场馆应开尽开基于3个视角，分别为基于教育部门视角，运营成本是否能够支撑尽开场馆运营；基于学校视角，高危型体育场馆是否有足够的指导员保障运动参与安全；基于居民视角，是否够能够接受室内体育场馆、高危性体育项目场馆开放收费偏高。确定3个视角可行性，坚持体育场馆应开尽开，完善城市学校体育场馆资源共享资源配置，此时体育部门与居民双方受益为［u（e_1），u（e_1）］。在保障室外大量体育场地开放基础之上，大量开放室内场馆，受益人可不受天气影响进行体育锻炼，避免室外体育场馆在强烈阳光照射下、阴雨天气下，受益人无法进行体育锻炼等困境，提升受益人体育锻炼行为自由性，此时体育部门与居民双方受益为［$u(e_2)$，$u(e_2)$］。

在此博弈中，［$u(e_1)$，$u(e_1)$］、［$u(e_2)$，$u(e_2)$］均是博弈均衡，城市学校体育场馆资源共享需要体育部门进行资源配置，不同群体喜欢不同体育运动项目，不同体育运动项目需要不同场馆资源。但短时间内大量开放室内场馆，为保障安全与可持续性运营，收费偏高，将超越受益人平均支付能力，体育部门协调的要素超越体育部门协调能力，故应开尽开［$u(e_1)$，$u(e_1)$］为风险占优均衡。

开放场馆层面，坚持应开尽开策略，如《赣州市中小学校体育场馆向社会开放实施方案》提出，学校室外场地设施，如操场、球场、田径场跑道等要先行开放；室内场馆设施开放，由学校提出并报上级教育行政部门确定。体育部门应开尽开原则，应执行开放程序，学校室外场地设施先行开放，室内场馆设施报上级教育行政部门确定，高危险性体育项目场地由县级人民政府根据当地实际制定开放名录，最终确定开放场馆名录（图7-8）。

		居民	
		应开尽开	开放室内场馆
体育部门	应开尽开	$u(e_1)$，$u(e_1)$	a，b
	开放室内场馆	b，a	$u(e_2)$，$u(e_2)$

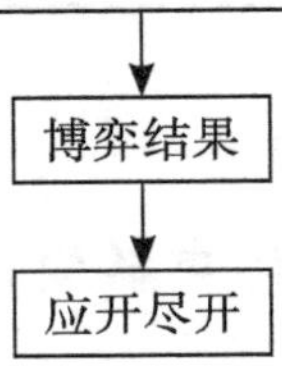

图7-8　共享“协调博弈”结果

（三）开放时间困境协调博弈模型分析与启示

体育部门与居民开放时间困境诉求集中于丰富开放时间段策略、开放时间与居民休闲时间一致策略。丰富开放时间段，首先应确定学校可开放时间，寒暑假、周末、法定节假日，各中小学无特殊情况可全部开放。中小学上学、放学时间不同，可开放其他时间段应根据实际情况进行选择。部分中学存在早自习、晚自习时间，为避免影响学生学习效率，场馆资源不可对外开放。在确定各中小学可开放时间基础之上，应逐步丰富开放时间段，此时体育部门与居民双方受益为［$u(e_1)$，$u(e_1)$］。居民是城市学校体育场馆资源共享直接利益群体，居民个体可以进行体育锻炼的前提为开放时间与居民休闲时间一致，此时体育部门与居民双方受益为［$u(e_2)$，$u(e_2)$］。

在此博弈中，［$u(e_1)$，$u(e_1)$］、［$u(e_2)$，$u(e_2)$］均是博弈均衡，我国城市学校体育场馆资源共享，力争消解群众日益增长的体育需求与社会所能提供体育资源不足的矛盾，居民个体休闲时间差异性较强，与学校不可开放时间段存在较大交叉，故丰富开放时间段［$u(e_1)$，$u(e_1)$］为风险占优均衡，开放时间段增加，与居民休闲时间段一致概率将极大提升。

丰富开放时间段层面，杭州市对学校进行分类，A类学校无住校生和晚自习学生，开放时间每天不少于3小时，双休日、节假日每天不少于6小时；B类学校有晚自习、有部分住校生或全寄宿制，明确开放时间为双休日、节假日、寒暑假每天开放6小时。教育部、国家体育总局印发《关于推进学校体育场馆向社会开放的实施意见》，要求学校体育场馆向社会开放时间应与当地居民工作、学习时间适当错开，国家法定节假日和学校寒暑假，学校体育场馆应适当延长开放时间。体育部门应严格掌控可开放时间，适当错开当地居民工作、学习时间，最终实现开放时间合理化、科学化（图7–9）。

		居民	
		丰富开放时间段	与休闲时间一致
体育部门	应开尽开	$u(e_1)$，$u(e_1)$	a，b
	开放室内场馆	b，a	$u(e_2)$，$u(e_2)$

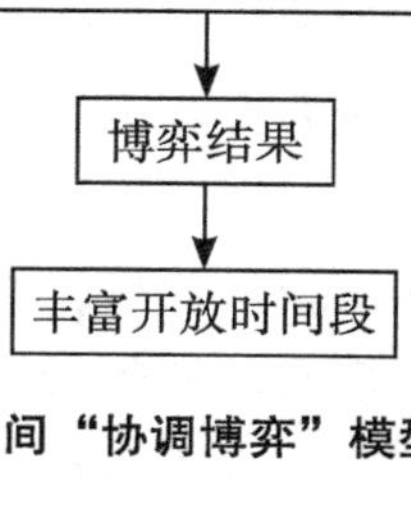

图7–9　开放时间“协调博弈”模型与博弈结果图

（四）宣传激励困境协调博弈模型分析与启示

宣传激励困境，体育部门与居民诉求策略无明显差异，实现学校体育场馆资源共享可持续发展，是体育部门促进群众体育发展的显著性政绩，体育部门希望通过宣传激励提升相关工作人员的奉献积极性，促进学校积极性，保障共享过程有序、可持续发展。加强学校体育场馆共享宣传，增加居民获取开放信息渠道，居民可以对比周围开放学校开放绩效，选择适宜自身运动学校。相关策略需求属于并列性策略，不属于矛盾性策略，无须进行协调博弈。

加强共享宣传激励，应引领各中小学校进行开放宣传，打破传统宣传模式，运用抖音广告、微信短视频、开放直播等方式，贴近居民日常关注方式，提高开放宣传力度与影响力。制订城市学校体育场馆资源共享考核方案，对开放服务水平、开放接收人员次数、开放效益等不同维度进行考核，对考核优秀的学校制订开放绩效奖励制度。开放过程中评选优秀先进工作者，激励工作积极性，激发奉献精神。

宣传激励困境层面，南通市形成了学校每月自查、县区每季检查和市级随机抽查的三级考评监督体系。体育部门应提升开放宣传途径与科技水平，利用娱乐社交软件，微信、微博、抖音、QQ等贴近居民日常关注方式的途径进行开放宣传，扩大宣传速度。进行个性化定制服务，通过数据推送服务技术、信息挖掘技术和 Web 数据库技术，将读者按自己兴趣和需求定制的信息推送到他们面前。

（五）开放建设困境协调博弈模型分析与启示

教育部门与学校开放建设困境诉求集中于以改造工程为主的群策略和以新建工程为主的群策略。以改造工程为主的群策略，是为实现科学的体育场馆资源共享，加强监控、软隔离、灯光系统、厕所等配套设施改造、校门口改造工程等，合理的改造工程有利于学校体育场馆资源共享有序、快速开放。此时教育部门与学校双方受益为 $[u(e_1), u(e_1)]$。以新建工程为主的群策略，学校层面诉求显著，学校体育场馆资源共享，学校为业主单位，产权由学校管理。调查过程中大部分学校表示现有场地数量、质量、类型不足以支撑学校体育场馆资源共享，应加强新建工程，促进学校体育场馆资源共享，此时教育部门与学校双方受益为 $[u(e_2), u(e_2)]$。

在此博弈中，$[u(e_1), u(e_1)]$、$[u(e_2), u(e_2)]$ 均是博弈均衡，共享过程中逐步增强学校场地数量、类型、质量、开放区隔离改造、开放信息化等工程必不可少。短时间内，共享经费不足以支撑新建工程为主的群策略，故以改造工程为主的群策略［$u(e_1)$，$u(e_1)$］为风险占优均衡。协调博弈均衡的核心问题在于参与者之间的行为预期[1]，教育部门应对管辖地区城市学校体育场馆资源共享建设需求进行行为预期调研，将开放建设方案进行分类，积极向当地政府进行开放建设需求报告，明确经费用途，确保开放建设经费专款专用，提升资金使用效益。

开放建设层面，南通市各地教育主管部门逐校现场踏勘，因校制宜制订改造方案，对健身器材、运动区域物理隔离、进出口通道、场地照明、监控设施等实施统一改造，配备专、兼职安全管理人员。上海市积极实施学校体育场地“分隔工程”建设。建设新体育场馆，应采用集约化设计策略，实现在紧张的用地空间内建设高品质、多功能体育场馆[2]。教育部门对于城市学校体育场馆资源共享开放建设工作，应彰显担当，奉献引领（图7–10）。

		学校	
		以改造工程为主	以新建工程为主
教育部门	应开尽开	$u(e_1)$，$u(e_1)$	a，b
	开放室内场馆	b，a	$u(e_2)$，$u(e_2)$

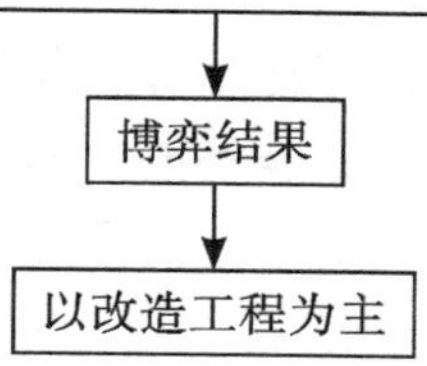

图7–10　开放建设“协调博弈”模型与博弈结果图

（六）开放经费困境协调博弈模型分析与启示

教育部门与学校开放经费诉求集中于统筹策略、足额策略。统筹策略是保障我国城市学校体育场馆资源共享顺利开展的基本保障。资金多途径筹

[1] 刘骏，余谦. 地方政府间基于协调博弈的合作行为之演化［J］. 武汉理工大学学报（社会科学版），2013，26（3）：340–344.

[2] 张灯. 城市中学体育场馆集约化设计策略研究［D］. 广东：华南理工大学，2019.

措，在纳入部门经费预算、纳入体彩公益金补助范畴、纳入公共体育设施免费低收费补助范畴基础上，应高度重视引导社会资金投入。激励相关体育产业参与城市学校体育场馆资源共享建设，鼓励实力雄厚的企业积极捐赠，扩大捐赠渠道，减少环节，方便捐赠者直接捐赠于学校体育场馆资源共享建设，此时教育部门与学校双方受益为［u（e_1），u（e_1）］。足额策略是保障使用方学校在开放过程中具备足额经费，避免出现开放管理经费、安保经费、设施建设维护经费、意外责任险等经费不足，此时教育部门与学校双方受益为［u（e_2），u（e_2）］。

在此博弈中，［u（e_1），u（e_1）］、［u（e_2），u（e_2）］均是博弈均衡。城市学校数量众多，开放经费开支渠道繁杂，开放经费预算难度较大，统筹安排开放经费是必经之路，但保障各学校足额经费难度系数较大，故统筹策略［u（e_1），u（e_1）］为风险占优均衡。为走出博弈困境，各学校应积极进行共享经费自筹，减少教育部门统筹压力，保障自身足额经费。

开放经费层面，2020年天津市市教委协调市财政局、市体育局做好财务预算，积极推进公办中小学校体育场馆开放工作。虹口区提出将学校体育场地开放的经费纳入街道年度经费预算，加强经费使用的专项管理。教育部门在开放经费筹措过程中，应尽量保障筹措经费满足学校体育场地开放需求，避免出现开放过程中开放经费断裂等不良现象，消解学校体育场地开放的后顾之忧（图7–11）。

		学校	
		统筹策略	足额策略
教育部门	应开尽开	u（e_1），u（e_1）	a，b
	开放室内场馆	b，a	u（e_2），u（e_2）

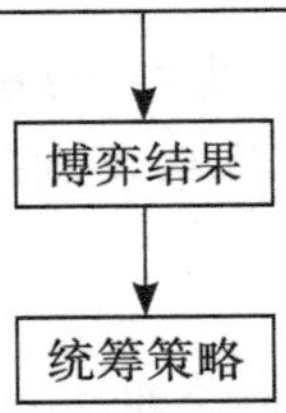

图7–11　开放经费“协调博弈”模型与博弈结果图

三、城市学校体育场馆资源共享困境中的囚徒困境

（一）囚徒困境模型假设

学校、居民之间的相关困境我们都试图用“囚徒困境”模型探讨，涵盖开放管理主体困境、开放对象困境、开放收费困境。假设学校、居民都为理性人，选择真实理性行为，学校与居民之间并无沟通渠道，二者之间不关心另一参与者的利益，倾向个体最佳策略选择，而并非客观选择集体利益策略，呈现“严格劣势策略”。假设学校与居民之间的“严格劣势策略”共享效益为a，另一策略收益为b，单一学校无法执行混合策略，混合策略对实际并无指导意义，不做分析。开放管理主体困境、开放对象困境、开放收费困境符合囚徒困境原理，基于囚徒困境启示，应积极建立走出困境策略（图7-12）。

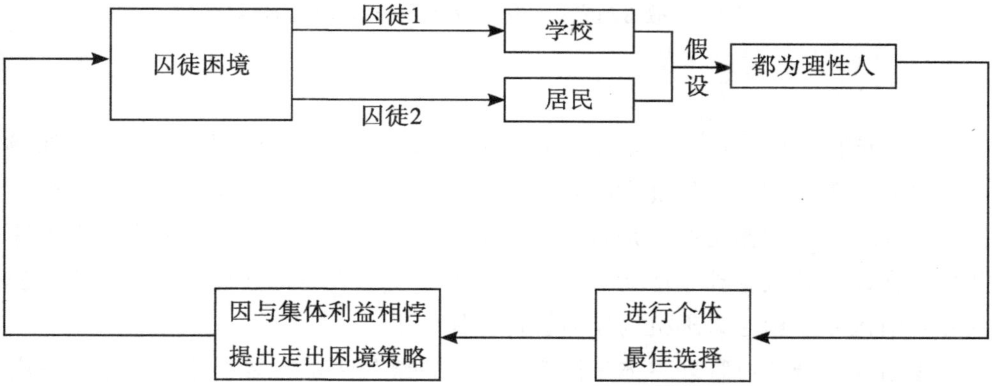

图7-12　共享困境囚徒困境模型假设矩阵图

（二）开放管理主体困境囚徒困境模型分析与启示

学校体育场馆资源共享时间段大部分为教师非工作时间，较多教师表示无参与开放管理意愿，学校不应强制要求教师、行政人员在工作负荷较大的情况

下参与开放管理。共享初级阶段，大部分学校选择门卫、保安管理体育场馆开放，学校基于理性行为，简易选择开放管理主体，共享效益为1。科学性选择开放管理主体，各学校将极大提升开放管理秩序化、科学化、科技化、信息化，共享效益提升为5，学校科学选择开放管理主体，极大提升共享成本，但学校无法保障完成共享成本筹措工作以及成本的科学运用，出于理性行为学校拒绝选择。居民层面，开放管理主体越简易，出入场馆行为越自由，共享效益为1。科学性选择开放管理主体，居民出入场馆行为严谨化、安全化，共享效益提升为5，由于行为自由性受限，安全隐患意识不足，大部分居民倾向简易选择。简易选择成为单方最佳策略，但并非学校体育场馆资源共享最佳策略，陷入囚徒困境（图7–13）。

		居民	
		科学选择	简易选择
学校	科学选择	5，5	*a*，*b*
	简易选择	*b*，*a*	1，1

图7–13　开放管理主体“囚徒困境”模型与博弈结果图

简易选择开放管理主体隐藏巨大安全隐患，为走出囚徒困境，居民应加强共享安全隐患认知，消除侥幸心理。学校应加强开放管理主体合作属性，如对社区居委会进行意愿访谈，是否意愿与学校合作，共同推进学校体育场馆资源共享。在以上开放管理主体无法实现基础上，应积极委托社会组织，或购买公共服务引入专业运营管理机构作为管理主体。

诊断性选择开放管理主体是体育场馆可持续发展的重要手段，各学校不应盲目跟从，探寻自身适宜开放管理主体。杭州市建立一支由社区管理员、学校安全员、社会体育指导员组成的“三员”管理队伍，共同维护学校体育场地开放。为实现风险规避、风险转移，部分地区委托专业运营管理机构作为管理主体，委托第三方管理在皖、浙、沪地区得以成功实施[1]。政府购买公

[1] 张生开，程文广. 学校体育场地对外开放委托第三方管理模式经验与启示［C］//中国体育科学学会. 第十一届全国体育科学大会论文摘要汇编. 北京：中国体育科学学会，2019：2.

共服务模式，缓解学校压力，提升场馆使用效率，保障学校体育场馆开放可持续发展，但学校应完善制度化购买程序，政府出资、定向购买、契约管理、评估兑现[1]。

（三）开放对象困境囚徒困境模型分析与启示

为便于共享管理，大部分学校选择面向本校学生、学区内学生、老年人、残疾人开放，居民表示，在自我进入基础上，并不希望较多群体进入学校，二者意愿选择开放对象部分开放策略，此时共享效益为1。面向社会全部开放，共享效益提升为5，但形成巨大共享管理压力，人数突增，场地使用将呈现排队现象，学校与居民出于理性拒绝选择，学校体育场馆共享，部分选择开放对象成为单方最佳策略，但并非学校体育场馆资源共享最佳策略，陷入囚徒困境（图7–14）。

		居民	
		部分开放	全部开放
学校	部分开放	5，5	a，b
	全部开放	b，a	1，1

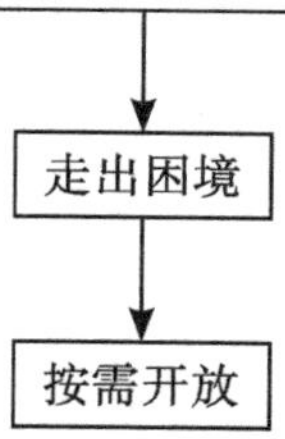

图7–14　开放对象“囚徒困境”模型与博弈结果图

开放对象仅限于本校学生、学区内学生、老年人、残疾人，无法消解群众体育发展过程中人们日益增强的体育场馆需求，需求群体是多元化、多样化的，为走出囚徒困境，应进行按需开放，保障社会群体共享权益相对公平性，应通过社区居委会进行开放对象调研，调查运动诉求十分强烈、诉求强烈、诉

[1] 陈志华. 政府购买服务［D］. 厦门：厦门大学，2006.

求一般、诉求较弱群体，对诉求强烈及以上群体向有关部门积极反应，争取面向诉求强烈及以上群体开放。

开放对象层面，2018年湖南长沙学校体育场地开放以本校学生为主，鼓励家长参加亲子体育活动，面向学区内学生、学校周边社区居民开放，面向企事业单位、社会组织开放。2019年山东济南市要求全市范围内具备条件的公办中小学校、职业院校，利用课余时间、节假日等时段为群众健身活动提供服务[1]。学校体育场地开放不仅限于服务学生，应以服务社会为核心，应辐射不同社会群体。

（四）开放收费困境囚徒困境模型分析与启示

学校体育场馆共享初期，大部分学校选择共享免费制度，但开放场地集中于操场、部分室外场地。免费制度，让居民初步感受到使用欲望与满足感，此时学校与居民共享收益为1。学校接受教育部门体育场馆资源共享专款拨款，但拨款额度不一定能满足全年开放运营，应采取收费制度，居民对共享场地要求不断提升，收费制度可以促进共享场地丰富性，此时二者收益提升为5。但收费制度需要学校提升共享服务质量，需要居民进行持续性共享消费，由于消费理念不同，特别是老年人无法接受收费制度，出于理性行为二者拒绝选择。免费制度成为单方最佳策略，但并非学校体育场馆资源共享长期战略的最佳策略，陷入囚徒困境（图7–15）。

		居民	
		收费制度	免费制度
学校	收费制度	–5，–5	a，b
	免费制度	b，a	–1，–1

图7–15　开放收费“囚徒困境”模型与博弈结果图

[1] 舒圣祥. 开放校园体育场馆应为常态! [N]. 健康时报，2019–08–16（1）.

我国城市学校体育场馆资源共享属于初级阶段，所有场馆资源全面向社会免费开放并不符合基本国情，学校应对教育部门拨款金额与本校全年开放运营预算进行对比，在专项拨款不足的情况下，进行不以营利为目的的有偿开放，收费标准应经当地物价部门核准，并向社会公示。但对特殊人群，如残疾人，应实行免费制度。

开放收费层面，烟台市根据维持设施运营的需要，按照属地管理原则，向当地物价部门申请收费许可、核定收费标准，向使用体育设施的公众收取必要的费用。收费标准应低于社会同类场馆价格，明码标价，对于学生、老年人等实行免费或优惠开放。学校应立足公益，积极探索学校体育场馆资源共享的多元化成本补偿机制，充分体现开放的普惠性和公益性。制定的收费标准必须符合市场运作规律，根据成本核算，遵循市场规律，制定科学合理的收费标准[1]。

本章小结

本章从博弈论的视角，列举了利益主体基于多种博弈模型的博弈结果，得出相关最优策略。一是体育部门与学校决策主体收益目标相同，但存在显著性行动能力；通过智猪博弈模型的启示，形成开放安全制度困境、开放准入困境优化策略。二是体育部门与居民、教育部门与学校利益来源于协调，而非冲突，存在最优的纳什均衡，但信心不足；通过协调博弈模型启示形成开放安全制度困境、开放准入困境、开放场馆困境、开放时间困境、开放宣传激励困境优化策略。三是学校与居民个体利益与集体利益相互冲突，二者信息并不对等；通过囚徒困境模型形成开放管理主体困境、开放对象困境、开放收费困境优化策略。

基于以上博弈，我们发现，在大多数有关非合作困境的讨论中，我们假定博弈是一次性的，而现实社会中，个体与个体既有一次性的短期博弈，也有多次性重复的长期博弈。在重复博弈的情况下，博弈主体会根据利益的得失进行一定的分析和判断，不断调整自身策略，进而达到动态合作平衡，合作对每个理性个体来说就是取得收益最大的选择。同时，由于各个体利益的选择受制于

[1] 冷迎辉. 高校体育场馆向社会有偿开放的思考[J]. 上海体育学院学报，2005（6）：21-23.

整体利益选择，以及各利益相关者地位和权力不同，不可能对其他利益主体的特征、战略空间及支付函数有准确的认识。可见，我国城市学校体育场馆资源共享困境其实是各利益相关者根据其自身处境、目的、得失而展开的多重博弈、重复博弈和合作博弈的相互交错的结果。由此，尊重各利益相关者要求，并考虑到实现集体行动和获得共同利益合作最优化策略，从演化博弈的视角，构建多重责任机制、多元协同治理模式或将可寻求各方可以接受的利益冲突解决方式。

第八章 我国城市学校体育场馆资源共享困境的消解路径：基于多重责任视角

学校体育场馆这一公共资源的“国家所有权”产权属性，与其他公共资源类似同样呈现碎片化的现状。本章在对城市学校体育场馆资源共享“反公地悲剧”症结诊析的基础上，界定体育场馆资源共享的权责关系，以龙岩市为例，在学校体育场馆资源共享的成果案例中，提出我国城市学校体育场馆资源共享困境消解路径的多重责任视角方案。

第一节　问题的提出

1968年，加勒特·哈丁[1]在《科学》杂志中以“过度使用的英国牧场”为案例，提出“公地悲剧”的概念，认为由于产权模糊，牧羊者都希望赶最多的羊在公共牧场吃草，让自己的收益最大化，导致牧场生态恶化，最终造成资源枯竭。“公地悲剧”的产生是因为每个当事人都知道资源将由于过度使用而枯竭，但每个人对阻止事态的继续恶化都感到无能为力，而且都抱着“及时捞一把”的心态加剧事态的恶化。该理念甫一提出，就引起学者的激烈讨论，推动了公共经济、公共管理、公共政策等研究的深入发展，如诺贝尔经济学奖获得者埃莉诺·奥斯特罗姆[2]就将“公地悲剧”视作三大分析公共事务理论模型之一。然而，“公地悲剧”理论模型主要关注公共资源过度使用，却忽视了公共资源未被充分利用的现象。1998年，美国法学家迈克尔·赫勒以闲置的莫斯科商店为案例，提出“反公地悲剧”的概念[3]。“反公地悲剧”的产生是因为在公地内存在很多权利所有者，为了达到某种目的，每个当事人都有权阻止其他人使用该资源或相互设置使用障碍，而没有人拥有有效的使用权，导致资源的闲置和使用不足，造成浪费。之后，赫勒教授进一步推演，提出现代社会上存在“当多个权利人拥有某公共资源的所有权时，会形成没有一个权利人能够使用，同时也会阻止其他权利人使用，进而导致该公共资源浪费性地使用不足”的闲置现象[4]。学校体育场馆是公共体育资源的组成部分，学校体育场馆资源共享是百姓体育生活化、便利化的现实诉求。学校体育场馆资源共享作为一项重要的公共政策，在国家政策法规文本中已经有20多年的历史，为何至今仍然是一道亟待解决的现实难题呢？如何消解我国城市学校体育场馆资源共享

[1] Hardin G. The tragedy of the commons. The population problem has no technical solution; it requires a fundamental extension in morality [J]. Science, 1968, 162 (3859): 1243-1248.

[2] 埃莉诺·奥斯特罗姆. 公共事物的治理之道：集体行动制度的演进 [M]. 余逊达，陈旭东，译. 上海：上海三联书店，2000：10-19.

[3] Heller MA. The tragedy of the anticommons: property in the transition from Marx to markets [J]. Harvard Law Review, 1998, 111 (3): 621-688.

[4] Heller MA. The tragedy of the anticommons: A concise introduction and lexicon [J]. Modern Law Review, 2013, 76 (1): 6-25.

的“反公地悲剧”，需要进一步多视角深入探究。

第二节　我国城市学校体育场馆资源共享“反公地悲剧”症结诊析

一、学校体育场馆的产权分析

由于学校体育场馆这一公共资源的“国家所有权”产权属性，本书采纳中国政法大学李蕊教授关于我国公有产权的定义，将之视为“以全体社会成员享有的公共财产的所有权为基础形成的，囊括管理权、使用权、收益权等若干社会性行为权利的集合体。”[1] 根据这一定义，我们将学校体育场馆按照实际运作情况予以阐释，分解为4个二级产权、11个三级产权（图8-1）。

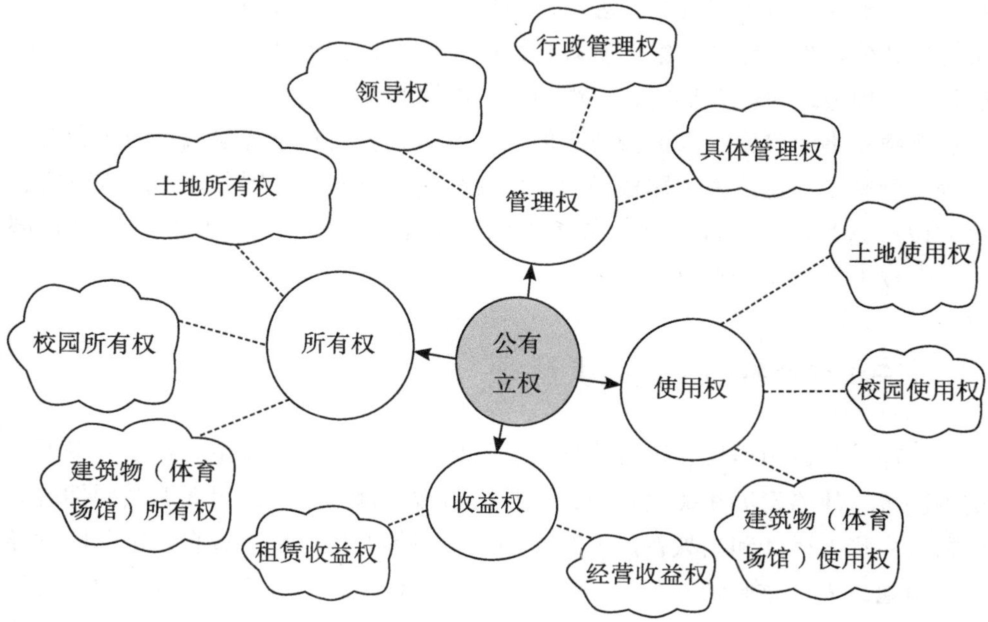

图8-1　我国学校体育场馆资源的碎片化产权

[1] 李蕊. 论我国公有产权的双向度配置 [J]. 法商研究，2019，36（3）：103-114.

（一）所有权

所有权是学校体育场馆的基础产权，包括土地所有权、校园所有权和建筑物（体育场馆）所有权。土地所有权是校园的基础所有权，根据《中华人民共和国土地管理法》第二条“实行土地的社会主义公有制，即全民所有制……国家所有土地的所有权由国务院代表国家行使”之规定，校园体育场馆的土地所有权作为专享权，只能由国家或集体所有，国务院以实际所有权人身份代理行使，其他任何单位或个人都不享有。国务院作为法定的所有权方，为更好地盘活土地使用情况，可通过行政法规、行政命令等方式，授权地方人民政府或其土地管理部门代理。经过土地使用权“单一代表、分级行使”的授权，行使土地所有权的主体就完成了多层级、多主体转化。

校园所有权和建筑物（体育场馆）所有权，主要包括校园范围内土地上的定着物或附着物，这些一般被认为是属于国家所有的固定资产。依据《中华人民共和国教育法》第三十二条“学校及其他教育机构中的国有资产属于国家所有”和《事业单位国有资产管理暂行办法》（财政部令第36号）之规定，校园所有权和建筑物（体育场馆）所有权归国家所有，属于事业单位国有资产，一般登记在地方政府教育部门，并由地方政府财政部门实施综合管理。而学校作为拥有独立事业单位法人资格的主体，并不具有校园和校舍建筑物的所有权。在校园所有权和建筑物（体育场馆）所有权的授权链中，国务院、地方政府、地方政府财政部门、地方政府教育部门是关键所有权人，而地方政府体育部门、学校不是相关所有权人。

（二）管理权

管理权包括领导权、行政管理权、具体管理权。领导权主要指统筹发展、宏观决策、战略发展相关之权力，该权力由教育部和地方人民政府共同拥有。根据《中华人民共和国教育法》第十四条“中等及中等以下教育在国务院领导下，由地方人民政府管理”和第十五条“县级以上地方各级人民政府教育行政部门主管本行政区域内的教育工作。县级以上各级人民政府其他有关部门在各自的职责范围内，负责有关的教育工作”之规定，行政管理权主要指校园内开展的教育相关工作综合管理的权力，由地方人民政府负责，教育、文化、公安、体育等各部门按照范围拥有。具体管理权就是对相关管理事宜的执行权，譬如教育局基础教育科、文体局体育科、公安局派出所等公职人员所拥有的工作权限。

（三）使用权

使用权包括土地使用权、校园使用权和建筑物（体育场馆）使用权。根据《中华人民共和国土地管理法》第九条规定“国有土地和农民集体所有的土地，可以依法确定给单位或者个人使用”；第十一条规定“单位和个人依法使用的国有土地，由县级以上人民政府登记造册，核发证书，确认使用权”。按照国土资源部《划拨用地目录》（国土资源部令第9号），经有批准权的人民政府批准，校园作为“非营利性教育设施用地”可以划拨方式无偿获得土地使用权。

校园使用权是根据《中华人民共和国教育法》第二十六条“国家制定教育发展规划，并举办学校及其他教育机构”，第二十七条“设立学校及其他教育机构，必须具备下列基本条件：……有符合规定标准的教学场所及设施、设备等”和《中华人民共和国义务教育法》第十五条“县级以上地方人民政府……按照国家有关规定，制定、调整学校设置规划”，《中华人民共和国教育法》第二十九条提出：“学校及其他教育机构行使下列权利：……管理、使用本单位的设施和经费”之规定，校园建设由政府财政按照国家规定完成，学校作为独立法人，按照以上授权使用校园以及相关设施。按照我国对建筑物的分类和界定，校园田径场、体育场等属于公共建筑物（public building），因此虽然其与校园使用权一起，但还是给予单独说明。

除以上权利之外，还包括租赁收益、经营收益等。

（四）收益权

截至目前，我国学校体育场馆多是公益性质，收益权虽有但并不构成明显利益博弈与冲突，故书中不再细述。

二、主流治理思路——“产权整合”论的现实局限

对碎片化的产权予以整合，是解决公共资源“反公地悲剧”的学术共识。学界普遍认为，通过对公共物品的产权界定，能够厘清产权主体、非产权主体

之间的权利和义务，推动公共资源公平地进入市场或非市场的交换环节，促进公共资源的有效使用[1,2]。

与其他公共资源类似，学校体育场馆产权同样呈现碎片化的状况。如欲整合这些产权，首先应考虑私有化改革，因为“当国家以全民的名义来做这一点时，它不仅消灭传统……私有权，而且消灭了一般意义上的所有权”[3]，私人产品的趋利性能够激发资源所有者的积极性，在保障可持续的前提下最大化资源的使用效率。但在我国，学校体育场馆私有化，直接涉及《中华人民共和国教育法》《中华人民共和国土地管理法》乃至《中华人民共和国宪法》等法律调整问题，甚至还要重新讨论我国社会主义所有制及其实现形式，极难实现。

如果私有化道路走不通，就须按照“一切以人民利益为重”的原则，处理国有资产产权归属虚置问题，平衡校园体育场馆产权的公益、私益向度。但“就实证法领域而言，‘全民’均无法作为真实的法律关系主体而存在”[4]，在现行校园体育场馆产权授权链中，在管理权和使用权上占有主导优势的“全民”代理人——地方政府及其教育部门、学校等主体，它们更多会考虑行政效率和政治影响，很难用虚无的公共伦理与精神去约束。

三、城市学校体育场馆资源共享的关键困难

在产权不可解的情况下，对开放责任进行研究，成为解决“反公地悲剧”的新切入点。每一个经由人类理性组织起来的社会组织，作为一种制度安排和理性化工具在社会功能的意义上都必须有所担当、承担其应有的“责任”，并在创造社会价值的过程中占有一席之地[5]。从现实来看，学校体育场馆的产权较为虚化、悬置，“责任承担与落实”成为约束我国地方政府及其职能部门、学校的管理权和使用权的关键所在。通过实地调查与非结构访谈发现，管理责任部门化、党政领导同责制、追责制度模糊化、校长全面负责制等是我国

[1] 陈新岗. “公地悲剧”与“反公地悲剧”理论在中国的应用研究［J］. 山东社会科学，2005（3）：75-78.

[2] 阳晓伟，庞磊，闭明雄. “反公地悲剧”问题研究进展［J］. 经济学动态，2016（9）：101-114.

[3] 周其仁. 中国农村改革：国家和所有权关系的变化（上）——一个经济制度变迁史的回顾［J］. 管理世界，1995（3）：178-189；219-220.

[4] 李蕊. 论我国公有产权的双向度配置［J］. 法商研究，2019，36（3）：105.

[5] 韩志明. 公共治理行动体系的责任结构分析［J］. 重庆社会科学，2006（2）：107-113.

学校体育场馆资源共享的关键难点。

（一）管理责任部门化

在公共政策的顶层设计上，我国一直鼓励学校体育场馆资源共享，体育系统也积极呼吁学校体育场馆向社会开放。但是在教育系统的政策内，开放体育场馆意味着开放校园，是具有很大风险的行政管理行为，并不受欢迎。1990年，国家教委发布的《学校体育工作条例》中的第二十一条规定，“任何单位或者个人不得侵占……学校体育场地……”；1992年，国家教委颁布并实施《中小学校园环境管理的暂行规定》中第十三条，“学校要建立安全保卫制度……非学校人员未经许可不得进入学校……”，这些规定都严令禁止开放校园。

教育系统之所以不愿意推动校园开放，主要是因为管理责任部门化。根据我国教育法和《中小学幼儿园安全管理办法》（中华人民共和国教育部令第23号，2006）的规定，我国学校安全工作保障体系施行“安全工作责任制”和“事故责任追究制”，除强调地方各级人民政府及公安、体育等部门应分工负责学校相关管理工作之外，特别强调了教育部门的直接责任。一旦学校体育场馆开放发生问题，教育部门作为业务主管单位，教育局领导将在第一时间被追究行政责任，甚至是相关的民事和刑事责任。

（二）党政领导同责制

我国地方上的安全生产实行党政领导干部责任制，不管是早些年的“行政首长负责制”，还是当前一岗双责、齐抓共管的“党政领导同责制”，地方政府领导作为本地区安全生产第一责任人，根据《中国共产党纪律处分条例》第三十七条：“在其职责范围内，不履行或者不正确履行……”将按照不同程度承担直接责任、主要领导责任、重要领导责任等。同时，从实际情况上讲，地方党政领导推行学校体育场馆资源共享的首要原则，是该工作是否会妨碍自己的生涯和政绩的关键。在完成清晰的责任划分之前，开放的校园体育场地内一旦发生重大安全事故，将致使地方政府党政领导无法进行考核评优、提拔晋升，甚至被追究行使行政权不当、领导不力的责任。因此，当责任不清晰的情况下，党政领导会首先选择不予开放的策略。此外，“班子其他成员对分管范围内的安全生产工作负领导责任”，也使得分管教育、体育的副职地方党政领导不愿站出来推动学校体育场馆资源共享。

（三）追责制度模糊化

发生未成年人的、致死的安全生产事故，在我国政府会以“从严从重”“尽职不免责”为原则进行责任追究。“从严从重”是按照最严厉的标准，对相关责任人违纪违法行为予以处罚。“尽职不免责”是指责任人尽到自己的职责，但由于其他不可预测因素导致校园伤害事件发生，依然要承担相关责任。学校体育场馆开放事权模糊导致责任多级共生，一旦出现重大安全事故，“尽职不免责”的惩处机制将追究校长、教育局局长乃至地方党政领导的责任。同时，在责任追究的行政过程中，存在着“由谁启动追究”的实施主体不明确、“以何种方式追究”的程序正当性不足等问题，导致我国学校体育场馆资源的管理者（政府）与所有者（全民）发生委托—代理关系背离，产生管理懈怠。加之我国科层制政府内部存在过度专业分工的现象，同一公共事务的管理责任“纵向到底、横向到边”，所有职能部门都有可能成为涉事责任单位，进而导致所有职能部门抵触学校体育场馆资源共享。

（四）校长负责制

根据我国《中华人民共和国教育法》规定，学校作为独立法人“在民事活动中依法享有民事权利，承担民事责任”，校长作为学校的法人代表，拥有决策权、指挥权和财务权，对学校教育、教学、财物等实行统一领导、全面负责，以学校行政核心和最高领导人的地位，行使决策指挥权。尤其在校园安全方面，学校应当建立校内安全工作领导机构，实行校长负责制。校长负责制意味着校长承担着巨大的管理责任，根据《中小学幼儿园安全管理办法》《学生伤害事故处理办法》等政策，学校不履行安全管理和安全教育职责，发生重大安全事故，造成学生和教职工伤亡的，应当对学校负责人和其他直接责任人员给予行政处分；构成犯罪的，依法追究刑事责任。此外，“责任压力层层加重”，加之学校安全教育与预防应对机制不够全面和科学，一旦发生安全事故，学校往往承担了过重的甚至不应承担的安全责任。由于安全压力过大，导致校长在日常校园管理中会主动选择封闭管理。

第三节　我国城市学校体育场馆资源共享困境的消解路径——多重责任制：以龙岩市为例

一、案例概况

龙岩市是福建省地级市，下辖7个县（市、区）。龙岩市虽然大力筹建综合运动馆、体育公园、健身步道、健身路径、篮球场、排球场、社区（乡镇）多功能运动场等，开放所有大型体育场馆免费或低收费为市民服务，但由于底子薄弱，一直存在着群众身边健身场地短缺的状况。

早在2007年，龙岩市体育局就积极推动学校体育场地向社会开放，并将之纳入全民健身工作内容。2008年，市体育局、教育局多次组织专题研讨，并经市委、市政府同意，联合12所学校成功申报国家体育总局“学校体育场馆向公众开放试点单位”，在非上课时间段向社会开放。但是，2010年我国多地发生中小学、幼儿园恶性暴力伤害事件，引起巨大的社会恐慌，开放的责任后果严峻性显现。2010年，学校体育场馆向社会开放被市政府紧急叫停。

2017年3月8日，教育部、国家体育总局出台《关于推进学校体育场馆向社会开放的实施意见》（以下简称《实施意见》），从中央政府政策层面敦促各地学校体育场馆向社会开放。由于《实施意见》对开放工作中的领导、管理、安全等责任有明确的指导，强调地方政府党政主管应主持统筹，分清相关部门的责权利，做到周密部署政策，政策的执行效力好，落地速度快。2018年，龙岩市政府办公室下发《关于认真抓好当前中心城市建设管理有关问题整改工作的通知》，要求市教育局牵头出台切实可行的学校体育场馆资源共享办法。2019年，市政府正式发布《龙岩市中心城区学校体育场馆设施向社会开放实施办法》（以下简称《实施办法》），龙岩市下属武平县、上杭县政府也发布《学校体育设施对外开放实施方案》，推动有条件的各中小学校体育场馆对外开放。

二、多重责任制的权责分配方策

新制度经济学认为，政府是政策的设计者，也是政策执行的维护者和监督者，既担负着政策有效供给的重担，需要前瞻地、正确地搜集和处理公共需求，制定符合社会趋势和历史发展的政策，又要考虑到其合法性以及政府作为政策变迁主体的能动性，在发生政策滞后时及时修订政策，保证政策的有效供给。这是政府的双重角色，也是政府要承担的相应责任和义务[1]。龙岩市推行学校体育场馆资源共享的关键在于利用制度优势，通过地方政府公共政策供给，建构了领导责任、管理责任、治事责任的三重分配机制（图8-2），破解了传统的责任“层层上传”“互相推诿”的判定方式。

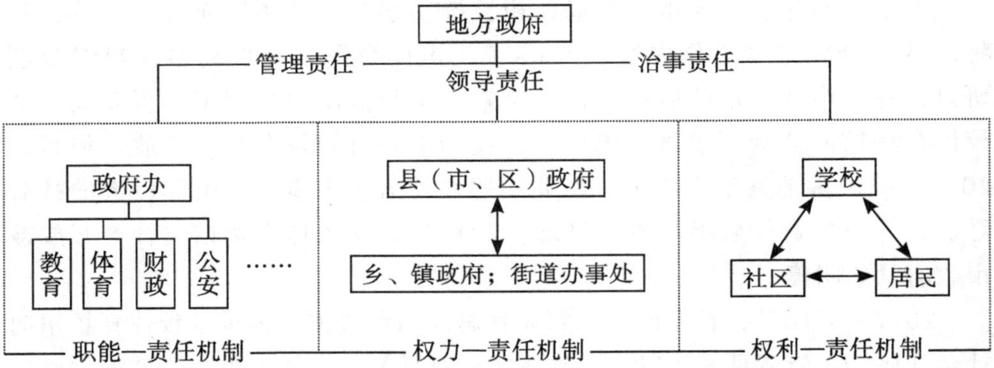

图8-2　学校体育场馆资源共享责任的多重机制

（一）基于“权力—责任”的领导责任机制

作为我国政府层级中的基层单元，区县级政府、镇级政府或街道办事处较为了解辖区内的实际情况，能够更好地落实学校体育场馆资源共享的领导工

[1] 向玉琼. 公共政策供给滞后的理论及原因探讨［J］. 理论探讨，2007（5）：157-160.

作，鼓励或督促职能部门、当地学校执行，并对共享过程中需要政府配合的事务提供更为有力的支持。新的分配机制将原来集中在市政府的领导责任进行三级分割，强调了区（县）政府、镇（街道）以及政府派出机构在学校体育场馆资源共享中应当履行的责任。需要强调的是，此处的责任跟权力分配是一致的。《实施办法》中明确区政府要把“开放工作作为建设和谐社区的重要内容之一，列入对镇（街道）每年度工作的考核。”同时，要求镇（街道）负责具体事务工作。

（二）基于“职能—责任”的管理责任机制

教育系统作为学校体育场馆资源管理权、使用权的主要代理人，应当负有主要管理责任，但由于以往“条块管理”的方式，教育部门无权也无力介入体育、财政、公安等部门职能的工作。地方政府通过让教育部门“牵头起草”，允许教育部门定岗定职、按权分责、按职履责，重新架构了学校体育场馆资源共享的公共政策制定体系。在职能设计中，通过成立专门领导小组，将负责指挥、协调等管理工作的职权让渡政府办公室，并以领导小组办公室设在教育局的方式，将管理权力和责任让渡教育部门（代为起草），按照政府部门职权分配具体管理工作，克服管理责任部门化，消解了教育局承担责任过重的问题（表8-1）。

表8-1　学校体育场馆资源共享中地方政府职能部门的责任内容

部门	承担的责任
政府办	负责总体协调和指挥
教育部门	会同体育、财政等提出开放校和时间表，协调学校与街道、社区；定期或不定期检查，促安全；考核、评比等；负责协调保险等
体育部门	体育设施安全性检查；补贴办法和工作检查、评估细则等；选派社会体育指导员；协助检查、考核和评比等
财政部门	负责落实专项资金，将伤害责任险、改造资金列入财政预算
公安部门	负责治安秩序维护；督促各派出所做好安全管理、治安巡逻等，在开放期间加强治安巡逻；督促交警部门管理车辆停放

（续表）

部门	承担的责任
住建规划部门	负责规划服务，加强周边环卫管理
城管部门	负责校园周边环境及流动摊点管理等
物价部门	负责有偿开放收费标准的监管
安监部门	负责指导安全监管，对开放期间事故，牵头组织或参加事故的调查处理工作

资料来源：龙岩市中心学校体育场馆设施向社会开放实施办法，2019。

（三）基于“权利—责任”的治事责任机制

作为权利的享有主体，居民应当承担相对等的义务。然而，在原有的责任机制中，并未明确社区、居民在学校体育场馆资源共享中的相关义务。新构建的“权利—责任”治事责任机制内，《实施办法》明确，“……开放后的管理工作由学校和社区共同承担”，通过各种行政约束条件和准入条件，要求社区和居民参与到开放制度设计、管理工作执行以及安全保障工作中来，形成社会自我治理层面的“权利—责任”分配机制。与此同时，“体育场馆开放管理制度……各体育设施开放学校要明确分管领导和工作人员，落实管理责任，加强现场管理”，也意味着分管安全工作的副校长或学校保卫处领导将成为校园场地开放安全管理的第一责任人，使得传统的“校长负责制”问题也在该治理网络中得到解决（表8–2）。

表8–2　学校体育场馆资源共享中社区自治网络的责任内容

治理主体	承担的责任
社区	了解周边需求，加强与学校的联系，明确开放范围、时间和形式等，做好配合；审核和发放“居民健身卡”；引导居民有序参加，遵守制度；负责协调矛盾和纠纷
学校	结合学校实际制订开放方案；与社区（村）组成管理小组，制订管理办法，专人负责，对开放规定予以公示；做好日常管理维护等；制订应急预案，预防并及时整改隐患

（续表）

治理主体	承担的责任
居民	按就近原则，凭证件登记报名，凭“居民健身卡”进校健身；熟悉制度和规定，签订安全协议；扰乱秩序、破坏设施……构成违反治安管理行为的，依法予以治安管理处罚；构成犯罪的，依法追究刑事责任

资料来源：龙岩市中心学校体育场馆设施向社会开放实施办法，2019。

需要强调的是，三重责任机制并不是将地方政府的责任全部下放或外包出去，如在重大安全事故、财政投入、一般伤害事故等责任方面，地方政府依然承担相应的责任。《实施办法》规定，“免费对社区开放的学校体育场馆，在向社会开放时间段……视同社会公共场所，其间学校和其他部门已履行相关管理职责的，体育场馆向社会开放区域内发生人身意外伤害等安全事故的，按照公共场所发生的事故，由属地人民政府承担安全责任。”明确了地方政府党政领导层面应当承担的责任，也免除了教育部门、学校等难以承担的责任，弱化甚至消解了其他弱势治理主体的管理风险。

本章小结

我国学校体育场馆资源的产权构成碎片化虽不严重，但“私有化整合”这一主流改革思路有着重大的现实局限。从产权整合角度这一学术共识，来解决学校体育场馆资源的“反公地悲剧”不具本土适用性的问题，产权改革无法解决我国学校体育场馆的“反公地悲剧”。管理责任部门化、党政领导同责制、追责制度模糊化、校长负责制是掣肘我国学校体育场馆资源共享的四大关键难点。责任明晰化是突破我国学校体育场馆资源共享问题的关键。以开放政策为引领，按照“权力—责任”“职能—责任”“权利—责任”界定体育场馆资源共享的权责关系，构建多重责任分配机制能有效解决学校体育场馆资源共享责任模糊问题。

学校体育场馆资源共享的实现，是我国体育政策实践中的创新举措，也是改革开放以来体育治理的典型案例。在产权不可解的情况下，将解决思路转为探讨如何实现“责任明晰化”，利用我国强权政府的制度优势，通过系统的公共政策供给，对公共资源责任主体、内容、程序、事项等进行整体治理，确保因“条块管理”而分割的事权与事责统一，对资源配置的结构、方式、形态等进行矫正，尝试消解我国特色社会主义公共物品的权责悖论，或许在解决我国公共资源闲置问题上更具操作性。

第九章　我国城市学校体育场馆资源共享困境的消解路径：基于协同治理视角

协同治理是一种社会治理安排。随着我国推进社会治理体系和治理能力的现代化，必然需要公共部门和非公共部门的利益相关者之间大量的合作和协调，它在化解人民内部矛盾，有效地处理、化解绝大部分诉求和利益冲突方面具有显著的效果。本章在对我国城市学校体育场馆资源共享的互动博弈分析的基础上，选择了厦门市在治理学校体育场馆资源共享成功案例，基于协同治理视角，诠释其治理技术逻辑，提出我国城市学校体育场馆资源共享困境消解路径的协同治理方略。

第一节 问题的提出

随着全民健身国家战略和健康中国国家战略的全面落实，投身体育运动的人越来越多，人们不断增长的多元体育需求与体育场地有效供给不足的矛盾日益突出[1]，“去哪儿健身”的问题亟待破解。根据第六次全国体育场地普查数据公报显示，全国共有体育场地169.46万个，场地面积19.92亿平方米，其中中小学体育场地58.49万个，场地面积9.29亿平方米，场地面积占全国总场地面积的46.61%[2]。学校体育场地像玻璃碎片一样，零散在城市的各个角落，与全民健身最后一公里高度吻合，与基层治理精细化高度契合。但是，由于各种原因，学校体育场地开放率仅为27.8%[3]，中国政府网“我向总理说句话”、人民网“领导留言板”等平台上逾百条留言希望学校体育场地对外共享，折射出当前学校体育场馆闲置的冰冷现实，与大众体育场地不足形成了鲜明对照。

民之所需，政之所向。学校体育场馆资源共享既是人们体育需求的现实诉求，也是国家政策优化倡导的重要内容。自1995年《中华人民共和国体育法》提出“公共体育设施应当向社会开放”，到2017年《教育部、国家体育总局关于推进学校体育场馆向社会开放的实施意见》提出“公办学校要积极创造条件向社会开放体育场馆”，再到2020年中共中央办公厅、国务院办公厅《关于全面加强和改进新时代学校体育工作的意见》提出“推进学校体育场馆向社会共享”，充分体现了我们党和政府关注教育、关心人民群众的身心健康。然而，学校体育场馆资源共享作为一项重要的公共政策，已在国家政策法规文本中出现了20多年，为何时至今仍然是一道亟待解决的现实难题？与此同时，为满足人民体育诉求，杭州市、南京市、上海市、青岛市、宁波市、厦门市等地方政府根据国家政策出台了区域性的配套《实施方案》，积极探索学校体育场馆

[1] 任海. 中国体育治理逻辑的转型与创新 [J]. 体育科学，2020，40（7）：3-13.

[2] 国家体育总局. 第六次全国体育场地普查数据公报 [EB/OL].（2014-12-26）[2019-10-01]. https//www.sport.gov.cn/n4/n210/n218/c328625/content.html.

[3] 王凯珍，李骁天. 我国城市学校体育设施开放现状及影响因素研究 [J]. 北京体育大学学报，2011，34（7）：1-7.

资源与周边居民共享，并取得了很好的成效。那么，我们不禁要问，政府和学校是如何从“不共享”转变到“支持共享”的？这些转变背后的深层逻辑是什么？“支持共享”的驱动因素与解决方案是什么？

为了回答上述问题，学者们从学校体育场馆资源共享的现状与对策[1]、困境或制约因素[2, 3]、管理模式[4, 5]、制度或政策保障[6, 7]等视角进行了有益的探讨。但大部分研究就现状看问题、就问题说策略，偏定性少定量，理论性不强，系统性不足，缺乏从经典理论本质上、根源上探讨学校体育场馆资源共享各主体的利益博弈及其制度成因，无法科学回答上述提及的问题。鉴于此，本研究选取厦门市学校体育场馆资源共享的经验与做法为个案，通过文献资料研究与实地调研获取一手资料，以动态演化分析视角，综合国家政策执行效应及地方政府与学校的治理协同演化的互动机制两条线索，揭示学校体育场馆资源共享集体行动的内在逻辑及演化路径，为破解学校体育场馆资源共享困境提供有益参考。

第二节　理论工具与分析框架

一、理论工具：博弈论与协同治理

要解决我国大众体育场馆短缺与学校体育场馆闲置两者互动共享问题，需要正确把握地方政府、发改部门、教育部门、体育部门、财政部门、公

[1] 王健，陈元欣. 我国学校体育场地设施现状、制约因素与发展对策［J］. 上海体育学院学报，2015，39（2）：86-89.

[2] 陈广旭，张承毅. 公共服务视角下我国学校体育场馆对外开放的障碍及优化策略［J］. 沈阳体育学院学报，2013，32（1）：58-61.

[3] 刘璐，李峰. 学校体育场地设施向社会开放的困境与现实路向研究［J］. 沈阳体育学院学报，2016，35（3）：30-35.

[4] 李骁天，王凯珍，彭程. 我国城市社区与学校体育场地设施共享模式研究［J］. 体育文化导刊，2012（10）：70-73.

[5] 陆亨伯，张腾，黄辰雨，等. 公共体育场馆服务外包风险识别与规避机制研究［J］. 北京体育大学学报，2014，37（10）：26-31.

[6] 张磊. 学校体育设施向社会开放的困境解析［J］. 首都体育学院学报，2012，24（1）：32-36.

[7] 郝海亭. 我国部分学校体育场馆面向社会开放的管理机制研究［J］. 首都体育学报学报，2019，31（3）：221-225.

安部门、工信部门、学校、居民等诸多利益相关方复杂交织的协调与合作关系[1, 2]。但作为上述理性的个体，它们有着各自的利益，常与集体理性相冲突，导致所谓的学校体育场馆无法共享的“囚徒困境”出现。而如何走出“囚徒困境”，在分析相互依赖情况下理性人如何做决策行为上具有卓越解释力的博弈理论，能够客观形象地诠释利益主体的互动关系。问题的关键是，在大多数有关非合作困境的讨论中，我们假定博弈是一次性的，而现实社会中，个体与个体既有一次性的短期博弈，也有多次性重复的长期博弈。博弈论证明，在重复博弈的情况下，博弈主体会根据利益的得失进行一定的分析和判断，不断调整自身策略，进而达到动态合作平衡，合作对每个理性个体来说就是取得收益最大的选择。正是重复博弈，使得理性个体走出“囚徒困境”，实现集体行动[3]。

党的十九届四中全会及《中华人民共和国国民经济和社会发展第十四个五年规划和2035年远景目标纲要》提出，“坚持和完善共建共治共享的社会治理制度”，也要求“推进社会体育场地设施建设和学校场馆开放共享”。共建共治意为多主体关联协同，共享意为多主体分享，突出“共”字，彰显了治理主体的共生性和整体性，这为运用协同治理思维方法破解学校体育场馆闲置而全民健身场地不足这一矛盾困境提供了创新思路。协同治理源自协同学与治理理论融合而成的新的治理范式，不仅强调合作与协调，还包括竞争、冲突和博弈，最终形成层次更高的有序秩序和集体行动[4, 5]。学校体育场馆资源共享的协同治理，意味着打破利益主体各自为政的局面，促使行动者整合资源，形成集体行动体系和权责分担机制。过往的事实表明，学校体育场馆资源共享并不是一蹴而就的，而是所涉多元主体根据内外部影响因素不断调整和改进自身策略，并对其他主体行为决策产生影响，最终达到动态平衡的治理状态，这是在长期重复博弈演化过程中形成的有序秩序。

[1] 王帅，郭惠杰. 学校体育场地对外开放过程中相关利益主体的行为博弈 [J]. 体育研究与教育，2017，32（5）：49-52.

[2] 艾蔚，李晶，王翱航. 学校体育场地与社区居民共享的约束机理研究 [J]. 上海工程技术大学学报，2019，33（3）：289-294.

[3] 张维迎. 博弈与社会 [M]. 北京：北京大学出版社，2015.

[4] 郁建兴，金蕾. 社区社会组织在社会管理中的协同作用——以杭州市为例 [J]. 经济社会体制比较，2012（4）：157-168.

[5] 熊光清，熊健坤. 多中心协同治理模式：一种具备操作性的治理方案 [J]. 中国人民大学学报，2018，32（3）：145-152.

二、分析框架：内外因素作用下的协同治理秩序

学校体育场馆资源共享协同治理的内在机理与博弈演化的思想内核高度契合，利用博弈论的方法有助于探明我国城市学校体育场馆资源共享协同治理过程中利益主体的决策影响因素、行为策略选择、集体行动路径等。那么，学校体育场馆资源共享协同治理的动态博弈过程中的有序秩序何以形成？诺贝尔经济学奖得主哈耶克（Friedrich August von Hayke）在《自由秩序原理》一书中关于秩序形成机制的两条路径的论述给了我们启发性思考。一种是源于理性设计的外部构建，另一种是内生自发的非设计过程。前者是为了实现某种集体目标而进行有意识的外部干预，后者是行动者回应所处环境所遵循某种规则形成的由内而外的自生演化。奥斯特罗姆（Elinor Ostrom）则视协同治理为一种实现目标的制度安排，并开发出集体行动的制度分析与发展框架（institutional analysis and development，IAD），即外部影响——行动情景——协同结果。该分析框架也强调了外部影响对协同治理形成的意义。

当我们将学校体育场馆资源共享视为一项关注民生的公共政策时，必须认识到文本形态下的公共政策转化为现实形态的政策目标的过程不是一个线性过程，而是须经历国家到地方政策再细化或再规划的多层次距离过程，而这一距离给了地方政府执行中由于利益主体间博弈而造成的执行偏差。由于学校体育场馆资源属性、安全、资金、维护等管理难题，以及学校体育场馆资源共享政策落地过程中缺乏制度保证，政策有效执行往往也是力不从心。这就是说，学校体育场馆资源共享的协同治理分析，在聚焦讨论地方政府与学校互动博弈的内生演化时还须将国家政策这一外生变量纳入考量。由此，我们构建了学校体育场馆资源共享的动态分析框架（图9-1）。这一博弈分析框架的运行逻辑在于学校体育场馆资源共享源于人民的体育需求，国家为了回应人民的体育需求，颁布系列政策干预和引导地方政府开展体育公共服务行动。作为追求自身利益最大化的“理性人”，地方政府与学校在执行国家政策时会根据自身的目标及获得的效用和收益作出相应的行动策略。

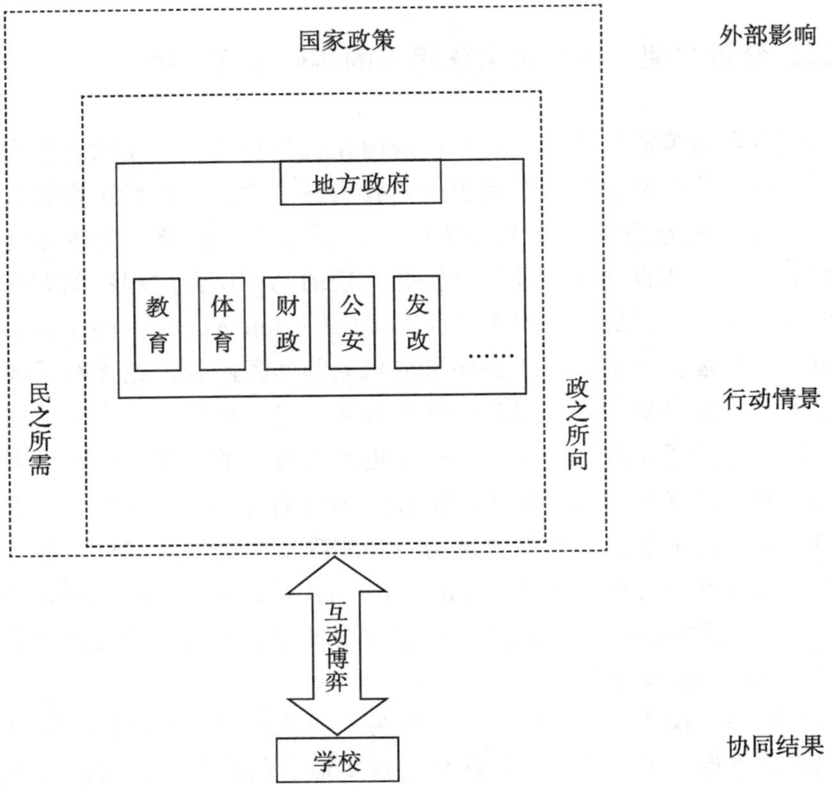

图9-1 学校体育场馆资源共享秩序形成的博弈分析框架

第三节 我国城市学校体育场馆资源共享的互动博弈分析

一、我国城市学校体育场馆资源共享博弈主体的行动特征

（一）地方政府行为策略的影响因素

自改革开放以来，在层级政府结构下，锦标赛式的晋升考核迫使地方政府在政策执行过程中对不同的政策优先程度进行排序，优先选择可以量化的“硬指标”，如GDP、可视化的公共品等，而忽视或回避其他“软指标”，如体育

公共服务。正如大多数学者指出，学校体育场馆最初的设计并未考虑共享的情境，如果地方政府执行要求学校体育场馆资源共享，则需改建、隔断、运营，势必造成人、财、物的大量新增投入，这需要庞大的资金支持。由于财权、事权分离，地方政府对管辖的公共事务具有一定的自主性，可能由于财政原因而漠视居民对学校体育场馆资源共享的诉求。政治激励则要求地方政府紧跟中央政府治国理政理念及具体任务。政治理念是国家有关体育的路线、方针、政策、战略等的指导思想，也是地方政府进行体育治理创新和推动体育工作合法性的基础。政治任务则是集中力量，共同应对某些特殊任务。概括地说，虽然国家政策为地方政府提供了行动策略选择的外部环境，但是作为追求自身利益最大化的"理性人"，地方政府的政策执行会综合权衡的影响因素就是获得的激励效益和面临的治理风险。

进入新时代，我国社会主要矛盾已经转化为人民日益增长的美好生活需要和不平衡不充分的发展之间的矛盾。我国行政体制也进入"国家治理能力和治理体系现代化的新时代"，党和政府对地方政府的绩效考核发生了转变。习近平总书记多次指出，"不简单以GDP论英雄"，要"把更多的精力用到关心群众生产生活中，把更多财力投入到解决群众最关心、最直接、最现实的利益问题上""以造福人民为最大政绩"。2020年11月，《关于改进推动高质量发展的政绩考核的通知》也明确提出，"要把人民群众的获得感、幸福感、安全感作为评判领导干部推动高质量发展政绩的重要标准。"体育是人民对美好生活追求的重要内容，必然要列入地方政府绩效考核的指标中，这说明国家政策作为外生变量势必会影响地方政府的行动策略。

（二）学校的双重属性及其行动策略特征

《中华人民共和国教育法》第二十五条规定，"国家制定教育发展规划，并举办学校及其他教育机构"，第三十一条规定，"学校及其他教育机构中的国有资产属于国家所有"，确认了学校体育场馆资源的公共物品属性。在对学校管理过程中，以条块分割为标志、部门所有的办学体制和管理机制决定了教育部门对学校具有绝对的管辖权[1]。当学校日常运行管理及教师人事任免等核心资源依赖教育部门时，意味着学校失去了独立性，成为教育行政体系的末

[1] 骆映. 论学校体育资源的社会共享［J］. 北京体育大学学报，2007，30（8）：1094-1095.

梢机构，则行政属性非常明显。在现实情境中，学校的行政属性会对学校体育场馆资源共享的决策产生影响。当国家的顶层设计希望学校体育场馆资源共享的时候，学生安全、外来人员安全、体育场地设施安全及共享运营管理问题引发管理责任部门化、党政领导同责制、追责制度模糊化、校长负责制等困境[1]，成为学校和教育部门不可承受之重。正如《中华人民共和国教育法》中明确学校的首要义务是“贯彻国家的教育方针，执行国家教育教学标准，保证教育教学质量”。作为“理性人”的学校，在面对国家要求共享体育场馆资源政策的时候，在执行政策时可能会选择忽视或者回避，以获得自身利益最大化。

实际上，《中华人民共和国教育法》第四十八条规定，“学校及其他教育机构在不影响正常教育教学活动的前提下，应当积极参加当地的社会公益活动”，赋予了学校的社会公益属性。基于社会公益属性，学校体育场馆课后、节假日等空余时间对外共享，可以解决社区居民就近就便体育健身的难题，提高学校体育场馆利用率，培育社区体育文化氛围，增强国民身体素质，进而实现广义的社会教育意义。但是，如果学校体育场馆资源共享缺乏地方政府的扶持和监管，则可能偏离国家政策倡导的方向，学校体育场馆闲置与居民体育健身需求的矛盾依然难以化解。这就要求学校与地方政府相互配合，才有助于提升地方政府体育公共服务治理能力和水平。

二、地方政府与学校互动博弈的行动分析

（一）不同政策环境下的收益矩阵

结合上述分析可知，学校体育场馆资源共享博弈就是地方政府与学校在国家政策的外部干预下的互动博弈。依据博弈理论的基本思想，借鉴张维迎[2]和陈怡俊[3]的建模分析方法，构建地方政府（g）与学校（s）的互动博弈模型，分解国家政策这一外部因素可得到两种支付矩阵（表9-1和

[1] 任慧涛，许月云. 我国校园体育场地开放“反公地悲剧”的治理研究［J］. 武汉体育学院学报，2020，54（7）：41-47.

[2] 张维迎. 博弈与社会［M］. 北京：北京大学出版社，2015.

[3] 陈怡俊，汪丁丁. 社会公共服务领域的协调治理研究［J］. 中山大学学报（社会科学版），2020，60（3）：163-179.

表9–2）。也就是说，国家政策的外部干预（P）也是一个变量，即这种政策可能是刚性带有考核性的（p），也可能是中性没纳入考核的（$1-p$）。

表9–1　政策刚性（p）下的支付矩阵

		地方政府g_a	
		社会目标A_g	政绩目标B_g
学校S	社会目标A_s	（a_s，a_g）	（a_s-c_s，b_g-c_g）
	行政目标B_s	（0，0）	（b_s，b_g）

表9–1中，A_g、B_g对应的是地方政府在国家体育政策引导下可能出现的两类行动策略，A_g表示满足人民的体育需求而鼓励地方政府与学校共享体育场馆的体育目标，获得社会效益a_g；B_g表示地方政府面对上级政绩考核、地方经济社会发展事项优先序的考量、学校共享体育场馆带来的安全稳定风险，可能会选择忽视或回避的行动策略，由此获得政治效益b_g。

收益矩阵中A_s、B_s对应的是学校的两类行动策略，A_s是学校为了追寻广义的教育意义，回应社区居民的体育诉求，而愿意配合政府的学校体育场馆共享方案[1]，获得社会效益a_s；B_s是学校作为“理性人”，遵循地方政府“不出事”的要求，为了回避风险和降低管理负担，不愿意共享体育场馆，获得行政收益b_s。

当地方政府还没有准备切实执行学校体育场馆资源共享政策时，如果部分学校追寻社会效益有意愿共享体育场馆的话，则意味着为了风险管控，政府需要额外支付治理成本c_g。学校则要承担为了应对地方政府的“安全生产”责任压力，以及为了体育场馆资源共享的安全运营管理的支付成本c_s。当地方政府为了满足人民的体育需求而愿意执行学校体育场馆资源共享策略，而学校坚持以安全至上的理由回避体育场馆资源共享，则两者的收益均为0。

鉴于中国特色的政治环境，加之社会处于急速转型期，各种不安全因素交汇叠加，国家的政治稳定和社会稳定极为重要，深刻地影响着各级政府的执政行为。当国家强调快速发展，“稳定压倒一切”的时候，加强安全风险防控，“不出事”增加了政绩收益ϖ。与此同时，学校在应对严格的安全风险防控

[1] 东南网. 学校向社会共享体育场馆厦门早就有令却难实施［EB/OL］.（2017–03–10）［2019–01–20］. http://xm.fjsen.com/2017/03/10/content_19212961_all.htm.

下，则需要支付额外的管理成本v。在外部政策环境中性的背景下，地方政府和学校互动博弈的收益矩阵如表9-2所示。

表9-2　政策中性（1−p）下的支付矩阵

		地方政府g_b	
		社会目标A_g	政绩目标B_g
学校S	社会目标A_s	$(a_s-v,\ a_g)$	$(a_s-c_s-v,\ b_g-c_g+\varpi)$
	行政目标B_s	$(0,\ 0)$	$(b_s,\ b_g+\varpi)$

（二）互动博弈下的均衡分析

假定在不同的国家政策环境（$p/1-p$）下，学校选择追寻社会目标的行动概率分别是φ_a、φ_b。那么，我们就可以构建如公式1所示的学校总体上的行动概率：

$$\varphi=p\cdot\varphi_a+(1-p)\varphi_b$$
$$1-\varphi=p\cdot(1-\varphi_a)+(1-p)\cdot(1-\varphi_b) \qquad \text{公式1}$$

根据行动概率和收益水平，学校体育场馆资源共享的效用函数为：

$$U_A^S=p\cdot\varphi_a\cdot a_s+(1-\varphi_a)\cdot(a_s-c_s)+(1-p)\cdot\varphi_b\cdot(a_s-v)+(1-p)\cdot(1-\varphi_b)\cdot(a_s-c_s-v) \qquad \text{公式2}$$

学校体育场馆不与社会共享的效用函数为：

$$U_B^S=p\cdot(1-\varphi_a)\cdot b_s+(1-p)\cdot(1-\varphi_b)\cdot b_s \qquad \text{公式3}$$

将公式1的概率分布函数代入学校的效用函数中，则：

$$U_A^S=a_s-(1-\varphi)\cdot c_s-(1-p)\cdot v \qquad \text{公式4}$$
$$U_B^S=(1-\varphi)\cdot b_s \qquad \text{公式5}$$

根据公式4和公式5可得到学校行动的临界决策函数为：

$$U_A^S-U_B^S=a_s-(1-\varphi)\cdot(c_s+b_s)-(1-p)\cdot v \qquad \text{公式6}$$

为了便于区分和比较，地方政府的行动概率用λ表示，则地方政府g_a、g_b追寻社会效益的效用函数为：

$$U_A^g=\lambda \cdot p \cdot a_g+\lambda \cdot (1-p) \cdot a_g \quad \text{公式7}$$

地方政府追求政绩目标时的效用函数为：

$$U_B^g=\lambda \cdot p \cdot (b_g-c_g)+\lambda \cdot (1-p) \cdot (b_g-c_g+\varpi)+(1-\lambda) \cdot (1-p) \cdot (b_g+\varpi) \quad \text{公式8}$$

故根据公式7和公式8可得到地方政府的临界决策函数为：

$$U_A^g-U_B^g=\lambda \cdot (a_g+c_g)-b_g-(1-p) \cdot \varpi \quad \text{公式9}$$

只有当$U_A^S \phi\ U_B^S$，$U_A^g \phi\ U_B^g$同时满足时，才能达到互动博弈下的均衡状态（A_s，A_g），即地方政府和学校会采用协同的方式共同推动学校体育场馆对外共享。

那么，由$U_A^S \phi\ U_B^S$可知学校对国家政策干预的敏感程度临界点，即：

$$\varphi_0 \phi -\frac{v}{c_s+b_s} \cdot p+1-\frac{a_s-v}{c_s+b_s} \quad \text{公式10}$$

由$U_A^g \phi\ U_B^g$可知地方政府对国家政策干预的敏感程度临界点，即：

$$\lambda_0 \phi -\frac{\varpi}{a_g+c_g} \cdot p+\frac{b_g-\varpi}{a_g+c_g} \quad \text{公式11}$$

显而易见，影响地方政府和学校行动策略的是国家政策（p）及它们在互动博弈中的支付和收益。对学校而言，a_s，b_s，c_s，v等收益参数影响着行动决策；对地方政府而言，则是a_g，b_g，c_g，ϖ等收益参数影响着行动决策。

第四节　我国城市学校体育场馆资源共享协同治理的博弈演化

一、国家政策干预的意义及均衡水平点

地方政府和学校各自行动策略的决策临界点随着各自收益的不同而有所差别，由上一节中公式10和公式11，我们可以进一步得到各自临界行动点与p之

间的减函数曲线，即：

学校的临界行动曲线是：

$$\varphi_0(p)=-\frac{v}{c_s+b_s}\cdot p+1-\frac{a_s-v}{c_s+b_s} \qquad \text{公式12}$$

地方政府的临界行动曲线是：

$$\lambda_0(p)=\frac{\overline{\omega}}{a_g+c_g}\cdot p+\frac{b_g+\overline{\omega}}{a_g+c_g} \qquad \text{公式13}$$

将公式12和公式13的决策行动曲线转化为坐标图（图9-2），横轴表示国家政策环境的干预程度（p），纵轴表示行动概率，即可刻画出直观的学校体育场馆资源共享受到国家政策和地方政府及学校博弈互动的逻辑关系。两条曲线斜率均为负，在坐标轴图形中是向下倾斜的，说明国家政策在同方向对地方政府和学校产生影响。也就是说，当国家政策越积极刚性时，地方政府和学校所要求的临界门槛越低，共享体育场馆的行动概率就越高。在中国，任何一项政策都须经历由中央到地方再细化或再规划的多层次距离过程，学校体育场馆资源共享政策也不例外。由于学校的特殊行政属性，在国家政策传达过程中，学校对政策的感知程度相较政府而言要滞后，即$\lambda_0(p)$的临界决策线斜率要比学校$\varphi_0(p)$大。

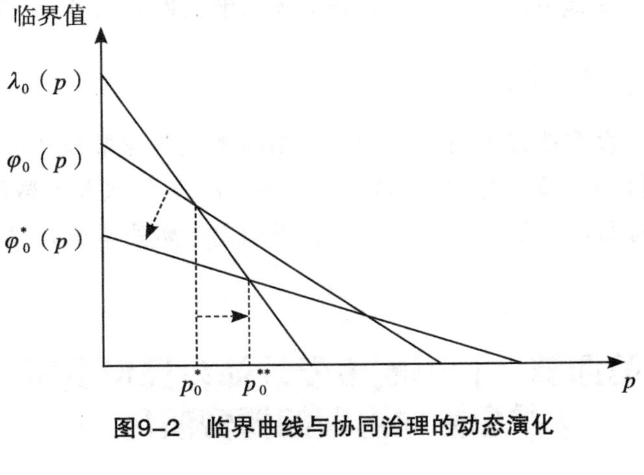

图9-2　临界曲线与协同治理的动态演化

当$\lambda_0(p)$和$\varphi_0(p)$相等时，则：

$$p_0^*=\frac{\left(\frac{b_g}{a_g+c_g}+\frac{a_s}{c_s+b_s}\right)+\left(\frac{\overline{\omega}}{a_g+c_g}-\frac{v}{c_s+b_s}\right)-1}{\frac{\overline{\omega}}{a_g+c_g}-\frac{v}{c_s+b_s}} \qquad \text{公式14}$$

进一步对p_0^*函数求一阶导数，得到：

$$(\delta p_0^*)\ /\ (\delta a_s)\ \phi\ 0$$
$$(\delta p_0^*)\ /\ (\delta b_g)\ \phi\ 0 \qquad \text{公式15}$$

这表明，国家学校体育场馆资源共享政策应当随着学校解决体育场馆共享安全、运营、监控等难题能力的提升而增强。当国家回应人民的体育需求，解决“去哪儿健身”难题，鼓励学校体育场馆资源共享政策发布强度正好处于p^*_0点时，表明地方政府和学校体育场馆资源共享处于协同治理的均衡状态。

由图9-2可知，当$p\ \pi\ p^*_0$时，λ_0（p）在φ_0（p）的上方，表明国家还没有将体育公共服务作为优先提供的对象，国家体育系列政策中有关学校体育场馆共享的要求和力度小于均衡水平。地方政府采取学校体育场馆资源共享的临界值高于学校，也就是说地方政府基于“不出事”、有限的财政资源、政绩考量等理由，不愿意共享学校体育场馆资源，而学校也采取依附政府的行动策略。当$p\ \phi\ p^*_0$时，λ_0（p）在φ_0（p）的下方，表明当体育成为国家强盛的应有之义和人民幸福生活的组成部分时，面对人民日益增长的体育需求时，国家积极回应和行动，并将体育纳入国家公共服务的清单。此时，地方政府的行动临界值低于学校。地方政府响应中央政府的政策要求，将学校体育场馆资源共享作为重要的施政内容，学校积极响应和配合。

二、城市学校体育场馆资源共享协同治理的演化路径

图9-2中的交点p^*_0对应的是学校体育场馆资源共享协同治理的均衡水平，它表示地方政府的治理能力和学校体育场馆资源共享能力相匹配的程度。从学校的临界行动曲线（公式12）来看，v减小，曲线φ_0（p）的斜率变小，意味着学校愿意共享体育场馆资源的临界门槛降低。从学者们的研究中可以知悉，学生安全风险、外来人员受伤风险、体育场地器材维护、人员管理投入等成本是学校需要考量的额外增加成本[1, 2]。当上述成本由政府吸收而无须由学校额外承担时，意味着学校体育场馆资源共享的代价将会显著降低，社区居民因更

[1] 张磊. 学校体育设施向社会开放的困境解析［J］. 首都体育学院学报，2012，24（1）：32-36.
[2] 刘璐，李峰. 学校体育场地设施向社会开放的困境与现实路径研究［J］. 沈阳体育学院学报，2016，35（3）：30-35.

容易进入校园体育场馆而对学校行为点赞。a_s增大，曲线$\phi_0(p)$与纵轴上的截距变短，曲线整体向下平移。这表明当学校选择广义的社会教育的目标时，体育场馆资源共享将得到社会认可，获取超额的社会效益。

从地方政府的临界行动曲线（公式13）来看，ϖ减小，曲线$\lambda_0(p)$变得平缓，意味着地方政府推动学校体育场馆资源共享的临界门槛降低。当前，b_g减小，曲线$\lambda_0(p)$整体向下平移。进入新时代后，“创新、协调、绿色、开放、共享”的高质量发展新理念引领着地方政府的施政行为，通过传统的政绩观获取的政治收益降低[1]。体育已是人民对美好生活追求的重要内容，已列入地方政府绩效考核的指标中，这意味着相较以往地方政府回避学校体育场馆资源共享以维持“不出事”获得的额外政治效益ϖ减小[2]，表明地方政府抵制学校体育场馆资源共享的因素减少。a_g+c_g增大，曲线$\lambda_0(p)$也会变得平缓，意味着地方政府要加大对学校体育场馆资源共享的投入。

从长期演化来看，随着人民对体育的需求日益旺盛，加之经济社会发展环境的改变，科技的进步和互联网、物联网的普及，地方政府对学校体育场馆资源共享的治理能力将会不断提升，即地方政府和学校协同治理均衡水平不断提升，进而使更多的学校共享体育场馆资源（图9-3）。图中原点表示在“稳定压倒一切”的政治环境下，地方政府采取严格的“不出事”的行动策略，学校体育场馆无法与社会共享。随着人民对体育需求日益旺盛、新发展理念的深入人心、服务型政府的建设不断深入，国家政策开始推进（如国办2014年46号文件）地方政府的治理能力逐步提升，开始试点部分条件较好的学校共享体育场馆资源（$p=p_1/p_2$）；当试点取得成功，获得社会的广泛好评，地方政府和学校对体育场馆资源共享的经验逐渐成熟时，开始大范围推广，学校体育场馆资源共享协同治理的均衡水平沿着图9-3向右上方移动；当$p=1$时，国家政策全力支持，学校体育场馆普遍对外开放，地方政府的治理能力明显提升。

[1] 江琳. 用好考核指挥棒 树立正确政绩观——解读《关于改进推动高质量发展的政绩考核的通知》[J]. 党员之友，2021（3）：50-52.

[2] 邱林，张廷安，蒲义俊，等. 校园足球政策基层执行的逻辑辨析与治理策略 [J]. 上海体育学院学报，2021，45（3）：49-59.

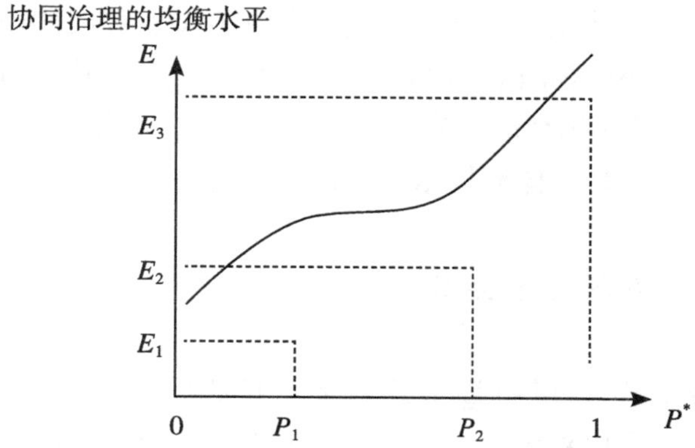

图9-3　学校体育场馆资源共享协同治理的演化路径

第五节　我国城市学校体育场馆资源共享博弈的协同治理路径：以厦门为例

一、案例概况：从“不共享”到“共享”的演进历程

厦门市是经济发达的副省级海滨城市，历来重视全民健身事业发展。据统计，全市健身步道1100多公里，各类体育场地12180个，体育场地面积1076.93万平方米，人均面积虽居全省首位，但只有2.62平方米，居民身边的体育场地仍然缺乏。自党的十八大以来，厦门市在统筹全民健身场地设施发展上，不仅扩大增量，还积极盘活学校体育场地存量，顶层设计痕迹明显。梳理厦门市学校体育场馆资源共享的演进脉络，完全契合图9-3所示的学校体育场馆资源共享协同治理的演化路径，简要脉络如下。

（一）闲置不共享阶段

为了满足市民的体育锻炼需求，早在2002年，厦门市政府指定厦门市社区办、厦门市教育局牵头调研制定了《关于中小学校体育设施向社区开放的实施办法的通知》（厦社办〔2002〕006号）。两年后，厦门市教育局又印发了《关于进一步做好中小学体育设施向社区开放工作的通知》（厦教局办

〔2004〕81号）[1]，规定中小学校的体育设施在非上课时间段都必须与社区共享，还把全市的中小学体育教师都召集起来培训，要将其培训成对进校锻炼的居民进行辅导的“社区体育活动辅导员”。但是，后来由于惧怕“安全风险”，直接导致这些规定及学校体育场馆在全市范围内基本处于“闲置”状态。

（二）试点探索对外共享

党的十八大以来，以习近平总书记为核心的党中央强调“以人民为中心”，要不断满足人民对体育美好生活的追求。为全面贯彻“美丽厦门共同缔造”理念，扩大公共服务供给，2016年，厦门市人民政府出台了《厦门市人民政府关于印发进一步推动学校体育设施开放实施方案》（厦府〔2016〕296号），该方案明确了共享条件、共享对象、共享管理、资金保障、责任分工等内容。2017年，教育部、国家体育总局联合发布《关于推进学校体育场馆向社会开放的实施意见》，从国家层面敦促各地学校体育场馆对外共享。厦门市积极响应国家政策，于2018年8月在14所试点学校实施体育场馆资源共享。

（三）全面推行对外共享

在互联网驱动下，政府智治水平不断提升，学校体育场馆资源共享最大难题——“安全”获得有效破解方法，公安、财政、保险等部门参与协同治理，前期试点取得较好的社会效益，得到广大市民的点赞。为进一步深入推进该项工作，2019年，厦门市人民政府又发布了《厦门市人民政府关于进一步推进学校体育场地设施向社会开放工作的通知》（厦府〔2019〕3号）。随后，依托“i厦门”智慧平台，2019年新增35所学校，2020年新增38所学校，2021年新增26所学校，其余学校到2022年全部实行体育场馆资源的社会共享。

二、“互联网+学校体育场馆服务”中的协同治理路径

当前，充分利用互联网信息技术建设数字政府，已是推进国家治理能力和治理体系现代化的重要内容之一。党的十九届四中全会报告明确指出，

[1] 东南网. 学校向社会共享体育场馆 厦门早就有令却难实施［EB/OL］(2017-03-10)［2019-01-20］. http: //xm.fjsen.com/2017-03/10/content_19212961_all.htm.

“建立健全运用互联网、大数据、人工智能等技术手段进行行政管理的制度规则。”这对地方政府主动利用信息技术，提高治理效能，加强制度规则设计，推动政府治理理念、工具、方法等全方位变革提出了明确要求。厦门市学校体育场馆资源共享的经验，就在于厦门市积极响应国家政策，通过高位推动，主动拥抱“互联网+”技术，降低了地方政府和学校互动博弈的临界决策值，最后达成学校体育场馆资源共享的集体行动，满足了市民就近体育健身的需求（图9-4）。

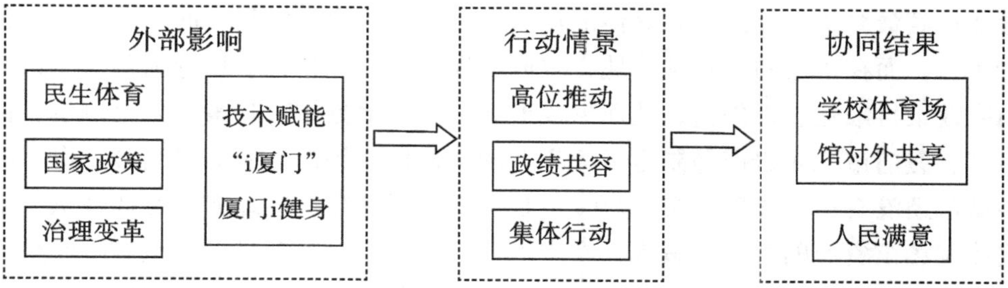

图9-4　厦门市“互联网+学校体育场馆服务”中的协同治理路径：解释框架

（一）民生体育：体育成为政府和学校博弈的理性共识

习近平总书记指出，体育是社会发展和人类进步的重要标志，是综合国力和社会文明程度的重要体现。体育在提高人民身体素质和健康水平、促进人的全面发展、丰富人民精神文化生活、推动经济社会发展，都有着不可替代的重要作用[1]。这就要求体育的发展方向是以人民为中心，促进人的发展，满足人的需求。当经济文化水平发展到一定高度，人民群众的文化体育需求日益增长时，体育的发展应转向讲究公平、人人享受健康、共同占有体育资源的民生体育发展。因此，着力改善体育民生，让体育惠及百姓，这不仅是体育本质回归的体现，也是坚持以人为本、执政为民的根本体现。厦门市作为经济特区，一直以来坚持改革共享，城市发展秉持“美丽厦门共同缔造”的理念，其核心是“共同”，让不同政府职能部门、全体市民参与城市建设发展。其着眼点是将中央战略部署与本地群众愿望相结合，将经济转型、社会建设与生态保护相

[1] 求是网. 建设体育强国，习近平总书记始终高度重视 [EB/OL]. http://www.qstheory.cn/zhuanqu/2021-01/25/c_1127023285.htm.

结合，将“从群众中来”与“到群众中去”相结合。厦门市在出台的系列推动学校体育场馆资源共享的文件里反复明确的“解决市民就近锻炼的体育需求”“美丽厦门共同缔造”，成为不同利益主体互动博弈中的理性共识。总之，以人民为中心的民生体育理念成为国家政策引导地方政府施政的背景环境。

（二）高位推动：地方政府整体性治理的行动决策内因

在国家治理体育的场域中，国家的体育政策相较地方而言具有宏观指导性特征，其最终是需要落实到具体的场域中（地方政府为中观层面、学校为微观末梢），而在落实的过程中，地方政府会根据地方性知识、自身利益等不断对国家政策再细化、再创新，从而形成形态各异的地方体育政策，如上海市、杭州市、厦门市、龙岩市等制定了适宜性的学校体育场馆资源共享政策，也有许多城市还没有启动该项政策。那么，是什么原因使得有些地方政府选择执行学校体育场馆资源的共享政策呢？在中国语境下，高位推动是理解地方政府整体性治理的行动决策内因的关键。从中国行政体制的纵向上来看，“依靠党委”是高位推动的关键。党纵览全局，领导政府，服务人民。源自习近平总书记有关体育工作的系列论述及党的十八大和党的十九大报告中有关体育的决议安排很快成为全国各地党委政府关注的重点，厦门市委积极响应党的政策设计，专门针对学校体育场馆资源共享印发了市委督办函，厦门市政府积极贯彻落实出台了厦府〔2016〕296号、厦府〔2019〕3号等文件；时任市委书记胡昌升同志还在2019年“健康厦门”大会上“通过实施大型场馆建设和改造工程、小型场地设施普惠工程、公共体育设施共享工程、生态体育设施提升工程，实现举步可达的‘15分钟健身圈’，”充分说明党是发展体育的动力源，是体育政策的设计者和引领者。从中国行政体制的横向上看，地方政府执行学校体育场馆资源共享政策时需要多个部门的共同参与，也需要横向上的“高位推动”。从客观上讲，尽管教育部门是学校的管理部门，体育部门是学校体育场馆资源共享的业务指导部门，但教育局和体育局在政府部门的权力地位并不突出，难以独自解决共享中存在的诸多难题，这时高位领导机制就成为促进跨部门合作的首要机制[1]。厦门市将学校体育场馆资源共享工作嵌入“厦门市全民健身工作领导小组办公室”工作机制中，由“市长牵头任组长、分管副市长为

[1] 周晨虹．“联合惩戒”：违法建设的跨部门协同治理——以J市为例[J]．中国行政管理，2019（11）：46-51．

常务副组长”，发改部门、各区政府、教育部门、体育部门、财政部门、规划部门、公安机关、工信局等10余职能部门负责人为小组成员，建立“学校体育场馆资源共享联系工作制度”，通过高位的政治权威克服部门利益博弈，降低地方政府达成集体行动的临界决策门槛。

（三）政绩共容：不同利益主体间合作博弈的内在动力

政绩共容的概念源自奥尔森（Mancur Lloyd Olson）在《国家的兴衰：经济增长、滞胀和社会僵化》一书中提出的“共容性组织”，他把目标相近、利益一致的不同主体称为“具有共容性关系”[1]。根据学校体育场馆资源共享所涉主体的特征与表现，本研究借鉴“共容”这一概念，来概括学校体育场馆资源共享之间基于共同的政绩追求，从而形成的一种共容性关系。党的十八大以来，以习近平总书记为核心的党中央强调“不简单以GDP论英雄”，要“把更多的精力用到关心群众生产生活中，把更多财力投入到解决群众最关心、最直接、最现实的利益问题上”“以造福人民为最大政绩”“体育是人民对美好生活追求的重要内容”，关乎人民健康和中华民族伟大复兴，民生体育成为各级政府获得政绩方向的指引和预期。厦门市委、市政府在2016年和2019年先后出台两份文件，明确主体责任，并将“学校体育场地对外开放作为各区和市有关部门的重要绩效指标纳入文明考核指标体系。”指标下发后，市委、市政府、市文明办等部门通过监察、巡视、排名、奖励、问责等手段，督促和激励各区政府、各职能部门及学校的共享行动。此外，厦门市的外部问责体系也比较完善，市民可以通过市长热线、政府官网、“i厦门”、《厦门日报》《厦门晚报》等多渠道监督投诉。市民对学校体育场馆共享的投诉也会成为地方政府考核的重要指标，纳入绩效考核和问责体系。

（四）集体行动：责任明晰下的多元利益主体跨界合作

奥尔森在《集体行动的逻辑》中指出，除非存在以强制或特殊手段使个人按照他们的共同利益行事，有理性的、寻求自我利益的个人不会采取行动去实现集团共同的利益[2]。这实际上就是说，要实现集团利益就需要强制的制度

[1] 奥尔森. 国家的兴衰：经济增长、滞胀和社会僵化［M］. 上海：上海世纪出版集团，2007.
[2] 奥尔森. 集体行动的逻辑［M］. 上海：上海世纪出版集团，2007.

安排予以规制。厦门市人民政府在2016年颁布了《厦门市人民政府关于印发进一步推动学校体育设施开放实施方案》（厦府〔2016〕296号），明确了多元利益主体的责任，形成了在市委、市政府领导下，以体育局为主导，以学校为主体，各区政府、教育部门、发改部门、工信局、规划部门、财政部门、公安机关、税务部门等部门全力支持，建立“学校体育场地共享联系工作制度”，克服管理责任部门化，形成了学校体育场馆资源共享的集体行动（表9–3）。

表9–3　厦门市学校体育场馆资源共享中多元主体责任分工

部门	责任分工
发改部门	统筹管理；收费核准；牵头制订“校园出入许可”的申请办理程序
各区政府	统筹管理辖区学校体育场地共享工作；管理主体；负责制订区“校园出入许可”的申请办理程序
教育部门	组织指导
规划部门	做好共享规划；对新建校园的建设规划，考虑体育场地对外共享
财政部门	负责资金保障，安排专项资金
体育部门	负责门禁和预约登记；共享公告、安全使用须知、安全操作规范等业务指导
公安机关	负责指导和配合共享时段治安，做好突发事件应急处置
税务部门	负责对运营的第三方机构按体育产业类政策给邓优惠扶持
经信局	“i厦门”平台；门禁等硬件设施建设和维护管理；

资料来源：《厦门市人民政府关于印发进一步推动学校体育设施开放实施方案》（厦府〔2016〕296号）；《厦门市人民政府关于进一步推进学校体育场地设施向社会开放工作的通知》（厦府〔2019〕3号）

（五）技术赋能：互联网平台提升协同治理的均衡水平

在传统的认知中，地方政府和学校主要认为学校体育场馆资源共享可能会面临学生安全、外来人员安全、体育场地设施安全、共享运营管理及维护成本等诸多难题，而形成学校体育场馆资源共享困境。随着新一轮信息技术革命，以“数据”为核心将互联网、物联网、云计算等互联互通新技术推向一个新的应用高潮，为政府治理提供了技术层面的支持。厦门市学校体育场馆资源共享主要基于“i厦门”和“厦门i健身”两个网络平台。厦门市学校体育场馆资源共享管理服务系统涉及用户注册、登录、管理、实名认证、电子身份、购买保险、预约等环节，实现直接调用“i厦门”电子政务外网身份认证服务平台提供的实名认证接口，与厦门市市民卡业务系统对接，与厦门个人信用白鹭分系统对接，与公安系统对接，确保入校市民信息的真实性和安全性，可以约束市民在校园内的行为规范，提高了校方对入校锻炼市民管理的效率。同时，当市民打算预约学校体育场地时，系统强制要求购买10元的人身意外伤害保险，签订安全责任承诺书，承诺规范使用体育设施，这降低了政府、学校承担入校锻炼市民人身安全的风险。当校内出现紧急情况时，保安可以在智能终端上触发“紧急联络”按钮，直接联系相关负责同志，缩短应急时间，提高事件处理效率。体育部门可以在后台实时查看各学校体育场馆共享运营情况，做到实时监控和管理（图9-5）。显然，技术赋能可以让地方政府和学校能有效治理体育场馆资源共享，降低它们的临界决策值，提升学校体育场馆资源共享协同治理的均衡水平。

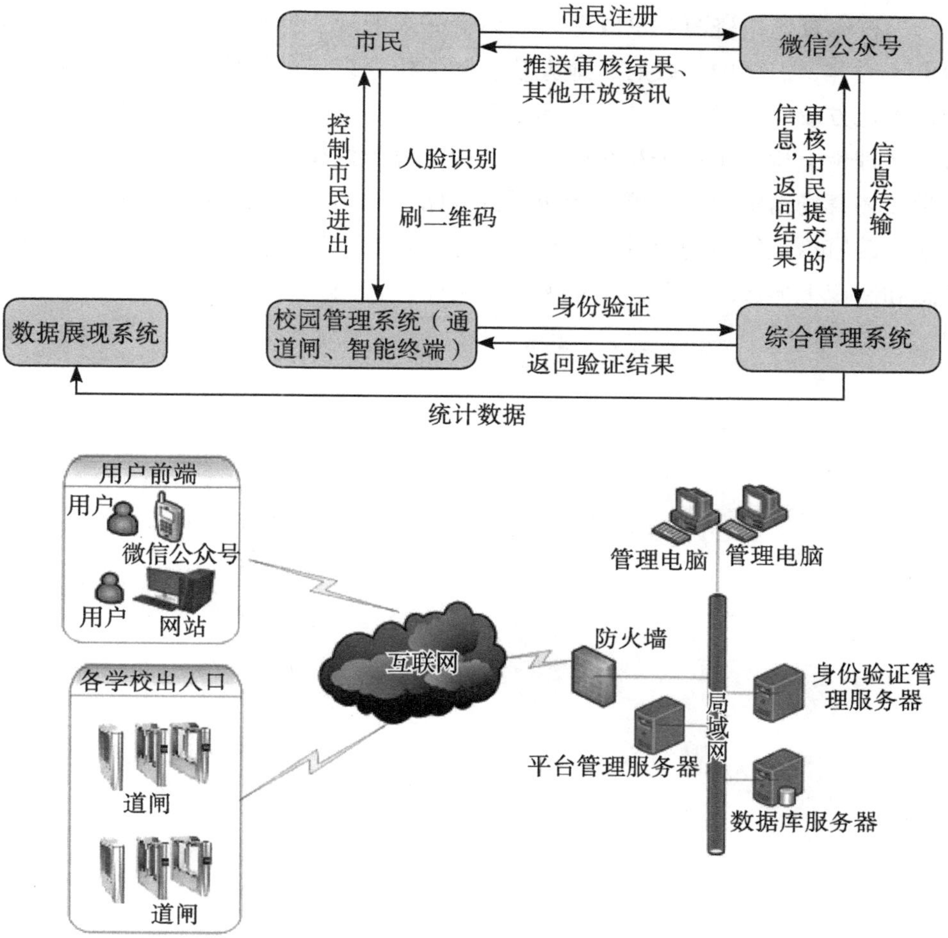

图9-5　学校体育场馆资源共享业务模式与网络平台设计

本章小结

党的十九大报告提出要“广泛开展全民健身运动，加快推进体育强国建设”。学校体育场馆资源共享是缓解人们不断增长的多元体育需求与体育场地有效供给不足的矛盾的有力之举，是落实全民健身国家战略和健康中国国家战略的重要举措，是推进国家体育治理的基础环节。学校体育场馆资源共享虽然是具体、局部、低层级的“小”问题，但是关系到居民的身体健康、多元主体的积极参与，故事情“大”；是党的十九届四中全会提出的“坚持和完善共建共治共享的社会治理制度”的微观表达，恰如攻坚扶贫精准到户，水泥路通到村，打通全民健身服务的“最后一公里”。

学校体育场馆资源共享既是人们体育需求的现实诉求，也是国家政策倡导的重要内容，需要中央政府、地方政府和学校等多元主体协同治理。本章主要剖析了地方政府和学校从“不共享”到“支持共享”转变的深层原因及影响因素，从理论上构建了一个初步的解释性博弈分析框架，并结合厦门案例，讨论了学校体育场馆资源共享博弈的协调治理路径。随着智慧城市建设的深入推进和地方政府治理能力的提升，学校体育场馆资源共享不仅需要“术”，也要从理念和制度上形成“道”，真正做到“共建、共治、共享”。

第十章　我国城市学校体育场馆资源共享困境的消解路径：基于政策法规视角

政策法规就是党政机关制定的关于处理党内和政府事务工作的文件。它是万源之本，也是万源之因，它具有阶级性、正误性、时效性、表述性等特点。本章从政策工具的视角，就《关于推进学校体育场馆向社会开放的实施意见》的政策文本、深层结构、利益相关方等方面进行深入剖析，并结合近年各省市出台的政策文件和各地学校体育场馆资源共享取得的成效，提出我国城市学校体育场馆资源共享困境消解路径的政策再设计方案。

第一节 问题的提出

为了推进学校体育场馆资源共享，1997年以来，国家先后在《关于加强城市社区体育工作的意见》（1997）、《全民健身计划纲要第二期（2001—2010年）》（2001）、《全民健身条例》（2009）、《关于促进全民健身和体育消费推动体育产业高质量发展的意见》（2019）、《体育强国建设纲要》（2019）等相关政策中提出，“鼓励和支持学校体育设施对社区居民开放”“有条件的学校体育场馆在课余时间向社会开放”“积极创造条件向公众开放”“挖掘学校体育场地设施开放潜力”“有序促进各类体育场地设施向社会开放”，不断提升和增强推进学校体育场馆共享政策意愿。为了将学校体育场馆资源共享政策落到实处，教育部、国家体育总局还先后下发了《关于假期、公休日学校体育场地向学生开放的通知》（1999）、《全国学校体育场馆向社会开放试点工作方案》（2006）、《关于推进学校体育场馆向社会开放的实施意见》（2017）3个专门性政策，从开放范围、开放对象、开放时段、开放管理、开放经费等层面，不断规范、细化学校体育场馆共享政策。然而，当前学校体育场馆面临着教学属性和社会健身需求不相匹配，体育场馆设施资源不足、使用效益不高的问题，与学校、社会需求存在着供求矛盾；也面临着学校的教学、活动时间和社会共享时间冲突，难以平衡服务运行的盈利性和公益性，难以区分相关责任的认定等严峻形势[1]。学校体育场馆资源共享问题，一直以来是政府、学校、社会难以调和解决的问题，也是社会各界关注的焦点和学者们研究的热点。近年来，学者们从学校体育场馆资源共享的现状[2]、对策[3]、困境及其治理[4]、运营[5]、管

[1] 教育部. 国家体育总局关于推进学校体育场馆向社会开放的实施意见［EB/OL］.（2017-03-07）［2019-05-01］. http：//www.gov.cn/xinwen/2017-03/08/content_5175010.htm.

[2] 杨宁. 无锡市属学校体育资源与社会共享现状分析［J］. 体育科技文献通报，2018，26（10）：10.

[3] 许贵福. 我国城市学校体育场地开放现状与发展对策研究［J］. 体育与科学，2011，32（6）：112.

[4] 任慧涛，许月云. 我国校园体育场地开放“反公地悲剧”的治理研究——以F省LY市为个案［J］. 武汉体育学院学报，2020，54（7）：44.

[5] 陈元欣，黄昌瑞，王健. 职业体育俱乐部参与体育场（馆）运营研究［J］. 体育科学，2017，37（8）：18.

理机制[1]、制度政策[2]等方面进行研究，为学校体育场馆资源共享的基础性研究作出了贡献；对学校体育场馆资源共享的政策研究仅2篇[3,4]，侧重于学校体育场馆资源共享政策的基本构成、数量变化、区域分布、发布主体等，从宏观的角度进行描述性分析。本研究试图从政策工具的视角，就《关于推进学校体育场馆向社会开放的实施意见》（以下简称《实施意见》）的政策文本、深层结构、利益相关方等方面进行计量和结构分析，深入剖析《实施意见》中存在的不足，结合近年各省市出台的政策文件和各地学校体育场馆资源共享取得的成效，分析差异，填补不足，为优化和完善学校体育场馆资源共享的政策设计提供理论依据。

第二节 政策工具类型及政策文本分析框架

一、政策工具的分类

关于政策工具的分类，学界有诸多分类法。美国学者罗威、达尔和林德布洛姆等人按强制性将政策工具分为强制性工具和非强制性工具；萨拉蒙按政府支出状况增加将政策工具分为开支性工具和非开支性工具[5]；狄龙按作用机理将政策工具分为法律工具、经济工具和交流工具，后更新为强制性工具、财政激励工具、信息提供工具；麦克唐纳和艾莫尔按最终目的将政策工具分为命令、劝导、提升能力和制度变迁[6]；罗斯威尔和泽赫费尔德按产生影响的着力面将政策工具分为供给型、需求型和环境型；澳大利亚学者欧文·E.休斯按政府的干预将政策工具划分为政府的供应、生产、补贴和管

[1] 郝海亭，郇昌店，徐晓敏. 我国部分学校体育场馆面向社会开放的管理机制研究［J］. 首都体育学院学报，2019，31（3）：223.

[2] 吴志民. 北京体育大学场馆运行风险管理研究［D］. 北京：北京体育大学，2017.

[3] 张晓健，程丽平，王润，等. 我国学校体育场地对外开放政策分析［J］. 体育文化导刊，2013（5）：89.

[4] 金岳凤，王明伟，吴香芝. 我国学校体育场地设施对外开放政策研究——基于政策文本的分析［J］. 吉林体育学院学报，2018，34（3）：84-88.

[5] 陈振明. 政府工具导论［M］. 北京：北京大学出版社，2009：8-10.

[6] Mc Donnell，Lorraine M，Richard F. Elmore. Getting the JobDone：Alternative Policy Instruments［J］. Educational Evaluationand Policy Analysis. 1987（2）：2.

制[1]；与其类似，施耐德和英格拉姆提出了授权、激励、提升能力、象征和劝导、学习[2]；加拿大学者霍莱特和拉梅什按强制性程度将政策工具划分为自愿性工具、混合性工具和强制性工具[3]。我国学者张成福先生根据政府介入程度将政策工具分为政府部门直接提供财货与服务、政府部门委托其他部门提供、签约外包、补助或补贴、抵用券、经营特许权、政府贩售特定服务、自我协助、志愿服务和市场动作[4]；陈振明将政策工具划分为市场化工具、工商管理技术和社会化手段[5]；陶学荣将政策工具分为经济性工具、行政性工具、管理性工具、政治性工具和社会性工具[6]。

二、《实施意见》文本的分析框架

（一）《实施意见》的政策工具类型

《实施意见》采用罗斯威尔和泽赫费尔德的政策工具分类，这种分类方法削弱了政策工具的强制性特征，同时加强了政府在推动政策项目过程中的环境建设者作用，突出供求在促进政策项目发展中的重要作用，与《实施意见》的基本原则一致。《实施意见》是学校体育场馆资源共享的最新行动指南，为资源共享提供了政策导向，既有推动开放的落实政策及拉动开放的政策措施，又有影响开放的政策目标、法律法规等，政府有政策，学校有资源，人民有需求，符合罗斯威尔和泽赫费尔德的政策工具类型的特性。供给型政策工具具有推动作用，需求型政策工具具有拉动作用，环境型政策工具具有影响作用，三者合力共同推进学校体育场馆资源共享（图10-1）。

[1] 欧文·E·休斯. 公共管理导论（第四版）[M]. 张成福，马子博，译. 北京：中国人民大学出版社，2015：98.
[2] Anne Schneider，Helen Ingram. Behavioral Assumptions of Policy Tools [J]. The Journal of Politics，1990（2）：510-529.
[3] Michael Howlett，M. Ramesh. Studying Public Policy：Policy Cycles and Policy Subsystems [M]. Oxford：Oxford University，1995：82.
[4] 张成福，党秀云. 公共管理学 [M]. 北京：中国人民大学出版社，2007：62.
[5] 陈振明. 政府工具导论 [M]. 北京：北京大学出版社，2009：8-10.
[6] 陶学荣，崔运武. 公共政策分析 [M]. 武汉：华中科技大学出版社，2008：229.

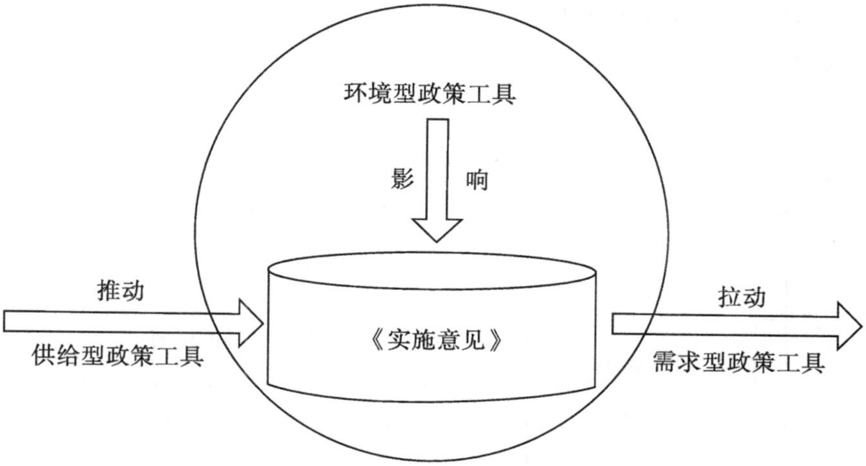

图10-1 3种政策工具对《实施意见》的作用

（二）《实施意见》文本的二维分析

基于政策工具类型（X维度）与利益相关方（Y维度）的具体内容，构建学校体育场馆资源共享的二维分析图（图10-2）。其中，X轴是3种政策工具类型，包括供给型政策工具、需求型政策工具和环境型政策工具。供给型政策工具指政府提供场地设施、管理人才、资金投入、资讯服务等基础必备条件的政策，对政策的落实具有积极的推动作用。需求型政策工具指政府通过购买服务、服务外包、宣传交流等简政放权或激励性政策，对政策的落实具有直接的拉动作用。环境型政策工具指政府通过目标规划、政策法规、策略性措施、财务管理、优惠政策等引导政策的实施，对政策的落实具有间接的影响[1]。Y轴是4个利益相关方，包括政府（教育部门、体育部门、社区等）、学校、居民和社会组织。英国学者克拉克森（Clarkson）认为，那些对企业及其过去、现在或未来的活动享有或者主张所有权、权利或利益的自然人或社会团体属于利益相关方[2]。利益

[1] 赵筱媛，苏竣. 基于政策工具的公共科技政策分析框架研究［J］. 科学学研究，2007（1）：53.
[2] 卢三妹. 学校体育场馆向社会开放的研究——利益相关者导向的体育俱乐部运营管理模式［J］. 广州体育学院学报，2010，30（4）：33.

相关方表现出的利益诉求和博弈，直接影响学校体育场馆共享政策的落实、落地、落细。

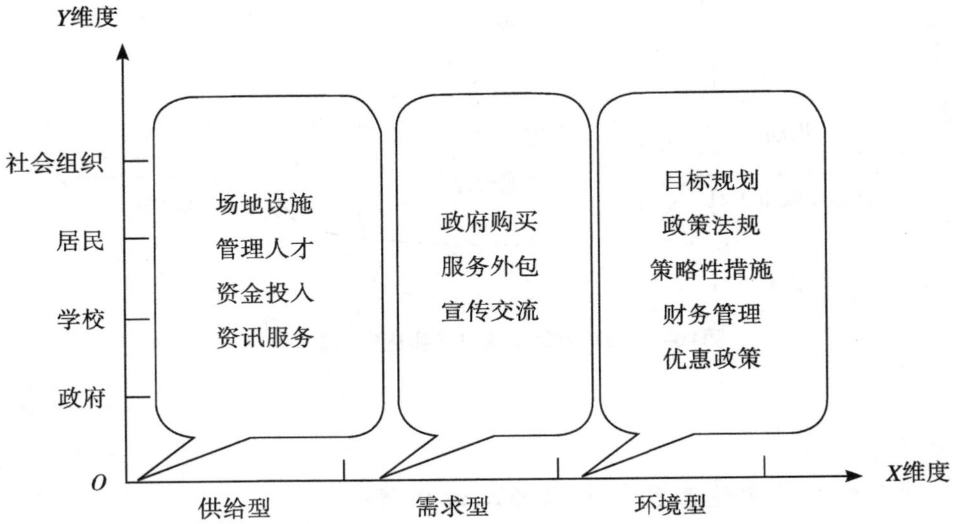

图10-2 《实施意见》文本分析二维框架图

第三节 《实施意见》文本的结构分析

一、《实施意见》文本编码统计

将《实施意见》文本所包含的政策模块、政策条目、内容分析单元进行编码。一级编码是政策模块，二级编码是政策条目，三级编码是内容分析单元中的具体条款，具体条款以“分号”或“句号”为分界，完整内容的一句话记为一个编码，最终形成《实施意见》政策文本内容分析单元编码56个（表10-1）。

表10-1　《实施意见》文本分析单元编码一览表（略表）[1]

一级目录（政策模块）	二级目录（政策条目）	三级目录（内容分析单元）	编码
总体要求	指导思想	当前我国面临着体育场馆的……难以区分等严峻形势	1-1-1
		各地要提高认识……提高学校管理及体育工作质量和水平	1-1-2
	基本原则	坚持政府统筹……推动学校体育场馆向社会开放的政策体系	1-2-1
		坚持因地制宜，……形成健康有序的学校体育场馆开放格局	1-2-2
		……	……
	……	……	……
开放范围		根据《全民健身条例》要求……公办学校要积极创造条件向社会开放体育场馆	2-1-1
……	……	……	……
组织实施	强化宣传推广	加大对学校体育场馆开放……引导更多的学校实施体育场馆开放工作	5-3-1
		把学校体育场馆开放工作纳入……营造学校体育场馆开放的良好社会环境和舆论氛围	5-3-2

二、《实施意见》X维度政策工具类型分布

对《实施意见》政策文本进行内容分析及规范化处理，解析为多个二级政策工具类型，并分别归属3种政策工具类型中，再分别计算各级政策工具类型所包含的条文编码、频次、占比（百分数值），最终形成表10-2。

[1] 教育部. 国家体育总局关于推进学校体育场馆向社会开放的实施意见［EB/OL］.（2017-03-07）［2019-05-01］. http：//www.gov.cn/xinwen/2017-03/08/content_5175010.htm.

表10-2 《实施意见》X维度政策工具类型分布表

一级政策工具类型	二级政策工具类型	条文编码	频次	合计（占比，%）	占比/%
供给型	场地设施	3-1-3，4-1-1，4-1-2，4-1-3	4	17（30.35）	7.14
	管理人才	4-2-1，4-2-2，4-2-3，4-2-4，4-2-5	5		8.93
	资金投入	3-1-5，4-4-1，4-4-2，4-4-3	4		7.14
	资讯服务	3-6-2，4-6-1，4-6-2，4-6-3，	4		7.14
需求型	政府购买	4-3-4	1	5（8.93）	1.79
	服务外包	4-5-1，4-5-2	2		3.57
	宣传交流	5-3-1，5-3-2	2		3.57
环境型	目标规划	1-1-1，1-1-2，1-2-1，1-2-2，1-2-3，1-2-4，1-3-1	7	34（60.71）	12.50
	政策法规	3-1-1，3-1-4，3-5-1，4-3-1，4-3-2，4-3-3，5-1-1	7		12.50
	策略性措施	2-1-1，2-1-2，3-1-2，3-2-1，3-2-2，3-2-3，3-2-4，3-2-5，3-3-1，3-3-2，3-4-1，3-4-2，3-5-2，3-6-1，3-6-3，3-7-1，3-7-2，5-2-1，5-2-2	19		33.93
	财务管理	4-4-4	1		1.79
	税收优惠		0		0.00
合计			56	56（100）	100

三、《实施意见》X维度的结构分析

表10-2显示，《实施意见》政策文本中，环境型、供给型、需求型政策分别占60.71%、30.35%、8.93%。说明国家偏好于使用环境型政策工具，供给型政策工具使用较为均衡，需求型政策工具使用较少，通过环境型政策的影响和供需两种类型政策的推拉作用，三者合力推进学校体育场馆资源共享。

（一）环境型政策结构分析

在环境型政策中，策略性政策占55.88%，目标规划和政策法规占比均为

20.59%，财务管理占2.94%、税收优惠占比为0（图10–3）。策略性政策是为实现共享目标而制定的系列且具有一定可操作性的行动方针或措施，主要包括明确场馆共享学校的基本条件，确定共享时间、共享对象、共享场馆名录、共享的准入方式、共享的收费标准、运营方式等。策略性政策体现了政府推进共享的主导性和指导性。目标规划是为了实现多个目标，通过平衡各标准目标的实现程度，求得总目标的最优解，主要包括指导思想、基本原则、主要目标等。目标规划明确了学校体育场馆资源共享的方向，具有较强的指引性。政策法规是政府制定处理开放事务工作的规定、办法、准则、规范等，主要包括安全管理规范，场地、设施、器材标准的规定，开放人群准入制度，风险防控和安保机制等。政策法规使得学校体育场馆资源共享有法可依、有规可循。财务管理是用于共享服务的日常经费管理，主要包括共享的开支和收费，对共享的经费收支具有导向作用。

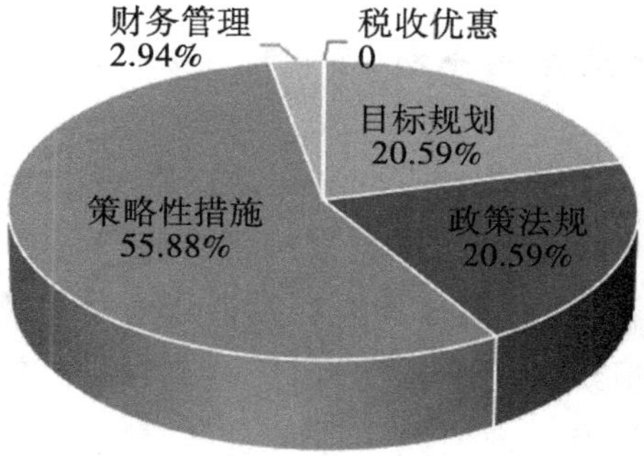

图10–3　环境型的二级政策工具类型占比图

（二）供给型政策结构分析

在供给型政策中，场地设施、资讯服务和资金投入占比均为23.53%，管理人才占29.41%（图10–4）。场地设施是学校体育教学、学校师生活动、人民健身的场所和设施，主要涉及运动区的改造建设、公共体育设施和学校体育场馆的增量建设等，是体育场馆设施实现资源共享的物质基础。资金投入是学校体育场馆资源共享的资金来源，主要涉及教育部门、体育部门和学校在学校体育场馆资源共享的经费投入，是实现共享的经济保障。管理人才是参与管理学校体育场馆资源共享的人员，主要涉及场馆共享的管理人才队伍建设，是实现共享服务的核心。资讯服务是学校为体育场馆资源共享提供相应的信息，主要涉及共享信息化建设，公开共享时段、区域、项目、收费标准及相关服务，提供共享相关信息，实时显示共享情况等，是提高共享效率的关键。

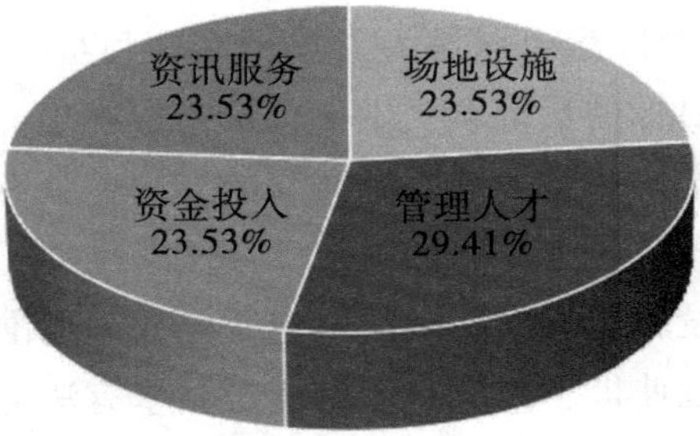

图10-4　供给型的二级政策工具类型占比图

（三）需求型政策结构分析

在需求型政策中，服务外包占40%，政府购买占20%，宣传交流占40%（图10-5）。服务外包是政府通过竞争机制引入市场和社会力量，将公共服务交给社会及市场来盘活，主要体现在鼓励社会力量积极参与体育场馆共享服务，目的是利用社会组织盘活学校体育场馆，解决学校体育场馆资源共享的管理问题，提高共享效率。政府购买服务是各级国家机关将属于自身职责范围且适合通过市场化方式提供的服务事项，按照政府采购方式和程序，交由符合条件的服务供应商承担，并根据服务数量和质量等因素向其支付费用的行为[1]，主要体现在政府购买了共享学校的专项责任保险，目的是转变政府职能，提高体育场馆供给水平和效率，满足社会的多元化和个性化需求。宣传交流是宣传学校体育场馆共享相关政策，交流学校体育场馆资源共享绩效突出的方法，主要体现在对政策的宣传和解读及示范交流，目的是强化示范效应，营造良好的社会环境和舆论氛围，更好地拉动共享工作。

[1] 中华人民共和国财政部. 政府购买服务管理办法［EB/OL］.（2020-02-03）［2020-05-01］. http：//tfs.mof.gov.cn/caizhengbuling/20200/t20200/22-3463449.htm.

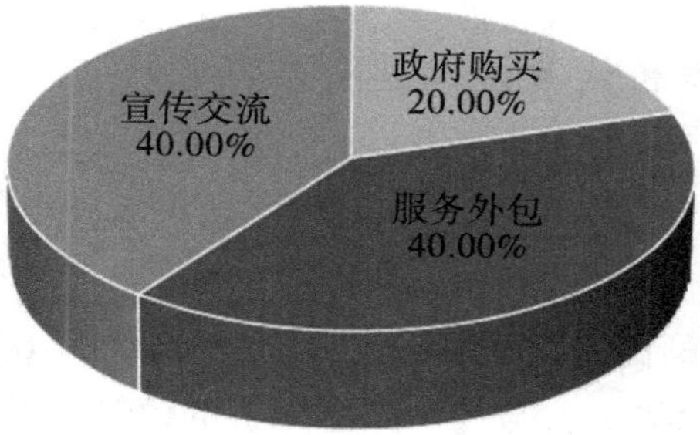

图10-5　需求型的二级政策工具类型占比图

四、《实施意见》Y维度的结构分析

由图10-6可知，《实施意见》的利益相关方中，政府占35.71%、学校占50.00%、居民占10.72%、社会组织占3.57%。这表明学校体育场馆资源共享政策主要集中在学校和政府，体现以学校为主体，政府为主导，与国家的意愿一致。政府作为学校的上级领导和共享推行者，学校是体育场馆资源的管理者和责任人，是推进学校体育场馆资源共享的核心参与者，属于核心利益相关方。居民在学校体育场馆资源共享中直接受益，是重要参与者，居民由边缘利益相关方向直接利益相关方的转化，占比虽少，却得到一定的政策支持。社会组织是由于某种原因参与学校体育场馆资源共享活动，社会组织只能是边缘利益相关方，但社会组织越来越受重视。

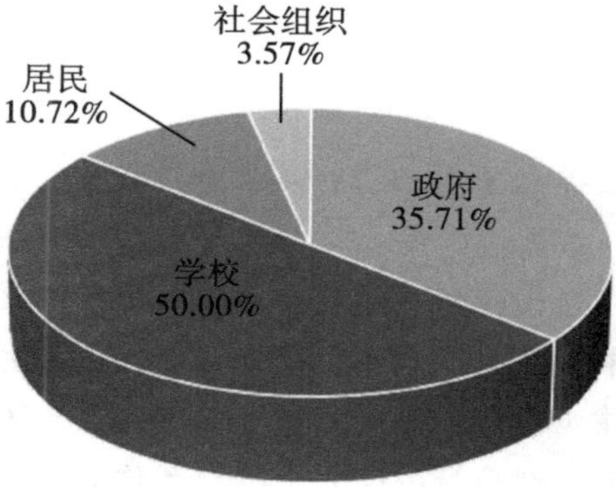

图10-6　各利益相关方的占比图

（一）政府和学校政策结构分析

政府和学校作为核心利益相关方，两者在推进学校体育场馆资源共享过程中互相配合，共同协调，因此，把政府和学校合并进行分析。在政府和学校政策中，环境型政策占比为60.42%、供给型政策占比为33.33%、需求型政策占比为6.25%（图10–7），与《实施意见》的政策工具类型结构基本一致。政府和学校的环境型政策在《实施意见》的环境型政策中占比为85.29%，涉及全部的政策法规和财务管理及大部分的目标规划和策略性政策；供给型政策在《实施意见》的供给型政策中占比为94.12%，涉及所有的场地器材、资金投入、资讯服务和绝大部分的管理人才政策；需求型政策在《实施意见》的需求型政策中占比为60%，涉及所有的政府购买和宣传交流政策。

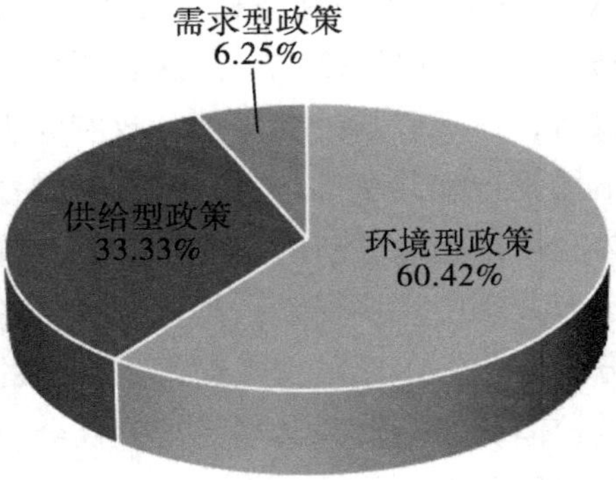

图10–7　政府和学校政策工具类型占比图

（二）居民和社会组织政策结构分析

居民和社会组织作为边缘利益相关方，由于两者涉及的政策不多，两者也合并分析。在居民和社会组织政策中，环境型政策占比为62.50%、供给型政策占比为12.50%、需求型政策占比为25%（图10–8），居民和社会组织的环境型政策占比较高，而需求型政策占比大于供给型政策，居民得到环境型政策和供给型政策的支持，社会组织得到需求型政策支持。居民的环境型政策在《实施意见》的环境型政策中占比为14.71%，涉及少数目标规划和策略性政策；

居民的供给型政策在《实施意见》的供给型政策中占比为12.50%，涉及管理人才政策；社会组织的需求型政策在《意见》的需求型政策中占比为40%，涉及服务外包政策。

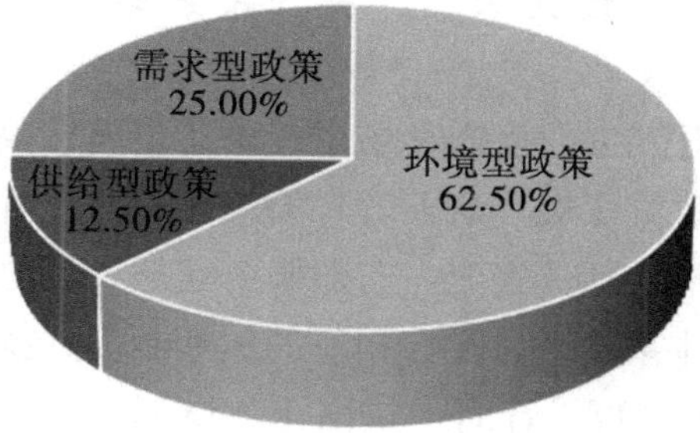

图10-8　居民和社会组织政策工具类型占比图

第四节　我国城市学校体育场馆资源共享困境的消解路径：政策再设计

政策设计（ policy design ）指在政策过程中选择适当的政策工具实现审慎确定的政策目标。20世纪80年代，政策设计蓬勃发展；20世纪90年代末，政策设计开始没落，倡导简化设计；近几年来，简化设计无法实行，政策设计重新得到重视，形成新设计理论。新设计理论认为，面对高度不确定性和复杂性的公共事务，如何更好地设计工具组合，成为引领政策科学研究发展的新动力[1]。如何根据新设计理论，在《实施意见》的X维度和Y维度的结构分析的基础上，通过分析各个政策工具类型存在的差距与冲突，进行重新填补和整合，发挥它们的政策效应，并加强和完善利益相关方的政策工具类型，使之更加合理有效，是未来学校体育场馆资源共享政策设计必须思考的问题。

[1] 朱伟. 西方政策设计理论的复兴、障碍与发展［J］. 南京社会科学，2018（5）：77.

一、《共享政策》X维度再设计

（一）强化环境型政策工具，提升政策影响力

环境型政策工具对推进学校体育场馆资源共享具有很大的影响。策略性措施突显，目标规划、政策法规、财务管理的规定，有效解决了学校体育场馆资源共享最为忧心的日常管理、安全、有偿服务问题，但也存在着政府监管力度不足和学校共享评估体系不全、没有相应的奖惩制度、税收优惠政策缺失等问题。《共享政策》X维度再设计时，应强化环境型政策工具，加强内部结构的提升，提高政策精确度及具体可操作性，同时出台相应的监管制度、评估体系和奖惩制度，增加账务管理和税收优惠政策，以平衡环境型政策，提升环境型政策的影响力。政府加强对学校实施体育场馆资源共享政策的监管，确保目标规划、政策法律、策略性政策等政策工具得到适当执行；制订一系列评估体系，评价学校体育场馆资源共享的效率，对积极推进体育场馆资源共享的地区和学校进行奖励、对不实行的地区和学校进行问责等，如国家层面上把地区学校体育场馆资源共享率作为一个重要的绩效指标纳入地区文明考核指标体系，地区政府把学校体育场馆资源共享率作为教育局和学校的绩效考核指标等，层层推进学校体育场馆资源共享；适当增加财务管理制度和税收优惠政策，为学校体育场馆共享寻求多元运营方式，吸引社会各界力量积极参与，具有一定激励效率，也是对公益性共享的一种成本补偿。

（二）细化供给型政策工具，提高政策推动力

供给型政策工具在体育场地设施供给、管理人才培养、资讯共享服务等政策方面，条款比较清楚，相对完善，解决了学校的资源配置问题，但资金投入方面却存在着经费来源不够明确和经费难以保证的问题，学校方面特别是中小学存在着体育场馆短缺和专业管理人才缺乏的实际问题。《共享政策》X维度再设计时，应细化供给型政策条款，重新衡量明确资金投入政策、加强场馆建设和管理人才的落实政策，细化调整，把政策落实、落地、落细，提高政策推动力。明确资金来源，加大资金投入，把学校体育场馆资源共享的资金纳入财政预算体系或实行专款专用政策，提供足够经费，为政策落实提供经济保障；

充分利用学校的校内场地资源，扩充体育场馆建设，增加场地容量，为政策落地提供基础条件；引进专业管理人才，加强学校体育场馆资源共享的管理，为政策落细提供人才保证。

（三）充实需求型政策工具，增强政策拉动力

学校体育场馆作为国家公共体育资源，具有公共性，要求免费或低收费向社会开放，既体现公益性，又符合政府购买服务的管理办法。需求型政策缺乏政府购买共享服务的相关措施和政策，学校体育场馆资源共享具有复杂性和特殊性，相关的服务外包政策也较为缺失。《共享政策》X维度再设计时，应充实需求型政策工具，建议政府加大购买力度，倡导将与学校体育场馆资源共享运营有关的服务外包，采用引入专业机构管理、委托第三方管理、社区与学校共同管理等方法，盘活学校体育场馆资源，提高体育场馆的利用率，缓解学校的管理压力，转嫁政府与学校的安全风险；积极促进宣传和交流，及时让人民获得相关的健身知识和最新的共享信息，增强政策拉动力。

二、《共享政策》Y维度再设计

（一）加强政府和学校政策工具类型，协同推进共享

政府作为核心利益相关方，为学校体育场馆资源共享提供政策和资金支持，主导规划和利用学校体育资源，领导、协调、监督和指导学校体育场馆资源共享工作，履行体育公共服务的职能，服务群众健身锻炼，以最大效率利用体育设施资源，形成以共享模式为核心的管理模式[1]。同样，学校作为体育场馆的另一个核心利益相关方，根据体育场馆共享相关政策，负责管理和维护场馆设施、器材，根据需求提供共享信息，保证安全舒适的锻炼环境。政府和学校得到了大量的政策工具类型支持，但也存在着政府部门之间责权利不清的问题和学校推进体育场馆资源共享不力的现象。《共享政策》Y维度再设计时，应明确政府部门之间的责权利，避免存在互相推诿现象，加强学校体育场馆资源共享的监管机制建设，保证共享政策有效推进。学校体育场馆资源共享

[1] 张朋，张纲. 学校体育场地对外开放利益相关者分析[J]. 体育科技，2014，35（4）：33-34.

政策涉及体育部门、教育部门和其他相关部门，这些都是同级部门，如何协调配合值得探讨；建议由上级部门领导、牵头协调。学校体育场馆资源共享政策由国家体育总局和教育部颁布，主要推进者是体育部门和教育部门，由谁主导，应该明确；体育部门为落实全民健身国家战略，积极推进学校体育场馆资源共享，教育部门重点关注学生的身体素质和确保校园安全，教育部门作为学校的上层管理者，对学校的监管更加直接和有效，建议由教育部门主导推进学校体育场馆资源共享。学校体育场馆资源作为国家的公共体育产品，学校有行使管理的权力，也有推进共享的责任和义务，加强学校推进体育场馆资源共享的监管机制建设，也是值得探讨的问题。建议加强学校体育场馆资源共享的评估体系和奖惩制度建设，以有效推进学校体育场馆资源共享。

（二）完善居民和社会组织政策工具类型，提升共享共治

居民作为直接利益相关方，主要集中在环境型政策支持；社会组织作为边缘利益相关方，只有需求型政策支持。居民和社会组织的政策工具类型较为缺失，权责不够明晰。《共享政策》Y维度再设计时，应完善居民和社会组织的政策工具类型，明确居民和社会组织的权责。建议制订居民管理制度、安全保障制度、信息反馈制度，加强宣传、引导、规范居民行为，明确居民的权限责任，促进居民参与推进体育场馆共享机制建设。建议政府采用购买共享服务，引入专业管理机构管理或委托第三方管理，制订相应的监管机制和评估体系，作为推进学校体育场馆资源共享的绩效考评；建议实行服务外包，制订相应的成本补偿制度和税收优惠政策，吸引社会组织参与共享管理，引入社会资本，缓解学校体育场馆资源共享的资金压力；通过明确社会组织的权限责任，解决学校体育场馆资源共享的管理、安全、资金问题，促进学校积极推进体育场馆资源共享服务。

本章小结

我国城市学校体育场馆资源共享一直以来是政府、学校、社会难以调和解决的问题。在全民健身上升为国家战略的新形势下，恰逢中国体育事业“十四五”开局之际，研究从政策工具类型（*X*维度）和利益相关方（*Y*维度）对我国学校体育场馆对社会开放的相关政策进行了计量与结构分析，提出了环境型政策、供给型政策及需求型政策的有效性还有待提升，尤其需完

善政策工具类型后续合理配置，调整政策工具结构，以保证政策达到政府、学校、居民和社会组织等利益相关方等所需的执行效果。整体来看，政策工具理论在学校体育场馆资源共享的相关政策分析中有较强的阐释力。未来研究中可以结合近年来省级政府出台的配套政策文件，以及各地学校体育场馆开放的实际状况，进行地方发展情况的政策工具分析，为学校体育场馆资源共享的政策设计提供理论依据，为我国城市体育场馆资源共享的有效推进提供学理支撑。

附　件

附件1　我国城市学校体育场馆资源共享困境研究调查问卷

《我国城市学校体育场馆资源共享困境研究》开放式调查问卷

（教育部门分管领导）

亲爱的学校体育管理者：

您好！长期以来，我国从各种政策层面多方位推进学校体育场馆资源向社会开放，并取得了一定的成效。但由于种种原因学校体育场地场馆资源共享一直是政府、学校、社会难以调和解决的问题。为了深入了解学校体育场馆资源共享困境的深层原因，本研究特设置此问卷，以期通过您话语的质性凝练，探明学校体育场馆资源共享困境的原因，为制订切实可行的学校体育场馆向社会开放方案提供理论支撑。您是来自教育部门的学校体育管理者，您的意见和建议对本研究有着重要价值，希望得到您的大力支持和帮助！

国家社科《我国城市学校体育场馆资源共享困境
的利益博弈与消解路径研究》课题组
2017年5月

一、您的基本情况及对学校体育场馆资源共享态度

1. 您工作单位所在省、市：________；所在县（市、区）：__________

2. 您的身份是：A. 教育部门学校体育主管/分管领导　B. 教育部门相关领导

3. 您对学校体育场馆资源共享（开放）的态度是：A. 赞同　B. 不赞成

二、学校体育场馆资源共享调查问题

1. 以您个人理解，影响学校体育场馆资源共享（开放）深层次困境的具体原因有哪些？请您做简要描述。

2. 根据国家相关政策，如果学校体育场馆资源共享（开放），您认为破解困境的主要途径有哪些？

《我国城市学校体育场馆资源共享困境研究》开放式调查问卷
（学校体育管理者、体育教师）

亲爱的朋友：

您好！长期以来，我国从各种政策层面多方位推进学校体育场馆资源向社会开放，并取得了一定的成效。但由于种种原因学校体育场地场馆资源共享一直是政府、学校、社会难以调和解决的问题。为了深入了解学校体育场馆资源共享困境的深层原因，本研究特设置此问卷，以期通过您话语的质性凝练，探明学校体育场馆资源共享困境的原因，为制订切实可行的学校体育场馆向社会开放方案提供理论支撑。您是来自基层学校的体育管理者，您的意见和建议对本研究有着重要价值，希望得到您的大力支持和帮助！

国家社科《我国城市学校体育场馆资源共享困境
的利益博弈与消解路径研究》课题组
2017年5月

一、您的基本情况

1. 您学校名称____________________

2. 您的工作单位所在省、市________；所在县（市、区）__________

3. 您的身份是：A. 学校体育主管领导　B. 体育组长/院系部主任
　　C. 体育教师　D. 其他

4. 您所在学校类型：A. 大学本科　B. 高职高专　C. 中学　D. 中职　F. 小学

5. 您所在学校地处：A. 中心城区　B. 城镇　C. 农村

二、学校体育场馆资源共享（开放）概况

1. 您对学校体育场馆资源共享的态度是：A. 赞同　B. 不赞同

2. 您学校的体育场馆资源是否向社会（非本校学生，下同）开放？
　A. 是　B. 否

（如果选择“否”，则以下3～6题项无须回答）

3. 如果您学校的体育场馆向社会开放，那么开放的是：
　A. 室外场地　B. 室内场馆

4. 如果您学校的体育场馆向社会开放，收费的是：
　A. 室外场地　B. 室内场馆

5. 您学校的体育场馆向社会开放的时间：A. 课余时间　B. 节假日

6. 您学校体育场馆向社会开放的运营模式：

A. 自主运营　B. 合作运营　C. 委托运营

三、学校体育场馆资源共享（开放）调查问题

1. 以您个人理解，影响学校体育场馆资源向社会开放深层次困境的具体原因有哪些？请您做简要描述。

2. 根据国家相关政策，如果学校体育场馆向社会开放，您认为破解困境的主要途径有哪些？

附件2 我国城市学校体育场馆资源共享困境利益诉求调查问卷

我国城市学校体育场馆资源共享困境利益诉求调查问卷
（教育行政部门、学校管理部门、体育组长及教师）

尊敬的朋友、老师：

您好！2017年教育部、国家体育总局出台了《关于推进学校体育场馆向社会开放的实施意见》，把学校体育场馆开放作为贯彻落实《“健康中国2030”规划纲要》和《全民健身条例》的重要举措。本调查为国家社会科学基金研究项目的重要内容，为客观真实了解学校体育场馆向社会开放中各方主体的利益诉求，科学制订学校体育场馆向社会开放的方案特设置本问卷。本问卷采用无记名形式，答案没有对错之分。希望得到您的大力支持和帮助！

国家社科《我国城市学校体育场馆资源共享困境的利益博弈与消解路径研究》课题组
2018年6月

一、您的基本情况

1. 您所在地区：______省______市______县（市、区）

2. 您的身份是：

A. 教育局体育行政主管部门负责人 B. 学校体育主管领导
C. 体育组长 D. 体育教师

3. 您对学校体育场馆向社会开放的态度是：

A. 赞同 B. 不赞同 C. 持中立态度

二、请您对学校体育场馆资源共享（开放）的利益诉求做出客观评判

开放要素	利益诉求题项	五级评价				
		非常同意	同意	不一定	不同意	非常不同意
开放建设	增加学校体育场馆的数量和类型					
	提升学校体育场馆的质量					
	加强学校教学区与场馆开放区的隔离改造与建设					
	建设学校体育场馆开放信息化管理平台					
开放安全制度	制订学校体育场馆向社会开放基本条件					
	制订学校体育场馆开放安全问题的责任区分办法					
	制订学校体育场馆开放的安全应急预案					
	制订学校体育场馆开放的安全防范措施					
	制订学校体育场馆损坏、破坏赔偿制度					
	政府为开放学校购买专项责任保险					
	锻炼者个人购买运动伤害类保险					
	签署运动人群安全责任书					
开放经费	纳入教育部门经费预算					
	纳入公共体育设施免费低收费补助范畴					
	纳入体彩公益金补助范畴					
	纳入学校经费预算					
	通过投资、冠名、合伙制、捐赠等形式融资					
开放管理主体	以学校教学机构作为管理主体					
	以学校成立专门体育场馆管理机构作为管理主体					
	引入专业运营管理机构作为管理主体					
	委托社会组织作为管理主体					
	社区居委会（企事业及社会组织）与学校合作作为管理主体					
开放准入	采用身份证登记管理方法					
	采用办理准入证管理方法					
	自由进入					
开放场馆	学校室外体育场地设施向社会开放					
	学校室内体育场馆设施向社会开放					
	学校高危性体育项目场馆（游泳馆等）向社会开放					

（续表）

开放要素	利益诉求题项	五级评价				
		非常同意	同意	不一定	不同意	非常不同意
开放对象	面向全社会人群开放					
	面向本校学生开放					
	面向学区内学生开放					
	面向学校周边社区居民开放					
	面向社会组织开放					
	仅向老年人、残疾人开放					
开放时间	课余时间向社会开放					
	寒暑假、法定节日向社会开放					
	定时、定段向社会开放					
	预约式向社会开放					
开放收费	全部免费向社会开放					
	仅向青少年学生、老年人、残疾人免费开放					
	经物价局核准运营收取费用					
	特定人群（青少年学生、老年人、残疾人）采取优惠、低收费，其余按物价核准收费					
宣传激励	加大学校体育场馆开放宣传力度					
	制订学校体育场馆开放绩效奖励制度					
	把学校体育场馆开放纳入群众体育先进集体和个人评审范畴					

您已经完成了这份问卷，衷心感谢您的支持和帮助！

祝您身体健康，万事如意！

我国城市学校体育场馆资源共享困境利益诉求调查问卷
（体育行政部门）

尊敬的朋友：

您好！2017年教育部、国家体育总局出台了《关于推进学校体育场馆向社会开放的实施意见》，把学校体育场馆开放作为贯彻落实《“健康中国2030”规划纲要》和《全民健身条例》的重要举措。本调查为国家社会科学基金研究项目的重要内容，为客观真实了解学校体育场馆向社会开放中各方主体的利益诉求，科学制订学校体育场馆向社会开放的方案特设置本问卷。本问卷采用无记名形式，答案没有对错之分。您的意见和建议将为课题研究提供宝贵的第一手资料，衷心感谢您的帮助与支持！

国家社科《我国城市学校体育场馆资源共享困境的利益博弈与消解路径研究》课题组
2018年12月

注：请您根据您的实际情况和观点在以下的选题中划“√”。

一、您的基本情况

1. 您所在地区：______市______县（市、区）

2. 您的身份是：

A. 设区市体育局负责人　B. 设区市体育局相关科室负责人

C. 县（市、区）文体新局负责人

D. 县（市、区）文体新局体育股/科负责人

E. 县（市、区）少体校负责人　F. 体育系统相关单位负责人　G. 其他

3. 您对学校体育场馆向社会开放的态度是：

A. 赞同　B. 不赞同　C. 持中立态度

二、请您对学校体育场馆资源共享（开放）的利益诉求做出客观评判

开放要素	利益诉求题项	五级评价				
		非常同意	同意	不一定	不同意	非常不同意
开放建设	增加学校体育场馆的数量和类型					
	提升学校体育场馆的质量					
	加强学校教学区与场馆开放区的隔离改造与建设					
	建设学校体育场馆开放信息化管理平台					
开放安全制度	制订学校体育场馆向社会开放基本条件					
	制订学校体育场馆开放安全问题的责任区分办法					
	制订学校体育场馆开放的安全应急预案					
	制订学校体育场馆开放的安全防范措施					
	制订学校体育场馆损坏、破坏赔偿制度					
	政府为开放学校购买专项责任保险					
	锻炼者个人购买运动伤害类保险					
	签署运动人群安全责任书					
开放经费	纳入教育部门经费预算					
	纳入公共体育设施免费低收费补助范畴					
	纳入体彩公益金补助范畴					
	纳入学校经费预算					
	通过投资、冠名、合伙制、捐赠等形式融资					
开放管理主体	以学校教学机构作为管理主体					
	以学校成立专门体育场馆管理机构作为管理主体					
	引入专业运营管理机构作为管理主体					
	委托社会组织作为管理主体					
	社区居委会（企事业及社会组织）与学校合作作为管理主体					
开放准入	采用身份证登记管理方法					
	采用办理准入证管理方法					
	自由进入					
开放场馆	学校室外体育场地设施向社会开放					
	学校室内体育场馆设施向社会开放					
	学校高危性体育项目场馆（游泳馆等）向社会开放					

（续表）

开放要素	利益诉求题项	五级评价				
		非常同意	同意	不一定	不同意	非常不同意
开放对象	面向全社会人群开放					
	面向本校学生开放					
	面向学区内学生开放					
	面向学校周边社区居民开放					
	面向社会组织开放					
	仅向老年人、残疾人开放					
开放时间	课余时间向社会开放					
	寒暑假、法定节日向社会开放					
	定时、定段向社会开放					
	预约式向社会开放					
开放收费	全部免费向社会开放					
	仅向青少年学生、老年人、残疾人免费开放					
	经物价局核准运营收取费用					
	特定人群（青少年学生、老年人、残疾人）采取优惠、低收费，其余按物价核准收费					
宣传激励	加大学校体育场馆开放宣传力度					
	制订学校体育场馆开放绩效奖励制度					
	把学校体育场馆开放纳入群众体育先进集体和个人评审范畴					

您已经完成了这份问卷，衷心感谢您的支持和帮助！

祝您身体健康，万事如意!

我国城市学校体育场馆资源共享困境利益诉求调查问卷
（居民）

尊敬的朋友：

您好！2017年教育部、国家体育总局出台了《关于推进学校体育场馆向社会开放的实施意见》，把学校体育场馆开放作为贯彻落实《“健康中国2030”规划纲要》和《全民健身条例》的重要举措。本调查为国家社会科学基金研究项目的重要内容，为客观真实了解学校体育场馆向社会开放中各方主体的利益诉求，科学制订学校体育场馆向社会开放的方案特设置本问卷。本问卷采用无记名形式，答案没有对错之分。您的意见和建议将为课题研究提供宝贵的第一手资料，衷心感谢您的帮助与支持！

国家社科《我国城市学校体育场馆资源共享困境的利益博弈与消解路径研究》课题组

2018年12月

注：请您根据您的实际情况和观点在以下的选题中划“√”。

一、您的基本情况

1. 您所在地区：______市______县（市、区）

2. 您所居住区附近的学校是：

3. 您的性别：A. 男　B. 女

4. 您年龄：____岁

5. 您的职业：____________

6. 您的文化程度：

A. 研究生　B. 大学本科　C. 高中及中专　D. 初中　E. 小学及以下

7. 您对学校体育场馆向社会开放的态度是：

A. 赞同　B. 不赞同　C. 持中立态度

8. 您所居住区域附近学校的体育场地是否向附近的居民开放使用：

A. 是　B. 否

二、请您对学校体育场馆资源共享（开放）的利益诉求做出客观评判

开放要素	利益诉求题项	五级评价				
		非常同意	同意	不一定	不同意	非常不同意
开放建设	增加学校体育场馆的数量和类型					
	提升学校体育场馆的质量					
	加强学校教学区与场馆开放区的隔离改造与建设					
	建设学校体育场馆开放信息化管理平台					
开放安全制度	制订学校体育场馆向社会开放基本条件					
	制订学校体育场馆开放安全问题的责任区分办法					
	制订学校体育场馆开放的安全应急预案					
	制订学校体育场馆开放的安全防范措施					
	制订学校体育场馆损坏、破坏赔偿制度					
	政府为开放学校购买专项责任保险					
	锻炼者个人购买运动伤害类保险					
	签署运动人群安全责任书					
开放经费	纳入教育部门经费预算					
	纳入公共体育设施免费低收费补助范畴					
	纳入体彩公益金补助范畴					
	纳入学校经费预算					
	通过投资、冠名、合伙制、捐赠等形式融资					
开放管理主体	以学校教学机构作为管理主体					
	以学校成立专门体育场馆管理机构作为管理主体					
	引入专业运营管理机构作为管理主体					
	委托社会组织作为管理主体					
	社区居委会（企事业及社会组织）与学校合作作为管理主体					
开放准入	采用身份证登记管理方法					
	采用办理准入证管理方法					
	自由进入					
开放场馆	学校室外体育场地设施向社会开放					
	学校室内体育场馆设施向社会开放					
	学校高危性体育项目场馆（游泳馆等）向社会开放					

（续表）

开放要素	利益诉求题项	五级评价				
		非常同意	同意	不一定	不同意	非常不同意
开放对象	面向全社会人群开放					
	面向本校学生开放					
	面向学区内学生开放					
	面向学校周边社区居民开放					
	面向社会组织开放					
	仅向老年人、残疾人开放					
开放时间	课余时间向社会开放					
	寒暑假、法定节日向社会开放					
	定时、定段向社会开放					
	预约式向社会开放					
开放收费	全部免费向社会开放					
	仅向青少年学生、老年人、残疾人免费开放					
	经物价局核准运营收取费用					
	特定人群（青少年学生、老年人、残疾人）采取优惠、低收费，其余按物价核准收费					
宣传激励	加大学校体育场馆开放宣传力度					
	制订学校体育场馆开放绩效奖励制度					
	把学校体育场馆开放纳入群众体育先进集体和个人评审范畴					

您已经完成了这份问卷，衷心感谢您的支持和帮助！

祝您身体健康，万事如意!